日本から海外　海外から日本
いずれにも対応

海外出張・海外赴任の税務と社会保険の実務ポイント

税理士　藤井 恵 著

税務研究会出版局

はじめに

　2020年から始まったコロナ禍を通じ、海外出張者、海外赴任者をめぐる環境は激変しました。

　ローテーションの都合上、どうしても入れ替えが必要な海外赴任者については、コロナ禍においても、各社ともある程度の人数規模を維持していましたが、海外出張者については2020年、2021年はほぼゼロか、または極めて少ないという、極めて特殊な状況が続きました。

　2023年に入り、海外出張者は徐々に増えてきたものの、現時点においても2019年以前よりはまだ少ないのではないでしょうか。

　おそらく「海外出張」という行為自体に心理的なハードルができたことはもちろん、在宅勤務の広がりで、さまざまな税務リスクなどはありますが、「海外からのリモートでもかなりの仕事ができる」ことが、証明されたからかもしれません。

　そのような状況において、「リモートでは対応できず、どうしても物理的に海外に長期あるいは短期で人を送り出さなければならない」業務があることも再認識されている企業も多いのではないでしょうか。実際に、海外赴任者はもちろん、海外出張者に関するご相談事例も非常に増えてきています。

　本書は、2019年に税務研究会出版局から出版した『海外人材交流シリーズ すっきりわかる！海外赴任・出張　外国人労働者雇用　―税務と社会保険・在留資格・異文化マネジメント』の姉妹シリーズで、海外赴任・出張にまつわる部分にスポットを当て、最新の情報にブラッシュアップしたものです。

　コンパクトに重要事項がわかることを目的としているため、網羅的に記載された書籍ではありません。しかし、その分だけ、重要な点を把握しやすい体裁にしています。また、随所にサーベイ結果なども掲載し、他社事例なども参照しながら理解していただける形になっています。

　本書執筆にあたっては、上野恵美子様をはじめ、税務研究会の皆様に大変お世話になりましたことを、あらためて御礼申し上げます。

　本書が皆さまの業務において少しでもお役に立つことができれば幸いです。

2023年11月

藤井　恵

目次

Ⅰ 海外出張編

1 海外出張ならではの問題点

Q1-1 海外出張に伴うリスク ……………………………………………… 4

Q1-2 海外出張と国内出張の相違点 ……………………………………… 7

Q1-3 海外出張と海外赴任の相違点 ……………………………………… 11

2 日本の所得税

Q2-1 居住者・非居住者の判断基準 ……………………………………… 16

Q2-2 居住者・非居住者の判断が難しい場合～出張期間の変更があった場合～ ……………………………………………………………… 18

Q2-3 居住者・非居住者の判断基準のよくある疑問 …………………… 20

Q2-4 出張先国で発生した所得税を会社が負担した場合の留意点 …… 22

Q2-5 海外で支払った所得税を日本の所得税から控除する場合（外国税額控除） …………………………………………………………… 25

Q2-6 出張時の日当、宿泊費の課税上の取扱い ………………………… 27

3 日本の法人税

Q3-1 本社が出張者コストを負担する場合 ……………………………… 30

Q3-2 「経済的・商業的価値がある」の判断基準 ……………………… 32

Q3-3 「重複活動か否か」の判断基準 …………………………………… 34

Q3-4 「株主または出資者としての活動か否か」の判断基準 ………… 35

Q3-5 「役務提供の対価があるか否か」の判断基準とされるもの（海外出張申請書・報告書、会社間の契約書） …………………………… 37

4　出張先国の個人所得税

Q4-1　海外出張先国での個人所得税の原則的な考え方 ………………… 40
Q4-2　短期滞在者免税の考え方 ……………………………………… 41
Q4-3　短期滞在者免税の第一要件「滞在日数基準（183日以内）」とは ……………………………………………………………… 44
Q4-4　短期滞在者免税の第二要件「出張先居住者から報酬が支払われていない」とは ………………………………………………… 49
Q4-5　短期滞在者免税の第三要件「恒久的施設（PE）が報酬を負担していない」とは ……………………………………………… 50
Q4-6　短期滞在者免税の適用を受けるために必要な手続き ………… 52
Q4-7　短期滞在者免税の適用を受けるために必要な書類（マレーシアの例） …………………………………………………………… 53
Q4-8　出張先国で所得税を納める際の留意点 ……………………… 54

5　出張先国の法人税

Q5-1　出張者の活動が出張先国でPEを構成する場合 ……………… 58

6　海外出張とビザ

Q6-1　海外出張に伴う出張先国のビザ・就労許可の取得 ………… 62
Q6-2　同じ国に同じ社員を何度も出入国させている場合の留意点 ……… 64
Q6-3　ビザが必要な場合とは …………………………………………… 66

7　健康管理／海外旅行保険

Q7-1　海外出張前の予防接種 …………………………………………… 70
Q7-2　基礎疾患等を抱える社員を海外出張させる際の留意点 ………… 73
Q7-3　海外出張時にかける海外旅行保険 ……………………………… 75

8　海外出張規程関連

Q 8 - 1　日当の設定方法 ……………………………………………… 80

Q 8 - 2　宿泊費の設定方法 ………………………………………… 82

Q 8 - 3　航空機座席クラスの水準 ………………………………… 84

Q 8 - 4　長期出張者を意識した規程内容 ………………………… 86

9　労務管理

Q 9 - 1　海外出張時の時間外手当・休日の移動時間の考え方 … 92

Q 9 - 2　出張先国と日本で休日が異なる場合 …………………… 94

Q 9 - 3　海外出張中の労災保険 …………………………………… 96

10　海外での緊急事態

Q10- 1　海外滞在中に万一の事態に陥った場合 ………………… 100

Q10- 2　海外で緊急事態に陥った際、頼ることができる先はどこか ⋯ 102

Q10- 3　生死にかかわるような緊急事態が発生した場合の流れ ………… 106

Q10- 4　治療先はどこになるのか（滞在国か、第三国か、日本に緊急
　　　　搬送か）………………………………………………… 108

Q10- 5　緊急事態に陥った原因によっては海外旅行保険の適用対象に
　　　　ならないことも ………………………………………… 111

Q10- 6　家族が出張先に駆けつける場合 ………………………… 112

Q10- 7　大使館・総領事館ができること、できないこと ……… 115

Q10- 8　万一に備えて本人がしておくべきこと ………………… 117

Ⅱ　海外赴任編

11　海外赴任業務に関与するためにおさえておきたい点

Q11- 1　海外赴任関連業務を実施する際に知っておきたいこと ………… 122

Q11- 2　海外人事業務に関して税務担当者が留意しておくべきこと ⋯ 125

12 日本の所得税

Q12- 1 居住者・非居住者の判定基準 ……………………………… 128
Q12- 2 出国までに行うべき税務上の手続き ……………………… 132
Q12- 3 海外勤務時に支払う支度金の取扱い ……………………… 133
Q12- 4 出国後最初に支払う給与（海外赴任時） ………………… 134
Q12- 5 出国後に支払う賞与 ………………………………………… 136
Q12- 6 日本に一時帰国し、日本で任地業務を行う場合 ………… 138
Q12- 7 日本の役員が海外勤務する場合 …………………………… 141
Q12- 8 海外赴任中に日本本社から退職金を支払う場合 ………… 144
Q12- 9 海外赴任者の帰任に際して留意すべきポイント ………… 151
Q12-10 源泉所得税に関するよくある調査項目 …………………… 161

13 日本の法人税

Q13- 1 海外現地法人に出向する社員の給与等を日本本社が負担する
        場合 ……………………………………………………………… 164
Q13- 2 海外赴任者コストの日本本社の負担の妥当性説明に際して生
        じる課題 ………………………………………………………… 168

14 赴任先の個人所得税

Q14- 1 海外赴任者の赴任国の個人所得税申告漏れのよくあるパター
        ン ………………………………………………………………… 178
Q14- 2 日本払い給与・賞与の申告漏れ等を起こさないためにできる
        こと ……………………………………………………………… 193
Q14- 3 海外赴任者の任地における個人所得税の管理方法 ……… 195

15 赴任先の法人税

Q15- 1 日本払い給与を現地法人に請求する際の留意点 ………… 206
Q15- 2 立替金の回収の際に課税されるケース（ベトナムの外国契約

者税の例）……………………………………………………………… 209

Q15-3　海外赴任者コストの損金算入が認められない場合 …… 210

Q15-4　海外赴任者コストの請求に際しての留意点 ……………… 211

16　日本の社会保険・労働保険等

Q16-1　海外赴任中の日本の健康保険や年金などの取扱い ……… 216

Q16-2　海外赴任中の介護保険の取扱い ………………………… 219

Q16-3　海外旅行保険の加入 ……………………………………… 220

Q16-4　労災保険の海外派遣者特別加入制度 …………………… 224

Q16-5　社会保障協定締結の背景と、企業側のメリット ……… 226

Q16-6　社会保障協定の締結・発効状況 ………………………… 228

Q16-7　社会保障協定の適用対象となる保険制度 ……………… 229

Q16-8　協定相手国滞在期間が5年以内と5年超の場合 ……… 231

Q16-9　再び同じ国に一時派遣される場合 ……………………… 233

Q16-10　社会保障協定における「5年間」の計算方法 ………… 234

Q16-11　社会保障協定の延長が認められる場合 ………………… 235

Q16-12　現地法人と一時派遣者の雇用関係 …………………… 237

Q16-13　日本の年金額への影響 …………………………………… 238

Q16-14　協定発効前から赴任している場合 …………………… 239

Q16-15　社会保障協定発効に伴い相手国からの年金受取ができる場合

…………………………………………………………………… 240

Q16-16　企業として社会保障協定締結に向けて行うこと・社会保障協

定一覧 ……………………………………………………… 241

17　海外赴任者規程・赴任者コスト管理・ビザ

Q17-1　海外赴任者の給与についての考え方 …………………… 246

Q17-2　海外赴任者の基本給設定方法 …………………………… 249

Q17-3　海外赴任者に支払う手当 ………………………………… 254

Q17-4　海外赴任者への給与支給方法 …………………………… 263

Q17-5　グローバルなモビリティポリシーの必要性 …………… 272

Q17-6　海外赴任者コスト管理の必要性 ……………………………… 279
Q17-7　社員を海外赴任させるとなぜコストが莫大に増えるのか ……… 284

18　帯同配偶者の就労

Q18-1　海外から日本の業務をリモートワークで実施する場合 ………… 290
Q18-2　配偶者が任地で就労を希望した場合の留意点 …………………… 296

Ⅲ　海外リモートワーク編

19　海外からのリモートワーク

Q19-1　海外リモートワークの形態 ……………………………………… 310
Q19-2　日本の会社との雇用関係の可否、日本のビザ・在留資格 ……… 312
Q19-3　社会保障協定の適用可否 ………………………………………… 313
Q19-4　日本の社会保険への加入と日本の所得税の取扱い ……………… 315
Q19-5　日本に来て業務を行う場合の留意点 …………………………… 318
Q19-6　Ｂ国側の個人所得税 ……………………………………………… 320
Q19-7　日本本社（ａ社）のＢ国でのPEリスク ……………………… 322
Q19-8　リモートワーク対象者に対する就業ルールや、リモートワー
　　　　ク希望者が増えた場合 …………………………………………… 324
Q19-9　海外リモートワーク導入時の留意点 …………………………… 326

Ⅳ　外国人の受け入れ編

20　在留資格等

Q20-1　外国人と日本人の雇用管理上の相違点 ………………………… 332
Q20-2　外国人を採用できる企業の条件 ………………………………… 334
Q20-3　外国人を受け入れる際に必要となる在留資格 ………………… 339
Q20-4　在留資格「高度専門職」とは …………………………………… 343
Q20-5　住民票とマイナンバー登録・社会保険の手続き ……………… 347

Q20- 6　　外国人社員が海外出張した際の再入国許可の留意点 ……………… 348

Q20- 7　　外国人社員を配置転換する際の在留資格 ……………………… 349

Q20- 8　　税務上の居住者・非居住者の判定方法 ……………………… 350

Q20- 9　　外国人社員の国外にいる扶養家族の取扱い …………………… 354

Q20-10　　外国人社員の所得控除（生命保険料等の控除・医療費控除）… 356

21　海外からの赴任者受け入れの留意点

Q21- 1：日本企業が海外から赴任者を受け入れる際に知っておきたい
こと ……………………………………………………………… 360

Q21- 2：受け入れから帰任まで段階別で見たすべきこと一覧 …………… 364

Q21- 3　　給与全額が海外から支払われている外国人社員の日本の社会
保険 ……………………………………………………………… 367

Q21- 4　　給与の一部が海外から支払われている外国人社員の日本の社
会保険 …………………………………………………………… 369

Q21- 5　　社会保障協定発効国からの赴任の場合の手続き方法 ………… 370

Q21- 6　　雇用保険の加入 ……………………………………………… 372

Q21- 7　　出向者の住居費・家財を会社負担している場合の課税 ……… 373

Q21- 8　　出向者の子女教育費を会社が負担している場合の課税 ……… 375

Q21- 9　　外国人社員の一時帰国費用や家族の呼び寄せ費用 …………… 376

Q21-10　　外国人社員の報酬にかかる日本の所得税・住民税等を会社負
担した場合 ……………………………………………………… 377

Q21-11　　出向者が母国で支払っている社会保険料の税務上の取扱い … 378

Q21-12　　海外からの外貨建て給与の換算方法 ……………………… 380

Q21-13　　外国人社員が赴任元国に出張した場合の短期滞在者免税の取
扱い ……………………………………………………………… 381

Q21-14　　赴任中の赴任元での税務ステイタスや所得税の課税義務 …… 382

Q20-15　　赴任者コストの負担と税務リスク ………………………… 385

Q21-16　　特定のプロジェクトで来日の在留資格・社会保険・税務 …… 387

Q21-17　　１年未満のプロジェクト中に日本側から給与が支給される場
合 ………………………………………………………………… 390

22　海外から人材を受け入れる際に必要な書類

Q22- 1　グローバルモビリティポリシー ……………………………… 394

Q22- 2　TEQ ポリシー …………………………………………………… 396

Q22- 3　アサインメントレター …………………………………………… 399

Q22- 4　出向元と出向先の契約書 ………………………………………… 402

Q22- 5　会社ルール・社内申請書の英訳 ………………………………… 404

23　外国人赴任者の帰国時

Q23- 1　母国に戻る外国人の住民税 ……………………………………… 408

Q23- 2　年の途中で日本を離れる場合の会社側の税務処理 ……………… 411

Q23- 3　脱退一時金の請求方法・受給額の計算方法 …………………… 413

Q23- 4　脱退一時金の日本における税務上の取扱い …………………… 418

この本の内容は令和 5 年10月 1 日現在の法令・通達に基づいています。

I

海外出張編

1

海外出張

ならではの問題点

海外出張に伴うリスク

海外出張に関してどのようなリスクを認識しておけば良いか教えてください。

1．海外出張に伴うリスク
～日本及び現地での税務、ビザ、医療、労務管理、危機管理～

「赴任者に比べてコストもかからず、何かと手軽」に思われがちな海外出張者ですが、果たして本社管理部門にとって本当に、「管理が楽」といえるのでしょうか。

確かに赴任者を送り出す場合は、異動命令や後任人材の選定、引継ぎや事前の様々な準備（健康診断、予防接種、赴任前説明会、適用される給与制度・税務処理の変更手続き等）が必要になり、これら業務をアウトソーシングしている場合であっても、本社管理部門も相応の手続きが必要です。

それに対して、海外出張者は海外滞在中も日本本社の社員であり、海外出向するわけではありませんから給与制度の変更は通常生じません。そのため海外出張申請の承認や飛行機の予約、海外旅行保険の手配などを行う程度で、特段、赴任者を送り出すような手続きは必要ありません。一方で、事業部門の判断で出張していることから、本社管理部門は「誰がどこに、何時から何時まで何をしに行っているのか」をすべて把握しきることができません。仮にデータ上では管理されていても、それをもとに何らかの事前のリスク判断をすることは、出張者の人数の多さや、出張決定から出張開始までの短い期間を考えると物理的に不可能でしょう。

そのため、税務面では次のような問題が起こりやすいです。

・海外出張者の滞在期間が一定日数を超えてしまい現地で出張者の所得税の申告が必要になってしまった

・滞在日数の管理はしていたが、現地の業務内容に基づき、滞在日数にかかわらず現地で法人税・所得税の課税対象になってしまった

・出張者にかかる現地所得税を日本本社で負担したが、それについて日本で給与として源泉徴収していなかったことを日本の税務調査で指摘された

また、ビザ等の面で次のような問題も頻発しています。

・ビザなしで同一の国に何度も出張させていたら入国拒否されて翌日戻ってきた。本人には『入国拒否』という履歴が残り、今後の当該国への入国の際には必ずビザの取得が必要になってしまった

・出張用のビザは取得していたが、現地当局から『就労している』とみなされて『不法就労』で訴えられた

　さらには、慣れない海外出張による体調不良（急激な気候の変化、長時間のフライト、ストレス）はもちろん、現地の習慣や政治情勢を理解していないことによりトラブルに巻き込まれるなどのケースも多数みられます。

　海外赴任者数と、日本からの年間延べ海外出張回数に明確な関連性はなく、会社にもよりますが、通常、年間の海外出張件数は、コロナ禍以前については、海外赴任者数の10倍程度（もしくはそれ以上）に達することが多いようです。

　そこで、本書では、【図表1-1-1】で示すようなリスクについて、説明していきます。

【図表1-1-1】海外出張に伴う様々なリスク

・日本の所得税
・日本の法人税
・出張先の個人所得税
・海外出張とビザ
・健康管理／海外旅行保険
・海外出張規程関連
・労務管理
・海外での緊急事態

Q1-2

海外出張と国内出張の相違点

この度、国内出張者の取扱いだけでなく、海外出張者に関する業務も私が担当することになりました。国内出張と比較して、海外出張ではどのような点が異なるのでしょうか。

A1-2

空港からのアクセスも良く、一日に何本もフライトがある国に行く場合、出張が日常的に行われていると、海外出張と国内出張の違いは、「パスポートを持っていくかどうかの違い」という程度の認識になりがちです。中には日帰りするケースもあるくらいですから、「（近場であれば）国内出張も海外出張も大して変わらない」「電車に乗り継いで行かないといけない遠方地の国内出張よりも、飛行機でアクセスの良い海外出張のほうが手軽」とさえ考えている出張者や管理部門担当者も存在します。

しかし、以下の点で海外出張と国内出張は大きく異なります。

1．業務内容や税務面での留意点

まず大きな違いは、海外の場合、パスポートを持って行くかどうかだけでなく、【図表1-2-1】のとおり、現地での業務内容によっては、事前に適切な準備（ビザの取得等）を行わないと、出張先の国で入国拒否されたり、入国できても拘束される可能性があるということです。

国内であれば基本的に日本の法令に反する活動をしない限り、事前の許可は必要ありませんし、拘束されることもありません。しかし、海外出張の場合は話が異なります。通常、訪問した先で外国人は、その国で活動できる範囲は限定されています。日本のパスポートは世界最強ともいわれており、観光であればビザなしで入国できる国が非常に多いですが、観光以外の目的となると話は別です。現地当局から「就労している」と判断される業務でありながら事前に就労が可能なビザを取得していないのは不法就労になります。「数日程度なら何度も出入りしても大丈夫」ということにはなりません。

【図表1－2－1】国内出張と海外出張の相違点（業務内容、税務）

		国内出張	海外出張
一般的区分		出張先は日本国内	出張先は日本国外
業務内容		基本的には、事前の許可が必要になることは考えにくい	現地での活動内容によっては、事前に就労できるビザを取得していないと、現地で不法就労者として拘束されることがある
税務	海外の税務		滞在日数が一定期間を超えると課税されたり、活動内容によっては滞在日数にかかわらず課税される（詳細は後述）
	日本の税務	特段大きな留意点はない（旅費や日当が課税されるか否か以外）	海外出張に伴い追加の税負担が生じることがある（詳細は後述）

2．報酬や医療、各種管理体制での相違点

　一方、報酬や医療、各種管理体制は海外出張と国内出張でどのように異なるのでしょうか。

　【図表1－2－2】にまとめました。

【図表1－2－2】国内出張者と海外出張者の相違点（報酬、医療、体制）

		国内出張者	海外出張者
報酬	給与・手当	国内出張日当等が別途支給	海外出張日当等が別途支給
	福利厚生	国内出張規程に基づいた福利厚生	海外出張規程に基づいた福利厚生（支度金、海外旅行保険）
医療	任地での医療	健康保険が利用可能	海外旅行保険、健康保険の海外療養費請求を実施していることが多い※既往症は海外旅行保険の対象外
	緊急時の対応	国内であるため、基本的にはどこにいても適切な医療が受けられる環境にある※医療費も想定の範囲内	国によっては十分な医療を受けられないことも※チャーター機で緊急搬送が必要な場合など、海外旅行保険などで十分な「救援者費用保険」が掛かっていないと、実費の支払いが必要（数千万円に及ぶことも）

各種管理体制	健康管理体制	通常勤務時と同様	・国内とは気候や言語が異なる点や、飛行機の大幅な遅れ、移動時間も長く、疲労がたまり体調を崩しやすい ・予防接種を受けていないと感染症にかかるリスクがある
	危機管理・安全管理	通常勤務時とほぼ同様	・突然の出張等の場合、危機管理・安全管理に対する理解が不十分なまま海外に送りこまれるケースが多い （その国で留意しなければならないことへの知識がない状態で滞在しているケースもある）

　【図表1－2－2】のとおり、報酬については国内出張も海外出張も大きく変わりません。日当や宿泊費の額が変わる程度で、いずれであってもベースになるのは日本の給与体系です。

　一方、医療面はどうでしょうか。この点は大きく異なります。

　日本国内で出張中に病気やけがをしても、救急車などで適切に搬送してくれ、必要な治療を受けることができます。国内ですから身元も判明しやすく、すぐに会社や家族に連絡が来るでしょう。また、具合が悪くても日本語が通じますから、日本語で症状を訴えることができます。

　それに対し、海外で事故に遭ったりや病気になったりすれば状況は全く異なります。まず、日本の健康保険はそのまま使用することはできません（後日、一部払い戻される）。そのため海外旅行保険に加入されていると思いますが、持病等に起因して具合が悪くなったと判断されれば対象外になることもあります。また、いくら外国語が得意な方でも、体調が芳しくない時、自分の健康状態を適切に伝えるのは難しいでしょう。

　さらに、国内であれば緊急事態の対応は、どの都道府県にいても大きな差は生じないものですが、海外だと状況は全く異なります。そもそも医療体制が整っていなければ、助かるものも助からないこともあります。また、医療水準が高くても、医療費が高い国の場合、十分な旅行保険等に加入していなければ、適切な医療を受けられない可能性もあります。また、その国の治安や政治情勢、習慣などをよく理解していないと、日本では問題ない行動でも

自分の身を危険にさらすことにもつながります。

　このようにいくら「距離が近いから」「何度も行っているから」「地方出張よりもアクセスが良く便利だから」といっても、別の国に行くことを忘れないでください。何も問題がなければ結果的には国内出張も海外出張も大きな違いはありませんが、いったんトラブルが起きれば、国内出張と海外出張ではその対応が全く異なってきます。

　そのため、海外出張者については、その期間や行先、出張目的により、必要とされるレベルは異なるものの、海外赴任者に準じた事前の対策や危機管理体制が必要になります。

Q1-3

海外出張と海外赴任の相違点

　国内出張と海外出張の違いは理解しました。

　では海外出張と海外赴任ではどのような点が異なるのでしょうか。

A1-3

　「海外出張」と「海外赴任」に明確な言葉の定義はありませんが、一般に1年未満の予定でごく短期間、海外に滞在する場合は「海外出張者」として海外出張規程の対象に、1年以上の予定で海外に滞在する場合は「海外赴任者」として、海外赴任者規程の対象にしている会社が多くみられます。

　海外赴任者・出張者の税務上の違いをまとめると**【図表1-3-1】**のようになります。

※海外赴任者については「Ⅱ　海外赴任編」をご参照ください

【図表1-3-1】海外出張者と海外赴任者の相違点（一般的区分・税務上の取扱い）

		海外出張者	海外赴任者
一般的区分		・1年未満の予定で海外に滞在（または「就労」） ➡日本では「居住者」 ・給与や手当、旅費は全額日本から支払うことが多い	・1年以上の予定で海外にて「就労」を行う ➡日本では「非居住者」 ・給与は日本と海外の双方から、または日本のみ、海外のみ等会社により異なる
日本の税務	所得税	・課税 ※海外出張中に発生した海外の所得税を会社が負担した場合は、日本側では「給与」とみなされ課税（日本本社が支給したら給与として源泉徴収、現地法人が支給したら本人が日本で確定申告）	・国外源泉所得（海外での勤務の対価）は非課税 ※日本の「役員」の方が海外赴任した場合の日本本社からの報酬は国内源泉所得 ※日本に一時帰国して勤務した場合は滞在日数や給与の支給方法によっては課税
	法人税	現地法人のための出張であれば、日本本社がコストを負担すると寄附金課税されるリスクあり	現地法人のための勤務であれば、日本本社がコストを負担すると寄附金課税されるリスクあり

海外の税務	所得税	・海外での滞在が一定日数を超えれば課税、また、日本との間で租税条約がある場合でも、短期滞在者免税の要件を満たさなければ出張先で課税	・赴任国の居住者となることが一般的であるため、日本払い給与等も含めて必ず納税が必要 ※ただし事前に情報収集することで、非課税措置や駐在員向けの優遇税制の活用が可能
	法人税	・出張者の現地での活動内容や給与支給方法次第では、海外出張者または現地法人が、日本本社の「PE※」とみなされ課税される（出張先国と日本の租税条約及び、出張先国のＰＥ課税状況を確認） ・現地法人に出張者コストを負担させると、現地で損金不算入とされる場合がある	・赴任者の現地での活動内容や給与支給方法次第では、海外赴任者または現地法人が、日本本社の「PE」とみなされ課税される ・現地法人に赴任者コストを負担させると、現地で損金不算入とされる場合がある
租税条約		日本で居住者、Ａ国で非居住者の場合、租税条約に基づき、一般にＡ国の租税が減免されることがある	日本で非居住者、Ａ国で居住者の場合、租税条約に基づき一般に日本の租税が減免されることがある

※ PE：恒久的施設（Permanent Establishment の略）

【図表1-3-2】海外出張者と海外赴任者の相違点（一般的区分・社会保険の取扱い）

		海外出張者	海外赴任者
社会保険等	日本	①社会保険 ➡加入 ②雇用保険 ➡加入 ③労災保険 ➡加入	①社会保険 ➡給与が一部でも日本支給の場合は継続 ※1年以上の海外勤務の場合、介護保険は除外になる場合がある ②雇用保険 ➡失業給付算定対象は日本払給与 ③労災保険 ➡継続しない（ただし海外派遣者特別加入制度の利用は可能）
	海外	①社会保険 ➡一般には加入しない（ただし相手国制度によっては加入が求められる場合もある） ②労災保険 ➡加入していない場合が多いと考えられる。日本の労災が海外出張者にも適用される場合は日本の労災でカバー ※現地での業務内容次第では日本の労災はカバーされないので、海外派遣者特別加入制度を利用	①社会保険 ➡一般に加入が求められる（ただし社会保障協定が適用されればこの限りではない） ②労災保険 ➡赴任国に労災保険制度があれば一般的には加入するがその給付水準は定かではない（ただし社会保障協定が適用されればこの限りではない） ※日本の労災で海外派遣特別加入制度に加入していれば海外の労災事故にも対応できる。 　一般的に加入が求められる

2

日本の所得税

居住者・非居住者の判断基準

居住者・非居住者はどのように区分されるのでしょうか。

日本の所得税法上では、1年以上の予定で日本を離れる場合は非居住者に該当します。海外出張期間が1年未満の海外出張者の場合は、通常、日本の居住者に該当します。

1. 居住者・非居住者の区分が重要な理由

日本の所得税法では、納税義務者を「個人」と「法人」に区分し、「個人」については国内における住所の有無、または1年以上の居所の有無に応じて、【図表2-1-1】のように「居住者」及び「非居住者」に区分しています。

このように、居住者・非居住者の区分は、その人の「国籍」や、「赴任先でどのようなビザ（出張ビザ、駐在ビザ、留学生ビザ等）を取得して海外に赴任したか」や「社内の区分上、海外出張なのか海外勤務なのか」には関係なく、端的にいうと、「1年以上の予定で日本を離れるか否か」により判定します（ただし、公務員や船舶・航空機の乗務員等には特例が適用されるため、この限りではありません）。

よって、出張で日本を離れる期間が1年未満であれば、出張中も日本の居住者に該当すると考えられます。

【図表2－1－1】所得税による居住者・非居住者の区分

		定義	国内源泉所得	国外源泉所得
居住者	非永住者以外の居住者	次のいずれかに該当する個人のうち非永住者以外の者 ・日本国内に住所を有する者 ・日本国内に現在まで引き続き1年以上居所を有する者	課税	課税
	非永住者	居住者のうち、次のいずれにも該当する者 ・日本国籍を有していない者 ・過去10年以内において、日本国内に住所又は居所を有していた期限の合計が5年以内である者	課税	国内で支払われたもの及び国内に送金されたもののみ課税
非居住者		居住者以外の個人（1年以上の予定で日本を離れる人は非居住者に該当）	課税	非課税

2．居住者と非居住者では課税対象所得や課税方法が根本的に異なる

　【図表2－1－1】のとおり、居住者と非居住者では課税される所得の範囲が大きく異なります。そのため、当該個人が「居住者」に該当するのか、「非居住者」に該当するかの判断が非常に重要になります。

居住者・非居住者の判断が難しい場合～出張期間の変更があった場合～

　当初、5か月間の予定の海外出張でしたが、出張中に予定が変更になり3年間の海外赴任になりました。この場合、居住者・非居住者の判定はどうなるのでしょうか。

A2-2

1．海外滞在期間の予定が変更になった場合

　「1年以上の予定で日本を離れる場合は日本の非居住者、そうでなければ居住者」とお伝えしましたが、その予定が途中で変わった場合は以下のように判断されます。

a）1年以上の予定が1年未満に変更

　海外勤務期間が1年以上と予定されるなど、出国の翌日から「非居住者」となった場合でも、その後のやむを得ない事情（事故、病気、現地法人閉鎖、現地政情不安等）で結果的に海外勤務期間が1年未満になる事態も当然考えられます。しかし、このような場合でも「居住者」「非居住者」の判定は「出国時の海外勤務期間の見込みがどうであったか」が基準になります。そのため出国時の海外勤務予定期間が3年であれば、1年以上の予定で日本を離れていますから出国翌日から非居住者となります。ですが、例えば昨今の新型コロナ禍での対応のようなやむを得ない事情で半年間の海外勤務の後に帰国した場合でも、その6か月間は「非居住者」として取り扱われます。

【図表2－2－1】　1年以上の予定の海外滞在が1年未満に変更になった場合

b）　１年未満の予定が１年以上に変更

　先ほどの「a」のケースとは逆で、１年未満の予定が１年以上に変更になる場合もあります。

　たとえば下記のケースの場合、当初は４月から９月末までの６か月間の予定の海外出張でしたが、途中で１年以上の海外勤務予定に変更になっています。このケースにおいても、その事実が明らかになった日以降は日本国内に住所を有しないものと推定され、その日以降は「非居住者」として取り扱われることとなります。したがって、その日以降に支払われる給与については日本国内における勤務がない限り、日本での課税は行われません。

【図表２−２−２】　１年未満の海外滞在が１年以上に変更になった場合

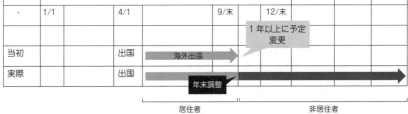

Q2-3
居住者・非居住者の判断基準のよくある疑問

居住者・非居住者の判断基準は日本での滞在日数が183日以上か否か、または住民票の有無や、出張先の国でのビザの種類などに影響されるのでしょうか。

A2-3
1．日本での年間の滞在日数が183日以上か否かは、居住者・非居住者の判断に直接は影響しない

【図表2-2-1】のとおり、1年以上の予定で日本を離れるか否かが判断基準ですので、日本での年間滞在期間が183日以上か否かは居住者・非居住者の判断に直接は関係しません（ただし海外においては、年間の滞在日数が183日以上か否かで居住者・非居住者の判断を行う国は少なくありません）。

2．住民票を除票しているか否かでは基準にならない

住民票の除票の有無は、居住者・非居住者の判断基準にはなりません。上記1で説明したとおり、あくまでも1年以上の予定で日本を離れるか否かが判断基準になります。

そのため、住民票を残したままでも1年以上の予定で海外赴任すれば、所得税法上、非居住者になります。一方、1年未満の海外赴任の場合に、市区町村に転出届を提出し、住民票を除票したとしても、税務上は日本の居住者であることは変わりません（住民登録が削除されると、住民票は除票されるため、住民票の発行はされず、印鑑登録も抹消されます）。

3．赴任国（出張先国）で取得しているビザの種類や日本で保有している在留資格の種類によって日本での居住者・非居住者の判断が異なることはない

国によってはビザの種類や国籍・永住権の有無などで居住者・非居住者の判断がされる場合もありますが、日本の所得税法上ではそれは関係ありません。

4．他の国では日本と異なる基準で居住者・非居住者か判断される

　居住者・非居住者の判断基準は国により様々です。おおむね、１年以上、その国に居住していれば税務上の居住者として扱われることが多くなります。しかし、それ以外にも「滞在期間が暦年等で183日以上」「１年以上の予定で居住を開始した場合は居住開始時点から居住者」「国籍があれば居住期間にかかわらず居住者」「外国人については、ビザの種類によって居住者・非居住者を判断」「納税者番号を保有している場合は居住者、保有していない場合は非居住者」等様々です。そのため、「Ａ国がこう判断するなら、Ｂ国も同様だろう」と考えるのは間違いの元になります。必ず、滞在する国の税法をみて判断されることをお勧めします。

出張先国で発生した所得税を会社が負担した場合の留意点

　海外出張中に、出張先の国で所得税の支払い義務が発生し、本人に代わって会社が当該所得税を負担することになりました。この場合、どのような点に留意する必要があるでしょうか。

A2-4

1．本人の所得税への影響

　日本を離れる期間が１年未満の海外出張者は「日本の居住者」に該当しますから、永住居住者の場合は、国内源泉所得、国外源泉所得ともに課税されることになります。

　そのため、海外出張中に、出張先の国で所得税等が課され、当該税金を会社が負担した場合、日本では「従業員に賞与（給与）を支払った」とみなされ、当該税金相当額は「海外で勤務した対価」となり「国外源泉所得」として日本でも課税されます。

　つまり、本人は自分の手取り給与が増えたわけでもないのに、見かけの所得が増えることで、本人の所得税、住民税、社会保険料が増加し、その分だけ本人の手取り額が減ることになります。この場合の企業の対応としては、社内で対応または会計事務所に依頼して、TAX EQUALIZATION（税均等化計算）を実施し、本人の手取り所得が減らないように配慮しているケースがあります。ほかには、こういった計算は行わないものの、見かけの所得が増えたことで所得税等が増えた額について、本人からの申請に基づき個別に支給しているケースもあります。なお、日本と海外の両方で同じ所得に対して課税された場合は、居住地国である日本で外国税額控除の適用を受けることはできます。ただし、二重課税がすべて排除されるわけではありませんし、外国税額控除の適用を受けるために会計事務所に確定申告を依頼した場合、税額控除を受けることで戻ってきた税金よりも、確定申告のために会計事務所に支払った費用のほうが高いこともありますので、総合的に考えてどうするのが最も得かを考える必要があります。

2．本人が受けられる行政サービスへの影響

　また、所得が増えたことで、これまで受けられていた自治体からの補助

（児童手当、就学補助等、保育料補助等）が受けられなくなる場合があり、この点についても、「本人からの申し出に基づき、『不利益を受けた』と判断した額を会社が負担している」ケースと「その点までの配慮は行わない」「特にポリシーは定めていない」等があり、対応は様々となっています。

3．参考（他社状況）

1）　海外短期出向者・長期出張者の現地納税

「海外短期出向者・長期出張者に対して、現地で納税義務が生じた際の納税額の取扱いについて教えてください」との質問に対する回答結果は以下の通りです。

回答選択肢	回答数	比率
現地邦人が立替払いをするが、最終負担者は日本本社	55	26%
国により対応方法が異なる	36	17%
日本本社が直接納付している	9	4％
本人が立替払いをするが、最終負担者は日本本社	6	3％
該当するケースが発生したことはない	72	33%
その他	13	6％
不明	24	11%
合計	215	

出所：2022年4月「海外赴任者処遇・税務等実態調査結果〜第3回　海外赴任者の手当・給与・福利厚生・海外赴任者規程・二重課税〜」
EY税理士法人・EY行政書士法人より引用

2）　日本・現地二重課税発生時の対応

「現地で納税義務が生じることにより、日本との現地での二重課税が発生した場合の対応方法を教えてください」との質問に対する回答結果は次の通りです。

回答選択肢	回答数	比率
二重課税を排除するため、日本の確定申告で外国税額控除を適用している	68	32%
会社の方針で二重課税の排除は行わない	16	7％
二重課税を排除したいが、排除の仕方がわからない	14	7％
二重課税について知らなかった	3	1％
該当するケースが発生したことはない	62	29%
その他	13	6％
不明	39	18%
合計	215	

出所：2022年4月「海外赴任者処遇・税務等実態調査結果〜第3回　海外赴任者の手当・給与・福利厚生・海外赴任者規程・二重課税〜」
EY税理士法人・EY行政書士法人より引用

Q2-5

海外で支払った所得税を日本の所得税から控除する場合（外国税額控除）

海外出張者について、出張先のＡ国で所得税が課されることになりました。Ａ国の所得税は会社が負担しますが、日本で外国税額控除の適用を受けることでコストダウンすることは可能でしょうか。

A2-5

1．外国税額控除を受けることでのコストダウン

海外出張が居住地国である日本で外国税額控除を行い、控除された額を本人が会社に何らかの形で戻し入れることに同意した場合、その分だけ会社のコストダウンは可能になります。なお、会計事務所に本手続きを依頼する場合、そのコストが税額控除の適用を受ける額を大幅に上回らないかどうかの確認を事前にされることをお勧めします。

なお、外国税額控除の考え方のイメージは【図表2－5－1】のとおりです。

【図表2－5－1】外国税額控除の考え方

以下のいずれか小さい額を日本の所得税等から控除できる。

1．実際の外国所得税額

2．外国税額控除限度額＝その年分の日本の所得税額×$\dfrac{\text{その年分の国外所得金額}}{\text{その年分の所得総額}}$

では、上記の【図表2－5－1】に、実際の金額を当てはめて2パターン考えてみます。

【図表 2 － 5 － 2】 具体的計算事例

> 年収500万円（うち国外所得金額が100万円）、日本の所得税が50万円とする。
> ケースA：外国所得税額が15万円の場合
> 　1．実際の外国所得税額：15万円
> 　2．外国税額控除限度額：50万円×（100万／500万）＝10万円
> 　➡控除できる外国所得税額は10万円
> 　　※控除できない外国所得税額が5万円（15万－10万）あるので、
> 　　　この控除できなかった外国所得税は翌年以降3年間繰越可能
>
> ケースB：外国所得税額が7万円の場合
> 　1．実際の外国所得税額：7万円
> 　2．外国税額控除限度額：50万円×（100万／500万）＝10万円
> 　➡控除できる外国所得税の額は7万円
> 　　※外国税額控除限度額が3万円（10万－7万）あるので、
> 　　　この控除限度枠は翌年以降3年間繰越可能

2．2022年度所得に対してA国で支払う所得税額が2023年に確定・納付となる場合

　2022年度所得に対してA国で支払う所得税が2022年中に確定しなかった場合はどうなるのでしょうか。実際にはこのようなケースは多く、【図表2－5－2】でいうと、控除限度額より低いというケースBに該当します。

　つまり、外国税額控除限度額は国外勤務期間に応じた額になりますが、2022年度の外国所得税額は0円（2023年度に確定・納付となる）のため、実際には控除ができません。そのため、この控除限度額を翌年に繰越し、翌年に外国税額控除を受けることができます。

　このように、2022年度所得に対してA国で支払う所得税が2023年に確定・納付となる場合は、2年にわたっての確定申告手続きが必要になります。

Q2-6
出張時の日当、宿泊費の課税上の取扱い

　日当、宿泊費は課税対象になりますか。

A2-6

1．消費税（仕入れ税額控除）

　海外出張のために支給した出張旅費、宿泊費、日当は原則として課税仕入れにはなりません。

2．非課税と認められる日当、宿泊費の範囲

　具体的にいくらまでなら非課税、という枠が決められているわけではありませんが、現実には同業他社と比較した際に、大幅に逸脱しない額であることが必要になると考えられます。

　なお、基本的には実費精算です。

※日当水準等についてはQ7－1をご参照ください。

3

日本の法人税

本社が出張者コストを負担する場合

　当社では海外出張者にかかるコストについては、その目的や期間にかかわらず、全額、日本本社が負担していますが、何か問題があるでしょうか。

　「海外出向者」の給与や賞与、福利厚生関連費用を日本本社が負担すると、税務調査の際に、「本来、現地法人が支払うべき費用を本社が支払った」として当該費用は損金に算入されず、寄附金として課税されることはよく知られています。確かに海外出向者は、出向中は現地法人の社員でもあり、このような指摘があることについて、大きな違和感はないでしょう。

　一方、「海外出張者」が海外子会社に行って何らかの活動をする場合はどうでしょうか。海外出張者は日本本社の社員であり、海外子会社の社員ではありません。そのため、出張者にかかる旅費、宿泊費はもちろん、海外出張期間の給与についてもすべて日本本社が負担しているケースが少なくないのではないでしょうか。しかし、この場合も、当該出張者にかかるコストを現地法人から何らかの形で回収していないと、海外出向者に対して本社が費用負担している場合と同じく、税務調査で指摘を受ける可能性があります。

　つまり、海外子会社の社員かそうでないか、という形式的なことではなく、海外子会社のために働いているのであれば、当該出張者にかかるコストについては仮にいったん日本本社が負担したとしても、最終的には海外子会社が負担するべきものとされます。

　ただし、必ずしも「海外子会社に出張したら、海外子会社が全額費用負担しなければならない」というわけではありません。海外出張者の活動内容次第で、当該活動にかかる対価を海外子会社に請求しなくてよい場合と、請求する必要がある場合に分けられます。

　つまり、親会社が子会社のために「役務を提供」する場合は、その「役務の対価」を子会社に請求することが必要になります。

　では、どのような活動内容であれば「役務の提供に該当しない」のでしょうか。その指針を示したのが国税庁の「移転価格事務運営要領」3-10で【図表3-1-1】に概略をまとめています。

　この「移転価格事務運営要領」3-10によりますと、親会社が子会社に行

った活動内容について「経済的・商業的価値があるか」「重複活動か否か」「株主や出資者の立場で行う活動か否か」といった判断基準に基づき、当該活動が親会社が子会社に対して行った「役務提供か否か」を判断することになります。

【図表3－1－1】移転価格事務運営要領3－10；
　　　　　　　　企業グループ内における役務提供の取扱い
　　　　　　　　～日本本社A社の社員が
　　　　　　　　海外子会社a社に何らかの活動を行う場合～

1）経済的・商業的価値があるか否か
　　A社がa社に対して行う活動に、
　　経済的または商業的価値がある場合は、
　　「役務の提供」に該当
　　➡当該活動に見合う対価を子会社から回収する必要がある
2）重複活動か否か
　　A社がa社のために行う活動が、a社または別の法人によって行われている業務と重複していれば、
　　「役務の提供」には該当しない
3）株主または出資者の立場で行う活動か否か
　　A社がa社の株主や出資者の立場で行う活動は、
　　「役務の提供」には該当しない

出所：国税庁「移転価格事務運営要領」に筆者追記

　次のQ3-2以降では、順番にこれらの活動について説明していきます。

「経済的・商業的価値がある」の判断基準

　前項のQ3-1で説明のあった、親会社（海外出張者）が子会社に行う活動が「経済的・商業的価値があるかどうか」の判断は、どのように行われるのでしょうか。

　経済的・商業的価値があるかどうか、どういった基準で判断されるのでしょうか。税務当局では、

・A社が当該活動を行わなかったとした場合に、海外子会社 a 社が自ら当該活動と同様の活動を行う必要があると認められるかどうか

または

・第三者が別の第三者から、A社が行う活動と内容、時期、期間その他の条件が同様である活動を受けた場合に対価を支払うかどうか

の点で、子会社の活動を判断しています。

　つまり、上記のような活動内容は、【図表3-1-1】でご紹介した判断基準で、経済的・商業的価値があれば、「親会社A社から海外子会社 a 社に役務の提供があった」とみなされ、親会社A社は子会社 a 社からその対価を回収する必要があります。なお、この「活動内容」には単に「その活動の実施の有無」だけではなく、A社が「海外子会社 a 社からの要請があれば随時当該活動が行えるよう、定常的に当該活動に必要な人員や設備等を利用可能な状態に維持している場合」も含まれます。

【図表3－2－1】経済的・商業的価値の有無により判断される活動内容

イ	企画又は調整
ロ	予算の管理又は財務上の助言
ハ	会計、監査、税務又は法務
ニ	債権又は債務の管理又は処理
ホ	情報通信システムの運用、保守又は管理
ヘ	キャッシュフロー又は支払能力の管理
ト	資金の運用又は調達
チ	利子率又は外国為替レートに係るリスク管理
リ	製造、購買、販売、物流又はマーケティングに係る支援
ヌ	雇用、教育その他の従業員の管理に関する事務
ル	広告宣伝

出所：国税庁「移転価格事務運営要領」3－10

Q3-3

「重複活動か否か」の判断基準

　Q3-1で説明のあった、親会社（海外出張者）が子会社に行う活動が、「重複活動か否か」の判断は、どのように行われるのでしょうか。

A3-3

　A社が海外子会社a社に対して行う活動と、第三者が子会社a社に対して行う活動またはa社自身が行う活動に重複（一時的に生ずるもの及び事実判断の誤りに係るリスクを軽減させるために生ずるものを除く）がある場合には、A社が行う活動はa社に対する役務提供には該当しません。つまり、A社が行う業務が、子会社または第三者が行う業務と同じであれば、当該活動は重複することになり、「役務の提供」とはみなされないことになります。

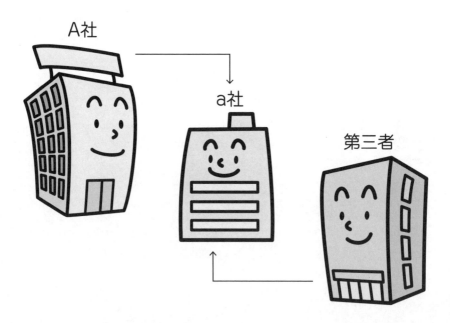

Q3-4

「株主または出資者としての活動か否か」の判断基準

Q3-1で説明のあった、親会社（海外出張者）が子会社に行う活動が、「株主または出資者としての活動か否か」の判断はどのように行われるのでしょうか。

A3-4

A社はa社の株主ですから、株主の立場で行う活動については「役務の提供」には該当しません。具体的には【図表3-4-1】のとおりです。

つまり、親会社が国外関連者に対して行う特定の業務に係る企画、緊急時の管理もしくは技術的助言または日々の経営に関する助言は、株主の立場で行う活動（【図表3-4-1】参照）に記載の活動内容には該当しません。

そのため、これらの活動内容については「経済的・商業的価値がある」かどうかの判断基準（【図表3-2-1】参照）に記載したとおり、当該活動が子会社a社にとって「経済的または商業的価値を有する」と判断されれば、「国外関連者に対する役務提供」に該当してしまいます。

また同様に、親会社が国外関連者に対する投資の保全を目的として行う活動であったとしても、国外関連者にとって経済的または商業的価値があれば、国外関連者に対する役務提供に該当することになります。

【図表 3 − 4 − 1】株主または出資者の立場で行う活動

イ　親会社が発行している株式の金融商品取引法（昭和23年法律第25号）第 2 条第16
　　項に規定する金融商品取引所への上場
ロ　親会社の株主総会の開催、株式の発行その他の親会社に係る組織上の活動であっ
　　て親会社がその遵守すべき法令に基づいて行うもの
ハ　親会社による金融商品取引法第24条第 1 項に規定する有価証券報告書の作成（親
　　会社が有価証券報告書を作成するために親会社としての地位に基づいて行う国外関
　　連者の会計帳簿の監査を含む。）又は親会社による連結財務諸表（措置法第66条の
　　4 の 4 第 4 項第 1 号に規定する連結財務諸表）の作成その他の親会社がその遵守す
　　べき法令に基づいて行う書類の作成
ニ　親会社が国外関連者に係る株式又は出資の持分を取得するために行う資金調達
ホ　親会社が当該親会社の株主その他の投資家に向けて行う広報
ヘ　親会社による国別報告事項に係る記録の作成その他の親会社がその遵守すべき租
　　税に関する法令に基づいて行う活動
ト　親会社が会社法（平成17年法律第86号）第348条第 3 項第 4 号に基づいて行う企
　　業集団の業務の適正を確保するための必要な体制の整備その他のコーポレート・ガ
　　バナンスに関する活動
チ　その他親会社が専ら自らのために行う国外関連者の株主又は出資者としての活動

出所：国税庁「移転価格事務運営要領」 3 − 10

Q3-5

「役務提供の対価があるか否か」の判断基準とされるもの（海外出張申請書・報告書、会社間の契約書）

「役務提供の対価があるか否か」はどのように判断されるのでしょうか。

A3-5

1. 「役務提供の対価があるか否か」は何を基準に判断されるのか

　海外出張者に同行してその活動内容をチェックすることは物理的に困難です。そのため重要な判断基準の一つとなり得るのは、海外出張者の活動内容を把握できる海外出張申請書や海外出張報告書、また当該海外出張に関して海外子会社と交わした役務提供の契約書や海外出張に関する自社のポリシー等です。海外出張は単一の目的だけではなく複数の目的をもって行われることも少なくありません。しかし、海外出張申請書は通常、出張者本人が記載しますので、どの法人のための出張なのかをあまり意識していない傾向があります。実は本社のための活動が大半にもかかわらず、「海外子会社のための技術指導・経営指導」等と書いてしまうこともあり得ます。

　そのため、過去の税務調査で海外出張申請書の内容に基づき、「海外子会社支援のための出張にもかかわらず本社がそのコストを全額費用負担している」としてそれら経費の損金性を否認され、多額の課税をされた企業もあります。そのような経験をされた企業では、過去の経験を教訓に、海外出張申請書の「海外出張目的」を本人に自由記述させるのではなく、自社で想定される海外出張目的をあらかじめ列挙し、それら活動を「本社のための出張」か「現地法人のための出張」かに分け、本人に該当するものにチェックさせているところもあります。その結果、出張中の活動内容が「現地法人のための出張」に分類されれば、当該コストは現地法人から回収する見込みがない限り、海外出張申請への許可が下りない、という仕組みにしています。また、それだけでは根本的解決にはならないため、事業部門に対して、海外出張時のコストに関して税務面での留意点を説明し、出張回数や費用負担の在り方について理解してもらうための研修などを行っている場合もあります。

　いずれにせよ、出張申請書や出張報告書等において出張目的や実施内容を明確にすること、現地法人のための出張のため、本社から現地法人等に人件費請求する場合には請求の根拠を文書で明確にしておくことが重要です。

2．「役務の提供がある」と判断された場合、子会社に請求すべき金額は

　親会社が海外子会社に経営指導をしたり、技術指導をするという行為は、当該指導を親会社から受けなければ子会社自ら実施したり、または第三者に依頼することになります。つまり「親会社から子会社に行った活動（出張者が行った活動）」は、「経済的・商業的価値がある」とみられる可能性がきわめて高くなります。

　では、海外出張者がこのような業務に従事した場合、子会社から回収すべき金額は何をもとに決定すれば良いのでしょうか。移転価格事務運営要領によりますと、「法人が国外関連者に対し支払うべき役務提供に係る対価の額の妥当性を検討するため、当該法人に対し、当該役務提供の内容等が記載された書類（例：帳簿や役務提供を行う際に作成した契約書）の提示又は提出を求めることとする」としています。また、「当該役務提供の実態が確認できないときは、措置法第 66 条の 4 第 3 項の規定の適用について検討する」としています。

　具体的には、単に海外出張経費（旅費、日当等）だけではなく、海外出張期間中の当該出張者の給与等も子会社に請求する必要があります。

3．まとめ

　海外出張だからといって、海外子会社に費用を請求しなくても問題ない、というわけでは決してありません。むしろ見本市への参加やごく短期間の会議などを除き、海外出張者が現地法人に対して何らかの便益を提供する活動を行った場合は、「親会社から子会社に役務の提供があった」とみなされ、それに見合う対価の請求を行わないと、あとから寄附金として指摘される可能性が高いといえます。

　前述の企業のように、海外出張目的について「本社のための出張か」、「子会社のための出張か」を厳密に仕分けし、後者については子会社に費用請求を行うことを出張申請承認の条件にしたケースもあります。その結果「親会社は『子会社のための出張』と思っていたが、子会社はそのように思っていなかった出張」が思いのほか多かった、という事例も少なからず存在します。子会社側は「日本から出張にきてほしい、と頼んだわけでもないから、出張者にかかる費用の負担する理由がない」として、結果として海外出張回数が減ったケースもあります。

4

出張先国の個人所得税

Q4-1
海外出張先国での個人所得税の原則的な考え方

　社員を海外出張させた際、出張先で個人所得税が課税されるケースがあると聞きました。

　海外出張先国での個人所得税についての原則的な考え方について教えてください。

A4-1
1．出張先国での個人所得税についての原則的な考え方

　一般に、海外に出張し、出張先（仮にA国とします）で勤務を行う場合、当該勤務に対して支払われる報酬は、それがどの国の法人から支払われるものであっても、A国源泉所得に該当すると考えられます。国により居住者・非居住者の概念はそれぞれですが、非居住者については通常、「自国（国内）源泉所得（つまりA国からみると、A国源泉所得）」は課税対象となります。よって、日本からの出張者がA国で勤務の結果、日本から受け取った報酬のうち、A国勤務期間相当分はA国で課税対象になる可能性があります（ただし「国内源泉所得」の定義は国により異なります。日本で定める「国内源泉所得」の定義より広い場合もありますのでご注意ください）。

　一方、A国と日本との間に租税条約（DTA）が発効している場合で、短期滞在者免税の適用を受けられれば、日本からA国への出張者の、A国勤務期間相当分の所得について、A国で免税になります。

　では、「短期滞在者免税」とはどのような制度なのかを、以下のQで具体的に説明していきます。

Q4-2

短期滞在者免税の考え方

海外出張者の出張先での所得税を免除してもらえる制度として、「短期滞在者免税」というものがあることを聞きました。具体的にどのような制度なのでしょうか。

A4-2

1. 租税条約における減免措置

〜短期滞在者免税とは〜

租税条約相手国に出張する場合は、出張先国にある現地法人や恒久的施設（PE）から給与が支給・負担されていない、つまり日本の本社から給与が全額支給されており、かつ現地での滞在期間が183日以内（タイとの租税条約においては180日以内：後述）であれば、一般に出張先国では個人所得税の納税義務が発生しません。これを短期滞在者免税といいます。

「短期滞在者免税」というと、とかく「日数要件（183日以内か超か）」だけが注目されますが、それ以外にも要件があり、日数要件を含めた三要件（滞在日数基準、支払地基準、PE負担基準）をすべて満たして、はじめて「短期滞在者免税」の適用が受けられることになります。

たとえば、【図表4-2-1】は日中租税条約における短期滞在者免税の規定は以下のとおりです（中国以外との租税条約においても同様の規定が定められています）。

【図表4-2-1】日中租税条約第15条 勤務に対する報酬 第2項 短期滞在者免税

一方の締約国の居住者が他方の締約国内において行う勤務について取得する報酬に対しては、次の(a)から(c)までに掲げることを条件として、当該一方の締約国においてのみ租税を課することができる。
(a) 報酬の受領者が当該年を通じて合計183日を超えない期間当該他方の締約国内に滞在すること。
(b) 報酬が当該他方の締約国の居住者でない雇用者又はこれに代わる者から支払われるものであること。
(c) 報酬が雇用者の当該他方の締約国内に有する恒久的施設又は固定的施設によって負担されるものでないこと。

これをもう少しかみ砕くと【図表4－2－2】のように表現できます。

【図表4－2－2】日中租税条約第15条：勤務に対する報酬 ~第2項　給与所得条項~

中国に出張者として勤務するＡさん（日本の居住者）の場合

日本の居住者のＡさんが、出張等で中国に勤務することに対して受け取る報酬（給与・賞与等）については、以下3つの条件をすべて満たせば、当該所得については、中国で所得税は免除される。

第1要件　滞在日数基準

Ａさんの中国での滞在期間が当該年（1／1～12/31）を通じて、（累計して）合計183日以内であること

第2要件　支払地基準

Ａさんに支払われている報酬が、中国の居住者（たとえば中国現地法人）またはこれに代わる者から支払われていないこと

（つまり、報酬がすべて日本本社から支払われていれば、この条件はクリアできる）

第3要件　PE負担基準

Ａさんに支払われる報酬が、日本の企業が中国内に保有するPEによって、負担されていないこと（つまり、報酬がすべて日本本社から支払われていれば、この条件はクリアできる）

　【図表4－2－2】のとおり、日本の居住者が中国に出張する場合、中国滞在日数が課税年度のうちの合計183日以下で、かつ、当該出張者の給与が全額日本から支払われていれば、短期滞在者免税の要件を満たすことができます。

　逆にいうと、中国滞在日数が183日以内であっても、中国国内企業から当該出張者に対し、給与や出張手当が一部でも支払われていれば、「短期滞在者免税」の適用を受けることはできません。また、一見、この条件を満たしていても、出張者が中国でコンサルタントとして役務提供している場合で、出張者による役務提供が日本企業が中国内に保有するPEによって負担されているとみなされるなど、出張者の活動内容が中国でPEに該当すれば、短期滞在者免税の第3要件が満たせないため、中国滞在がたとえ1日だけでも、中国で個人所得税の対象になります。

　よって、中国出張期間中に支払われた給与や出張手当相当額については、中国で個人所得税を申告・納税する義務が生じます。

　では、以下の Q で具体的にこれらの要件についてひとつずつ見ていきましょう。

短期滞在者免税の第一要件「滞在日数基準（183日以内）」とは

183日とは具体的にどのように計算されるのでしょうか。

A4-3

1．183日の数え方

〜「当該年（一課税年度）を通じて183日以内」か「継続する12か月で183日以内」か〜

　Q4-2の**【図表4-2-1】**の日中租税条約においては、「当該年（一課税年度）を通じて合計183日以内」と定められています。一方、アメリカやイギリス、シンガポール等との租税条約では「継続する12か月で183日以内」とされています。

　具体的に計算方法はどのように異なるのでしょうか。

　【図表4-3-1】にまとめてみました。

【図表4-3-1】183日の計算方法

> 「一課税年度（一暦年）で183日以内」か「継続する12か月で183日以内」か
> 2023年11月1日〜2024年5月31日まで同一国に出張していた場合
>
> ① **当該年で183日以内として計算する条約**
> ・2023年度
> 　11月1日〜12月31日：滞在日数は61日間
> 　→2023年度の滞在期間は<u>183日以内</u>
> ・2024年度
> 　1月1日〜5月31日：滞在日数は151日間
> 　→2024年度の滞在期間は<u>183日以内</u>
> ➡つまり、2023年度、2024年度とも、滞在期間は183日以内となり、短期滞在者免税の「第1要件：日数要件」を満たす
>
> ② **継続する12か月間で183日以内として計算する条約**
> 　2023年11月1日〜2024年5月31日：212日間となり、<u>183日を超える</u>
> ➡つまり、滞在期間は183日を超えてしまうので、短期滞在者免税の「第1要件：日数要件」を満たさない

　【図表4-3-1】のとおり、同じ滞在期間であっても、「当該年を通じて

183日以内で計算する条約」のほうが、「継続する12か月で183日以内で計算する条約」より納税者にとって有利になっています。なお、租税条約のひな型ともいえる OECD モデル租税条約の1992年の改正時において、短期滞在者免税の日数要件の計算方法が「当該年を通じて183日以内」から「継続する12か月で183日以内」になったため、それ以降に改定あるいは新規締結された条約は「継続する12か月で183日以内」とされているケースが多くなっています（Q4－2の【図表4－2－1】は日中租税条約における短期滞在者免税の規定ですが、租税条約の締結が1983年ということもあり、183日の計算方法は「当該年を通じて183日以内」となっています）。

2．「継続する12か月で183日以内」の場合の留意点
～台湾の場合～

　台湾と日本の間の租税とりきめ（条約）においては、日数の計算方法は、「継続する12か月で183日以内」となっています。

　そのため、年をまたがって出張する場合、仮に初年度の台湾滞在日数期間が183日以内であっても、翌年の滞在日数次第では、「継続する12か月以内に183日以内」という条件を満たせなくなります。初年度の台湾滞在日数が183日以内でも、まずは初年度について「非居住者として確定申告」を行い、翌年の滞在日数次第で、結果として「継続する183日以内」であった場合は、還付申請を行うという手順になります。

　このように「継続する12か月以内に183日以内」としている条約においては、「当該年（一課税年度）を通じて183日」とする条約よりも計算が複雑になります。

　なお、日本が署名した租税条約における短期滞在者免税の日数計算方法は【図表4－3－2】の通りです。

【図表4－3－2】 日本が署名した租税条約における短期滞在者免税の日数計算方法（実務の際は必ず最新情報をご確認ください）

	条約相手国・地域
当該年を通じて183日以内とする条約（下線は「一課税年度で183日」としている条約）	アイルランド、イギリス（旧）、イスラエル、イタリア、インド、インドネシア、ウクライナ、エジプト、カナダ、韓国、ザンビア、スイス、スペイン、スリランカ、ソ連邦（※1）、タイ（※2）、中国、スロバキア、トルコ、ハンガリー、バングラデシュ、フィリピン、フィンランド、ブラジル、ブルガリア、ベトナム、ポーランド、マレーシア、南アフリカ、ルクセンブルグ、ルーマニア、チェコ
継続する12か月で183日とする条約	アメリカ、アラブ首長国連邦、イギリス、オーストラリア、オマーン、オランダ、カザフスタン、カタール、クウェート、サウジアラビア、シンガポール、スウェーデン、スロベニア、デンマーク、ニュージーランド、ノルウェー、パキスタン、フランス、ブルネイ、ポルトガル、香港、メキシコ、チリ、ドイツ、ラトビア、アイスランド、エストニア、オーストラリア、ベルギー、リトアニア、ロシア、台湾、クロアチア、コロンビア、エクアドル、ウズベキスタン、ジャマイカ、ペルー、アルゼンチン、ウルグアイ、モロッコ、セルビア、ジョージア

（※1）旧ソ連邦との条約の複数国への継承
（※2）タイは180日
出所：各国との租税条約等に基づき筆者が作成

3．第三国間の租税条約における取扱い

　日本からの出張者だけではなく、海外赴任中の社員が赴任先から別の国に出張するケースも少なくありません。この場合は、海外赴任者の現在の居住地国と出張先国の間の租税条約を確認する必要があります。

　そして、第三国間の租税条約については日本語で確認することは難しいので、各国の税務当局のウェブサイト等が参考になります。日本からの出張者の滞在日数は日本本社の人事部が管理していても、海外赴任者の海外出張までは本社で管理していないのではないでしょうか。

　そうなると、海外赴任者の赴任国外への出張日数が、免税対象となる期間を超えていても誰も気がつかず、結果としてペナルティを課されることもあります。出向して海外赴任中とはいえ、そもそも自社の社員であり、いずれ日本に戻ってくる人材です。「出向中だから関係ない」とはいえませんので、

日本本社において海外赴任者を含めた出張日数や出張形態管理が必要です。

4．連続して183日なのか、それとも累計で183日なのか

【図表 4 － 3 － 1 】では、連続した出張を想定して説明していますが、連続で183日以内か超かという意味ではなく、「累計で183日以内の滞在か否か」で判断します。

そのため、短期で同じ国に何度も出張を繰り返すような社員がいる場合は、その国に何日滞在したのかについて、本人やその上司に累計してもらうことはもちろんですが、人事部担当部門においても、モニターしておくことが重要です。

特に、「継続する12か月で183日以内」という計算方法の条約においては、たとえば最初の 1 年目は183日以内でも、次の年と累計すると「継続する12か月で183日超」に該当することもあります。

また、一人一人の出張者の累計滞在日数が183日以内であっても注意が必要です。たとえば一つの契約のもとで、 A さん、 B さん、 C さん、 D さん、 E さんの 5 人ががそれぞれ90日ずつ交代で出張している場合、個人別に計算すれば、それぞれの滞在日数は183日を大きく下回っていますが、合計すると 5 人で450日となります。この契約に基づいて建設工事などを行う場合、当該活動が日本と当該国間の租税条約で定義している恒久的施設（PE）に該当すると、その業務を行う出張者については後述の短期滞在者免税の「第 3 要件：恒久的施設が報酬を負担していない」という条項を満たさないと判断される可能性もあります。そのため、個人別の日数カウントだけでなく、その出張者の活動や、その活動の根拠となっている契約についても注意する必要があります。

5．入国日、出国日のカウント方法

各国の租税条約のひな型ともいえる OECD モデル租税条約の解説（OECD モデル租税条約コメンタリー）によりますと、「入国日、出国日、土日祝祭日、休暇、病気休暇の日等も 1 日と数える。ただし、国外の二国間の旅行中にトランジットで滞在した日は除かれる」とされています。なお、各国における滞在日数のカウント方法ですが、OECD モデル租税条約の解説どおり、入国日、出国日とも一日としてカウントする国もあれば、入国日

だけカウントし、出国日はカウントしない等、国により様々です。

　183日ぎりぎりまで滞在したいと考えている場合は、この点についても出張先の国の判断基準について事前に確認しておくと良いでしょう。

※何度も繰り返し行う出張は、一方でビザの観点からも注意が必要です。詳細は「Q6-2　同じ国に同じ社員を何度も出入国させている場合の留意点」をご参照ください。

6．滞在日数が183日を超えた場合、課税対象となる日数の考え方

　仮に滞在日数が200日になってしまった場合は、短期滞在者免税の適用が受けられず、原則どおりの課税となります。つまり、出張先国で非居住者に対する一定の非課税措置がない限り、200日分すべてが出張先の国で個人所得税の課税対象になります。前述のとおり、「継続する12か月で183日以内」としている条約の場合、どの時点で183日を超えているかがわかりにくいので、カウントの仕方には常に注意を払う必要があります。

【図表4-3-3】日数管理

あなたは、海外出張に関して、個人別に国別滞在日数の管理を行っていますか。

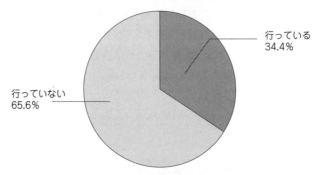

行っている
34.4%

行っていない
65.6%

出所：税務研究会　海外出張アンケート（2020年2月実施）

Q4-4

短期滞在者免税の第二要件「出張先居住者から報酬が支払われていない」とは

短期滞在者免税の第二要件である「報酬が出張先国の居住者から支払われていないこと」とは、具体的にどのような意味でしょうか。

A4-4

海外出張中は通常、給与は日本本社から支払われ、出張先の法人から支払われることはまれだと思います。しかし、日当や宿泊費が出張先の現地法人から支払われていると、「給与等の支払いが出張先国の居住者によって行われていないこと」に該当しないと考えられます。

給与は全額日本本社から支払われていたとしても、本人の給与相当額が現地法人から日本本社に何らかの形で支払われている場合は、必ずしもこの条件を満たしているとはみなされない可能性があります。この点については出張先国ごとに実務上の取扱いが異なるので確認が必要です。

また、出張先国の居住者（現地法人等）が出張者の報酬を直接または間接的に支払っていなくても、出張者が現地法人に実質的に雇用されているとみなされると、この条件は満たさないと判断される場合もあります。

Q4-5
短期滞在者免税の第三要件「恒久的施設（PE）が報酬を負担していない」とは

短期滞在者免税の第三要件である「報酬が出張先国にある恒久的施設によって負担されていないこと」とは、具体的にどのような意味でしょうか。

A4-5

海外出張者の活動内容が出張先国で「恒久的施設（以下「PE」）」における活動と認定された場合、当該出張者の報酬はPEが負担しているとみなされます。そのため、短期滞在者免税の第三要件が満たされないことになりますので、仮に出張先国での滞在日数が183日以内でかつ、出張先国の居住者（現地法人等）から報酬が支払われていなくても、短期滞在者免税を受けることはできません。

実際に出張先国での活動内容がPE認定されてしまい、各出張者の滞在日数に応じて、出張先での所得税を申告している企業もあります。

なお、PEの定義は租税条約により少しずつ異なり、PEの範囲が広い条約もあれば、狭い条約もあります。また、実務上においてPEについての課税に対して厳格な国もあればそうでない国もあります。PEはあくまで事実認定のため、一概に「PEになる」「ならない」と判断できない部分もあることから、専門家に最新の情勢を確認することが重要です。【図表4－5－1】は租税条約ごとに異なるPEの定義です。

【図表４－５－１】租税条約毎に異なる PE の定義の一例（実務の際は必ず最新情報をご確認ください）

条約相手国	在庫保有代理人	注文取得代理人	建設工事	建設工事監督	その他（例）
米国	—	—	12か月を超えると PE	—	—
ドイツ	—	—	12か月を超えると PE	—	—
インド	PE	PE	6 か月を超えると PE	6 か月を超えると PE	6 か月を超える天然資源の採掘は PE
インドネシア	PE	—	6 か月を超えると PE	6 か月を超えると PE	6 か月を超える一定のコンサルティング活動は PE
タイ	PE	PE	3 か月を超えると PE	3 か月を超えると PE	6 か月を超える一定のコンサルティング活動は PE
中国	—	PE	6 か月を超えると PE	6 か月を超えると PE	6 か月を超える一定のコンサルティング活動は PE
ベトナム	ＰＥ	—	6 か月を超えると PE	6 か月を超えると PE	6 か月を超える一定の役務提供（コンサルティング活動）は PE

出所：各国との租税条約に基づき筆者が作成

短期滞在者免税の適用を受けるために必要な手続き

　短期滞在者免税の適用を受けるためにはどのような手続きが必要なのでしょうか。

　短期滞在者免税の適用を受けるために、どのような手続きや書類の準備が必要になるかは、国により様々です。大きく分けると**【図表4-6-1】**のようになります。

【図表4-6-1】短期滞在者免税適用のために必要な書類

　1．免税適用のために何らかの準備が必要であることを法律や通達で明記している場合➡国によって対応が異なる
　　1)　実務上、それら書類の提出が必要となる国
　　2)　実務上、それらの書類を提出しているケースがそれ程みられない国

　2．免税適用のための書類の準備が必要であると法律上何ら明記されていない場合
　　　➡特段の書類は不要

　【図表4-6-1】の1の場合、現時点で会社側で何も手続きを行っていないと、出張先の現地法人等が源泉徴収もれ等と指摘され、ペナルティの対象になる可能性があります。

　一方、1の2)や2のケースでも、いつ何時、出張先国の考え方が変わるかわかりません。そのため、最低限でも個人別・出張先別で、「誰がいつからいつまで出張していたのか」「その活動内容は何か」について、1年単位でも良いので整理されることをお勧めします。

Q4-7
短期滞在者免税の適用を受けるために必要な書類（マレーシアの例）

　マレーシアで短期滞在者免税の適用を受けるためにはどのような書類の提出が必要なのでしょうか。

A4-7

　マレーシアにおいては短期滞在者免税の適用を受けるためには**【図表4-7-1】**の書類が必要になるといわれています（ただし、すべての会社がこの書類を必ず提出しているかどうかは定かではありません）。

【図表4-7-1】マレーシアで短期滞在者免税適用を受けるために必要とされる書類

> a) 各年の非居住外国人（以下「出張者」）の居住ステータスを証明するための、租税条約相手国の税務当局からの居住証明書
> b) 出張者のパスポートが証明された真正なコピー、およびマレーシアへの出入日のリスト、マレーシアでの物理的な滞在日数を決定する資料
> c) 以下に関する出張者の海外の雇用主からの書面による確認
> 　i) 外国人の報酬を負担するのは誰か
> 　ii) 報酬費用の払い戻しが行われているか
> 　　（マレーシアの会社に出張者の人件費の付け替えをしているか）
> d) マレーシア在住の会社またはマレーシアのPEからの書面による確認
> 　i) 出張者の報酬を負担するのは誰か
> 　ii) 報酬費用の払い戻しがあるか
> 　　（マレーシアの会社に出張者の人件費の付け替えがされているか）

出所：FOREIGN NATIONALS WORKING IN MALAYSIA - TAX TREATY RELIEF PUBLIC RULING NO. 2/2012

　上記は一例です。

　マレーシア以外にもカナダやフィリピン、ベトナムなど、租税条約の短期滞在者免税の適用を受けるための申請や届出が必要な国は複数あります。比較的長期間にわたり出張させる場合は、これら免税書類の準備を真剣に検討されることを特にお勧めします。

出張先国で所得税を納める際の留意点

　短期滞在者免税の適用を受けられない等の理由で、出張先国で所得税を納めないといけなくなった場合、具体的にどうすれば良いのでしょうか。

1．どうやって申告するか

　短期滞在者免税の条件を満たせなかった場合など、出張者が出張先の国において所得税の申告を行わなければならない場合、たとえばすでにその国で駐在員の所得税申告を依頼している会計事務所があれば、そこに頼んで実施してもらうのが一番現実的でしょう。しかし、現地に拠点がないなど、普段からつきあいのある事務所がない場合は、当事者（日本本社または出張者本人）で実施するか、依頼先を探すことになります。一般に異国の地の所得税申告を自力で行うことは難しいので、会計事務所に依頼することになると思われます。

　しかし、いざ申告の時期になり、会計事務所に頼んでも、すでに既存のお客様の対応で手いっぱいで、引き受けてもらえない、または引き受けてもすぐに対応できないなどで、結果として申告時期が遅れて、罰金等の対象になる可能性があります。そのため早い段階から、申告を依頼する会計事務所を探しておくことも重要になります。

2．そもそも本当に申告する必要があるのか

　中には「その国に何日間滞在していたかなど、出張先の国の出入国検査の際に、いちいちチェックしていないはず。そもそも日本で払った給与について、出張先の国で申告・納税していなくてもわからないだろう」と考えている人もいるかもしれません。

　過去においては、出入国管理部門と、税務当局との間で自動的に情報が交換されている国は限定的であったため、そのような考えでも大きな問題は生じなかったかもしれません。しかし、最近はITの普及や各国の徴税意識の高まりから、外国からの出張者に対して課税しようという動きが強化されているのも事実です。特にCOVID-19の感染拡大以降、各国は財政拠出が多いにもかかわらず税収が少ない状況となっています。そのため、これまでは

細かく見ていなかった点についても、ルールに沿った厳格な運用がされる可能性に留意する必要があります。

よって、海外出張の本格的な再開までに過去の出張先や各人毎の出張日数等を調べ、対策を検討することをお勧めします。

中には、海外出張でその国を訪れていた際、所得税の申告義務があることを知らず、申告をしていなかった人が、別の会社に転職し、当該国に赴任した際に滞在履歴を調べられ、過去の無申告が発覚し、さかのぼって納税と罰金を求められたというケースもあります。

このように「見つからないだろう」という考え方は通用しなくなっています。申告の仕方がよくわからず、「まあいいか」と放置していると、後になって大きな罰金が発生し、その対応に多大な時間やお金が必要になることもあります。各国のルールを理解し、正しい対応を行うことが結局、一番の節約になります。「日本で所得税を払っているから、海外では払わなくてよい」と勘違いしている人もいますので、注意が必要です。

一般に海外赴任者は、日本では非居住者、赴任国で居住者になることが多いため、日本では申告・納税しない一方、現地では申告を行っているのですが（それでも申告もれは頻繁に起きています）、出張者については、通常、その期間が1年未満であることから、海外出張中も日本の居住者として日本で所得税は支払っています。そのため、出張先の国で所得税を払わないといけない場合がある、という意識が低いケースもあり、それが結果として過去複数年にわたる申告もれにつながることもあります。

3．会社が行うべきこと

まずは過去の出張者について、いつ、誰が、何日間、誰によって負担された費用で、また、どのような目的で海外出張していたかを整理することです（出張申請書や出張報告書として保管はしていても、現地の税務や後述するビザの観点からの整理は行われていない企業が多いようです）。

その上で、それら整理された情報をもとに、出張先国毎の税務（所得税・法人税）や社会保険（国によっては税と社会保険が一元管理されています）、ビザ（イミグレーション）の観点でリスクがないかチェックする必要があります。

調査や申告を何もせぬまま時間が経過した結果、申告もれや入国管理法違

反が当局により発見されると、罰金の支払いやそれに伴う税計算のやり直し、専門家への支払、それに伴う社内人材のコスト等が発生し、余計な手間とコストが発生します。また出張先国の入国管理法に違反していれば、出張者の出入国ができなくなるなど海外ビジネスそのものに影響が生じ、会社全体の問題に発展する恐れがあることを、肝に銘じておきましょう。

5

出張先国の法人税

出張者の活動が出張先において PE を構成する場合

出張者の出張先国での活動内容や活動期間、出張者にかかるコストを現地法人から回収する際に、出張先で法人税がかかることがあると聞きました。

具体的にどのようなことでしょうか。

日本本社からの出張者が、出張先国で行う活動内容が、出張先国において「（出張先国における）日本本社の PE である」と認定されると、当該活動を通じて得た所得について、日本本社が出張先国で法人税を支払わなければならなくなります。OECD モデル租税条約における PE の定義によると、「PE とは事業を行う一定の場所であり、企業がその事業の全部または一部を行っている場所」とされています。この表現では雲をつかむような話でわかりにくいですが、より具体的に、どのような活動が PE に該当してしまうのかについては、日本と出張先国が締結した租税条約に具体的な定義が記載されています（また、PE とは一体どういう活動等を指すのかについては「OECD モデル租税条約コメンタリー」を確認されることをお勧めします）。ですので、まずはその内容を確認することから始める必要があります。

一方で実際には、PE 課税に熱心なＡ国（通常は途上国であるケースが多い）と、それほど熱心でもないＢ国がある場合、仮に日本とＡ国で締結した租税条約における PE の定義と、日本とＢ国で締結した租税条約における PE の定義が全く同じであっても、Ａ国では当該出張者の活動が PE に認定されても、Ｂ国では認定されない、といったこともあり得ます。

そのため、出張者が PE に認定されるリスクがあるかどうかについては、租税条約における PE の定義はもちろん、出張先国における PE 課税の執行状況について最新の情報を入手し、検討する必要があります。PE 課税への熱心さは国により異なり、一般に、インドや中国などは PE 課税がされやすい国と言われています。

日本からの出張者の活動内容が出張先国で「日本本社の PE」に認定されてしまうと、当該活動を通じて得た所得（実際には所得は発生していない場合、経費から逆算し、「所得」とみなされた額に対して法人税が課されることもあります）について、日本本社が出張先国で法人税が課されることにな

ります。いったん PE と認定されてしまうと、以後の日本からの出張者が同様の活動を行う場合も PE とみなされ、その認定を覆すのは難しくなります。

　また、出張者の活動内容が PE と認定されてしまった場合は、当該出張者については、たとえ出張先での滞在期間が183日以内であり、出張者の給与が全額日本から支給されていても、当該出張者は短期滞在者免税の適用を受けることはできなくなります。（短期滞在者免税の第三要件「出張者の報酬を恒久的施設が負担していない」を満たさなくなるからです）このようにいったん PE と認定されてしまうと、想定していなかった課税が生じることになります。

　特に長期の出張や、出張者１人ひとりの滞在日数が短くても長期にわたる契約に基づくプロジェクト等で出張者を送り出している場合は、注意が必要です。では、具体的にどうすればよいのでしょうか。まず一つ目は「① PE と認定されるリスクをできるだけ小さくしておくこと」です。そのためには、出張先で行う活動内容が PE に該当する可能性がどの程度あるかの事前の確認が重要です。

　一般に、出張先での活動期間が長ければ長いだけそのリスクは高くなります。そのため出張者ごとの滞在日数の管理も個人所得税の観点だけなく、PE リスク低減のためにも重要です。また、出張先法人と日本本社との間の出張者派遣に関する契約書内容が、「出張者が日本本社の PE である」と認定されがちな表現になっていないかの確認や修正が必要です。

　PE 認定されるような活動は業務に支障がない範囲でその活動期間を短くしたり、その活動自体を出張者が行うことを控えたり、現地社員に実施させたりすることも考える必要があるでしょう。

　一方で、活動内容や活動期間次第では、PE 認定を避けられない場合もあるかもしれません（仮に契約書などで PE 認定をできるだけ避けられる内容になっていても、PE か否かは事実認定の問題であるため、実際の活動内容が PE に該当すれば、PE 課税は免れられません）。その場合に備えて、二つ目に行うべきは、「PE と認定されたら何をしなければならないのか」「どんな手間やコストが生じるのか」もあらかじめ把握し、それに備えた対応をとる準備をしておく必要があります。理論的には PE に該当するものの、その活動について出張先国で正しく納税しようとしても、そのような申告が実務上困難である可能性があります。

6

海外出張とビザ

海外出張に伴う出張先国のビザ・就労許可の取得

　社員を海外出張させますが、通常の観光と同様にビザなしで渡航させても問題ないでしょうか。

A6-1

　出張先で業務を行う場合は本来、ビザや就労資格が必要です。

　日本のパスポートは、ビザ（査証）なしで訪問できる国が非常に多い点で有名です。そのせいか、海外出張においても、通常の観光と同様にビザを取得せず、パスポートのみで出張先の国に入国しているケースが多くみられます。

　1回きりの視察や会議等であれば実質的にはビザがなくても大きな問題にならない場合もありますが、本来、自国以外で「業務」を行うためには、その国の入国管理法等で要求されている有効な査証（ビザ）や「労働許可証」等が必要になります（許可なく外国で業務を行うことはその国の入国管理に関する法令に違反する場合がほとんどです）。

　したがって、何度も同じ国に出入国を繰り返していると、それが純粋な観光でない限り、その国から「業務を行うための必要な査証や就労のための許可を受けていない」として、入国拒否や罰金、禁固刑等の罰則が加えられることがあるので注意が必要です。

　たとえば、日本からの出張者も多いタイについては、タイにある企業を訪問して監査したり商談等を行う目的で入国する場合、その期間がたとえ15日以内であっても、「緊急業務届」の提出が必要です。
（参考　タイ大使館 URL　https://www.th.emb-japan.go.jp/itprtop_ja/index.html）

　このように、一口に「海外に渡航する」といっても、その目的が「純粋な観光」なのか、「業務」なのかによって、必要となる書類や手続きは大きく異なります。

　そのため、業務で海外出張し、特にその期間が長かったり、同じ国を何度も行き来するような場合は、「他の企業の出張者が大丈夫だと言っているから」と安心せず、一度、出張先国の大使館等にビザや就労許可証の取得の必要がないか、確認されることをお勧めします。

Q6-2

同じ国に同じ社員を何度も出入国させている場合の留意点

当社では海外事業部門関連の社員を、同じ国に何度も１週間程度の出張を
させています。

この場合、どのような点に注意が必要でしょうか。

A6-2

1．現地での活動内容にふさわしいビザ・滞在許可等を取得している
か

たとえ１回の滞在期間が短くても、同じ国に何度も出入りしている場合は
以下の点で注意が必要です。

その出張者が現地で就労やビジネスに関して複数回の入国を認められてい
るビザを保有している場合は別ですが、そうではない場合、同じ国に何度も
出入りしていると、いずれ出入国審査の際に呼び止められ、渡航目的を問い
ただされたり、訪問先を聞かれ、場合によってはその場で直接訪問先に連絡
されたりする可能性があります。そのような事態になれば、入国審査で何時
間も足止めされ、海外出張時の予定が大幅に狂ってしまいます。そうなると
出張者自身にとっても非常にストレスは大きく、そのまま拘束されたりすぐ
に帰国させられたりすれば、今後、当該国への入国が非常に難しいものにな
ってしまいます。

Ｑ6－1にも述べたように、日本のパスポートはビザなしで滞在できる国
が他国のものに比べて非常に多く、世界最強のパスポートの一つともいわれ
ています。そのため、観光旅行に行くには非常に便利です。しかし、本来、
ビザなしで入国できるのは、観光などごく一時的な滞在の場合のみであり、
１回の滞在が短くても現地でビジネス活動を行う場合は、出張前にビザの取
得が必要になることもあります。特に現地法人の支援などで、現地の工場に
入って技術指導を行う場合などは、その国の移民法上、「就労」の範疇に入
る可能性がかなり高いといえます。

また、単なる会議であっても頻繁に出張している場合は、その国で当該活
動を本当にビザなしで行ってよいのか、という問題も出てきます。それにつ
いても、次の出張までに必ず確認しておく必要があります。

２．出張先国で入国管理法違反となるとその後に影響を及ぼす

　税金の支払いもれも罰金などが課されて後々大変ですが、それ以上に活動内容に応じたビザを取得しないで入国した場合、出張先国の入国管理法違反となることがあります。いったんそのようなことになれば、当該出張者の今後の入国が不可になってしまい、ビジネスに重大な影響を与える可能性もあり、所得税等の支払い漏れと同等、またはそれ以上のリスクがあります。さらに、当該出張者は今後、たとえビジネス目的以外であったとしてもその国への入国を拒否されてしまうかもしれません。そうなれば、会社の不手際が本人の私生活にも影響を及ぼすことになります。

　航空券の予約などに合わせてビザ申請を依頼する場合、通常は「会議などに出張する」という想定で１回毎で見たときの、ビザの必要性の有無やビザの種類が決定される傾向にありますが、何度も出入国を繰り返す場合はその点も考慮したビザの取得が必要になります。また、任地で「就労（ただし「就労の概念」は国により異なります）」する場合は、たとえその期間が短く、１回きりであったとしても、就労のためのビザや就労許可の取得が必要です。

ビザが必要な場合とは

海外旅行や出張の際、パスポートはいつも必要ですが、ビザが必要な場合と必要でない場合があります。そもそもビザとはなんでしょうか。またパスポートについて留意することがあれば教えてください。

1．パスポート

　パスポートとは世界中で適用する身分証明書です。

　パスポートは、空港での出入国審査の際はもちろん、ビザ（査証）申請する時、飛行機の国際線やホテルにチェックインする時など、自らの身分を証明する際にも使用し、自国民が外国に渡航する際に、国が自国民に便宜供与や保護をお願いする旨の文書が書かれています。

　紛失に注意することはもちろんですが、海外出張前に重要なのは、有効期限の確認です。有効期限ぎりぎりまで使えるとは限らず、入国先により「残存有効期限が6か月以上」「3か月以上」等と決められています。そのため、海外出張が多く、パスポートの更新のタイミングを逸してしまうと、入国予定の国が要求する残存期限が足りず、飛行機に乗れない、または出国しようとしても出国できない、といったこともあり得ます。

　また、パスポートを海外で紛失し、再発行したい場合は、発行してから6か月以内の戸籍謄本または抄本の原本が必要です。海外出張中に戸籍謄本や戸籍抄本を持ち歩いていない限り、パスポートの再発行のために日本から取り寄せる必要があり、日数を要します。

　もしそのまま日本に帰国する場合は、パスポートの再発行ではなく、「帰国のための渡航書」でも事足りますが、これを申請するためにも各種書類が必要になります（各国の日本大使館に確認してください）。

2．ビザ（査証）

　ビザとは渡航先の在外公館（大使館・領事館）が発行する、その国に入国するための推薦状です。日本のパスポートはビザなしで渡航できる国が多いことで有名ですが、就労を目的としたり、ビジネスでの滞在の場合は、渡航目的や渡航先での活動に応じたビザを取得する必要があります。ビザはパス

ポート上に押印したり、シールを張り付ける形で発行されます。

　ビザ取得には時間を要することが多く、渡航の1か月前には申請しないと間に合わないこともあります。また、ビザ申請時にはパスポートも同時に提出することが一般的であるため、その間は渡航することができません。

　ビザの要不要や取得の難易度はその国の政治、治安等様々な状況により異なります。そのため「以前はこうだったから次回も同じだろう」と考えるのは禁物です。そのため、ビザ申請について社員任せにするのはリスクがあります。出張は会社の命令で行くものですからその際に何らかのトラブルに巻き込まれれば、その責任の一端は会社にあります。

　必ず事前に専門家や日本にある大使館・領事館に確認し、取得までの期間や取得するために必要な書類を確認することをお勧めします。

7

健康管理 / 海外旅行保険

Q7-1

海外出張前の予防接種

　他社の社員が海外出張中に肝炎を患ったと聞きました。

　海外渡航予定の社員に対し事前に予防接種等を受けさせたほうが良いでしょうか。

A7-1

　感染症対策に予防接種は有効です。できれば受けることをお勧めします。

　海外赴任者に対しては、予防接種を推奨または義務付けしている企業でも、海外出張者に対して特に規定を設けていないケースは珍しくありません。海外出張者にも対策は必要です。たとえば、未だに狂犬病が存在し、中国では年間数千人以上が死亡しているといわれています。東南アジア等においても、野犬が街中を歩いている姿が見られます。また、食べ物から感染するA型肝炎は、予防接種を受けておけば発病することはありませんので、出張者についても予防接種の導入を検討する余地はあるといえます。また国によっては予防接種の証明書を入国時に要求されることがあります。特に黄熱の予防接種はその傾向が強いようです。【図表７－１－１】のように、どの国で黄熱の予防接種証明書が必要かは厚生労働省検疫所のウェブサイトにて確認することができます。

【図表７－１－１】予防接種推奨一覧

【短期観光客向け】

地域	Area	黄熱	A型肝炎	髄膜炎菌	麻しん風しん	水痘	インフルエンザ新型コロナ
北アメリカ	Northern America						
カリブ	Caribbean		○				
中央アメリカ	Central America	●	○				
南アメリカ	South America	●	○				
中央アジア	Central Asia		○				
東アジア	Eastern Asia		○		◎	○	◎
東南アジア	South-eastern Asia		○				
南アジア	Southern Asia		○				
西アジア	Western Asia		○				
豪州・ニュージーランド	Australia and New Zealand						
メラネシア	Melanesia						

地域	Area	黄熱	A型肝炎	B型肝炎	ポリオ	狂犬病	日本脳炎	髄膜炎菌	麻しん風しん	水痘	破傷風	インフルエンザ新型コロナ
ミクロネシア	Micronesia		○									
ポリネシア	Polynesia											
北アフリカ	Northern Africa	▲	○									
東アフリカ	Eastern Africa	●	○									
中央アフリカ	Middle Africa	●	○									
西アフリカ	Western Africa	●	○					○	◎	○		◎
南アフリカ	Southern Africa		○									
北ヨーロッパ	Northern Europe											
東ヨーロッパ	Eastern Europe											
西ヨーロッパ	Western Europe											
南ヨーロッパ	Southern Europe											

【冒険旅行及び長期（1か月以上）滞在者向け】

地域	Area	黄熱	A型肝炎	B型肝炎	ポリオ	狂犬病	日本脳炎	髄膜炎菌	麻しん風しん	水痘	破傷風	インフルエンザ新型コロナ
北アメリカ	Northern America											
カリブ	Caribbean		○	○		△						
中央アメリカ	Central America	●	◎	○		△						
南アメリカ	South America	●	◎	○		△						
中央アジア	Central Asia		◎	○		△						
東アジア	Eastern Asia		◎	○		△	○					
東南アジア	South-eastern Asia		◎	○		△	○					
南アジア	Southern Asia		◎	○	○	△	○					
西アジア	Western Asia		◎	○	○	△		○				
豪州・ニュージーランド	Australia and New Zealand											
メラネシア	Melanesia								◎	○	○	◎
ミクロネシア	Micronesia		○	○		△						
ポリネシア	Polynesia											
北アフリカ	Northern Africa	▲	◎	○	○	△		○				
東アフリカ	Eastern Africa	●	◎	○	○	△		○				
中央アフリカ	Middle Africa	●	◎	○	○	△		○				
西アフリカ	Western Africa	●	◎	○	○	△		◎				
南アフリカ	Southern Africa		◎	○	○	△						
北ヨーロッパ	Northern Europe											
東ヨーロッパ	Eastern Europe		○	○	○	△						
西ヨーロッパ	Western Europe											
南ヨーロッパ	Southern Europe		○	○		△						

●：黄熱に感染するリスクがある地域に渡航する場合は予防接種が必要

▲：北アフリカのうちスーダン南部に渡航する場合は予防接種が必要

◎：渡航前の予防接種をお勧めしています

○：局地的な発生があるなど、リスクがある場合には接種を検討してください

△：ワクチンの供給が限られているので、入手可能であれば、接種を検討してください

※：麻しん、風しん、水痘、インフルエンザ、破傷風は渡航先にかかわらず、必要な方には予防接

種をお勧めしています
（2023年10月現在）
出所：厚生労働省検疫所「海外渡航で検討する予防接種の種類の目安（地域別）」

【図表 7 − 1 − 2】健康管理アンケート

あなたの会社では、海外出張者向けの健康管理の取組みをしていますか。あてはまるものすべてお答えください。

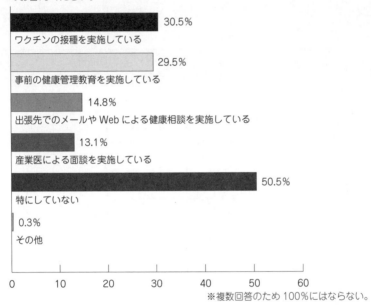

- 30.5% ワクチンの接種を実施している
- 29.5% 事前の健康管理教育を実施している
- 14.8% 出張先でのメールや Web による健康相談を実施している
- 13.1% 産業医による面談を実施している
- 50.5% 特にしていない
- 0.3% その他

※複数回答のため 100％にはならない。

あなたの会社では、ワクチン接種の費用は誰が負担していますか。

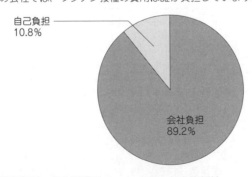

自己負担
10.8%

会社負担
89.2%

出所：税務研究会　海外出張アンケート（2020 年 2 月実施）

Q7-2

基礎疾患等を抱える社員を海外出張させる際の留意点

　基礎疾患を抱えていたり、既往症がある社員を海外出張させますが、留意すべき点があれば教えてください。

A7-2

　健康上の問題を発生させないためには、事前の準備が不可欠です。

　また、基礎疾患がある社員を海外出張させた場合、基礎疾患に関しては海外旅行保険の適用は受けられません。また、慣れない環境からくるストレス等から、急激に基礎疾患が悪化し、大変な事態になることもあります。ただし、事前に準備をしておけば、最悪の事態は避けられる場合もあります。

1．海外渡航前に確認したほうが良いこと

　【図表7－2－1】に記載の事項は渡航前に確認し、出張者本人と会社の双方でメモを作成・保存したほうが良いでしょう。

【図表7－2－1】基礎疾患がある社員の長期海外出張

> 以下の事項について長期海外出張前に確認すること。
> ・基礎疾患の内容およびこれまでの治療歴
> ・服用中の薬の名前、服用頻度、目的
> ・上記薬の代替品の確認
> ・出張中の健康管理の留意点
> ・出張先国で容態が悪化した場合に備え、出張先で利用できる医療機関の確認

2．健康保険の海外療養費請求の方法を確認

　海外旅行保険は、旅行前からの病気等（いわゆる「既往症」）には一部の例外を除き、適用されません。そのため、既往症（基礎疾患）があり、海外滞在中に治療を受けた場合、旅行保険ではなく、健康保険の海外療養費請求を行うことになります。

　日本国内で使用している「健康保険被保険者証」を海外で使用することはできませんが、健康保険組合の被保険者・被扶養者が海外の医療機関で治療や投薬を受けた場合は、日本の健康保険から一部、医療費の補助が受けられ

ます。ただし、海外では「療養費」扱いとなるため、海外でかかった医療費（療養費）の全額を、いったん本人が立て替えた後、療養を受けた海外の病院にて「診療内容明細書」と「領収明細書」をもらい、これらに日本語の翻訳文を添付し、保険者の内容チェックを受け、特に問題がなければ療養費の一部が払い戻される形になります。また、支給される療養費は実際に支払った金額を基準とするのではなく、日本の医療機関で治療を受けた場合の保険診療料金を基準として計算されます。しかし、実際に海外で支払った額のほうが低いときは、その額が基準とされます。

【図表7－2－2】健康保険の場合の海外療養費の払い戻しに必要な書類

海外療養費の支給申請には、次の書類が必要になる。
(1) 海外療養費支給申請書
(2) 診療内容明細書（医科用、歯科用）
(3) 領収明細書（診療明細書）
(4) 領収書（原本）
提出書類が外国語で記載されている場合は、翻訳者の氏名および住所を明記した日本語の翻訳文を添付しなければならない。
(1)、(2)、(3)は、全国健康保険協会や加入している健康保険組合のウェブサイトに用意されている。
(5) 受診者の海外渡航期間が確認できる書類
(6) 同意書

Q7-3

海外出張時にかける海外旅行保険

　海外出張時に海外旅行保険に加入させる必要はありますか。個人や会社契約のクレジットカードにも海外旅行保険が付帯されていますが、別途必要でしょうか。

A7-3

　クレジットカードに付帯している旅行保険の内容をよく確認する必要があります。

１．クレジットカード付帯の海外旅行保険の留意点

　海外での病気、事故の際は保有しているクレジットカードの海外旅行保険機能が使えるからと、別途、海外旅行保険に加入されない方もいるようです。確かにクレジットカードの旅行保険も有効ではありますが、通常の海外旅行保険とは異なる点もあるので注意が必要です。【図表７－３－１】にまとめてみました。

【図表７－３－１】クレジットカード付帯の海外旅行保険の主な留意点

	留意点	保有しているカードの確認ポイント
補償期間	渡航してから90日以内等、期間が短い →長期の海外出張には不向き	海外旅行保険の補償期間の確認する
治療費の補償額	「500万円まで」等、補償額が小さい場合が多い。 →海外での大きなけがや病気の際には1,000万円以上の医療費がかかることも珍しくない（円安の場合、現地通貨に換算した際の金額は以前より小さくなる）	治療費がどこまで保障されるか、その他の給付条件も十分なレベルか確認する
自動付帯か利用付帯か	カードの種類によっては、そのカードを使用して旅行代金を決済している場合のみ海外旅行保険が適用となるケースもある	クレジットカードに付帯の旅行保険が、自動付帯か利用付帯かを確認する

そのため、上記の観点からも、通常は海外旅行保険に別途加入するほうが安心です。なお、海外旅行保険は海外出張開始後に加入することはできないため、必ず、日本を出国する前に加入しておく必要があります。また、海外旅行保険は持病や歯の治療等は一般に保障の対象にはなりません。そのため、出張中に持病や歯の治療の必要性が生じた場合は、健康保険の海外療養費請求を行うことになります（Ｑ７－２にも説明）。なお、医療費と海外旅行保険についてはＱ10～もご参照ください。

２．その他の留意点～円安が与える影響、死亡時等～

　海外旅行保険の保険金額（契約金額）は日本円で設定されます。一方、現地での治療・救援費用は通常、現地通貨や米ドルが想定されます。そのため、外貨での支払額が一定であっても、円高の時と円安の時では日本円に換算した費用は大きく変わってきます（たとえば医療費が10万米ドルの場合、１ドル80円の時は800万円相当ですが、１ドル140円の場合は1,400万円相当と、1.75倍も異なります）。

　また、手持ちのクレジットカードの中で海外旅行保険が付帯しているものがあれば、不足分をそれらも併せることで治療費を賄える場合もあります。

　なお、遺体搬送にかかる費用は、海外旅行保険においては「救援者費用」の枠で保険金が支払われることになります。よって、保険の対象が「治療費用」のみで「救援者費用」が含まれていなければ、遺体搬送費用は支払われません。そのため、補償項目を自分で選択できる保険に加入している場合、『治療費用』に関する補償だけで、『救援者費用』に加入していないケースがみられますが、『救援者費用』の保険に加入していなければ、どれだけ多額（または無制限）の治療費用の補償があったとしても、遺体搬送費用は支払われません。補償項目別で保険を掛ける場合は、それぞれの項目の意味合いを理解した上で補償内容や保険金額（契約金額）を選択することが重要になります（詳細は海外旅行保険の約款をご参照ください）。

３．包括契約

　包括契約とは、海外出張が頻繁にある企業において、その出張の度に海外旅行保険契約を交わすのは大変なので、一定期間中の海外出張についてまとめて契約を行うことです。保険料の一定条件による割引が適用になったり、

保険の付保もれを防止できます。

【図表7－3－2】海外旅行保険について

あなたの会社では、海外出張者に海外旅行保険はかけていますか。

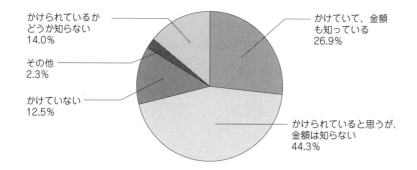

具体的な保険金額を教えてください。【死亡保険金額　単位：万円】

平均値	最大値	中央値	最小値	最頻値
4062.80	50000.00	2000.00	100.00	1000.00

出所：税務研究会　海外出張アンケート（2020年2月実施）

8

海外出張規程関連

Q8-1

日当の設定方法

海外出張時の日当の設定方法および他社の日当水準を教えてください。

A8-1

1．日当の設定方法

海外出張時の日当の設定方法として考えられる決定方式は【図表8－1－1】のとおりです。円安傾向の時は日当はドル建が、円高傾向の時は円建てで支給されることが好まれます。

【図表8－1－1】海外出張時の日当の設定方法

決定方法	概要
他社平均額をもとに決定	大手企業よりも中堅企業のほうが日当については高いケースもみられる
日当×30日が海外赴任者の「海外勤務手当」とほぼ同額になるよう設定	長期海外出張者と海外赴任者が同じ拠点で業務を行う場合、公平感のある決め方（もしくは出張期間が一定日数を超えると減額支給し、海外勤務手当と合わせる企業もある）
地域により金額を分けて設定 （例：A地域、B地域、C地域と分ける）	一見合理的だが、地域割りが難しい ※海外出張にあたり、複数国に滞在する場合の移動日の取扱いが難しい
支給無し	食費、クリーニング代等はすべて実費精算

２．他社の日当水準

　他社の日当の水準は【図表８−１−２】のとおりです。

【図表８−１−２】海外出張時の日当水準

あなたの海外出張時のおおよその日当（外貨建ての場合は日本円換算額にて）を教えてください。

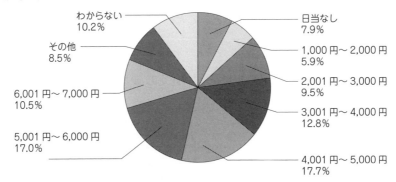

あなたの職位の海外出張時のおおよその日当（外貨建ての場合は日本円換算額にて）を教えてください。

役職	日当								
	1＝日当なし	2＝1,000円〜2000円	3＝2,001円〜3,000円	4＝3,001円〜4,000円	5＝4,001円〜5,000円	6＝5,001円〜6,000円	7＝6,001円〜7,000円	8＝その他	9＝わからない
役員・経営者	6.9%	0.0%	3.4%	3.4%	13.8%	13.8%	13.8%	31.0%	13.8%
部長	10.7%	6.7%	12.0%	10.7%	28.0%	8.0%	13.3%	6.7%	4.0%
次長	4.3%	0.0%	21.7%	17.4%	17.4%	17.4%	13.0%	8.7%	0.0%
課長	5.4%	4.1%	4.1%	12.2%	18.9%	29.7%	13.5%	5.4%	6.8%
係長	9.7%	9.7%	9.7%	16.1%	12.9%	22.6%	0.0%	6.5%	12.9%
主任	6.4%	8.5%	10.6%	21.3%	14.9%	17.0%	6.4%	4.3%	10.6%
その他	11.5%	11.5%	11.5%	7.7%	0.0%	3.8%	7.7%	7.7%	38.5%

出所：税務研究会　海外出張アンケート（2020年２月実施）

宿泊費の設定方法

海外出張時の宿泊費の設定方法および他社の宿泊費水準を教えてください。

1．宿泊費の設定方法

海外出張時の宿泊費の設定方法として考えられる決定方式は【図表8－2－1】のとおりです。

【図表8－2－1】海外出張時の宿泊費の設定方法

	長所	留意点
定額支給	会社のコストが予測しやすい	・友人宅などに宿泊しているケースあり ・手当を浮かせるために安全性に問題のあるホテルに宿泊 ・ホテル代は時期により大幅に差があり、設定金額が形骸化してしまう（金額設定が非常に難しい）
実費精算	・実態に応じた対応が可能 ・友人宅などを利用するなどして手当を浮かそうという動機が働きにくい	・「取引先指定のホテルだから」「代理店が予約したから」「安いホテルが取れないから」等の理由で、想定外の高級ホテルを利用するケースもある
上限設定ありの実費	・定額支給と実費精算の両方の長所を併せ持つ	・上限ギリギリまで利用する可能性がある ・金額設定が非常に難しい

2．他社の宿泊費水準

　他社の宿泊費の水準は【図表 8 − 2 − 2】のとおりです。

【図表 8 − 2 − 2】海外出張時の宿泊費水準

あなたの海外出張時の宿泊費の上限を教えてください。

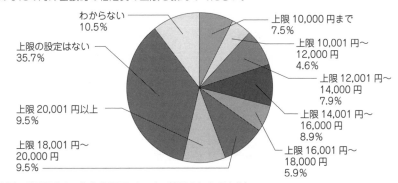

わからない
10.5%

上限の設定はない
35.7%

上限 20,001 円以上
9.5%

上限 18,001 円〜
20,000 円
9.5%

上限 10,000 円まで
7.5%

上限 10,001 円〜
12,000 円
4.6%

上限 12,001 円〜
14,000 円
7.9%

上限 14,001 円〜
16,000 円
8.9%

上限 16,001 円〜
18,000 円
5.9%

出所：税務研究会　海外出張アンケート（2020 年 2 月実施）

Q8-3

航空機座席クラスの水準

海外出張時の航空機利用の際の座席クラスについて他社はどのように設定しているのでしょうか。

A8-3

1．航空機座席クラスの水準

航空機座席クラスの設定方法として考えられるのは【図表8－3－1】のとおりです。

【図表8－3－1】エコノミークラス以外の座席クラスの設定方法の例

	特徴	留意点
一定役職以上に認める	一番わかりやすく納得感が高い	・一定役職以上なら必ずビジネスクラス等に乗れる場合、2時間程度の移動で利用することの必要性は要検討 ・長距離の移動は役職にかかわらず体への負担が大きい。特に日本からブラジル、アフリカ等への移動でエコノミークラス利用の場合、相当の負担がある
移動時間で決める	長時間の移動による体への負担を考慮できる	・「6時間以上」なら一部の東南アジア諸国も含まれるが、「7時間以上」とするとアジア諸国はインドのみ。「9時間以上」とすると欧米およびオセアニア等だけが対象となる。基準時間の設定が難しい ・乗り継ぎをどうとらえるか難しい
移動距離で定める	・5,000キロ以上等距離で定める	・根拠がわかりにくい
その他の定め方	・到着日にミーティングが入っている場合上級クラス利用可 ・エコノミークラスの普通運賃までならどのクラスを使ってもよい ・所属部門の財政事情に応じる　等	

2．他社の設定基準

他社の設定基準は【図表8－3－2】のとおりです。

【図表 8 − 3 − 2】他社の設定基準

あなたの会社では、海外出張でビジネスクラスを利用できますか。

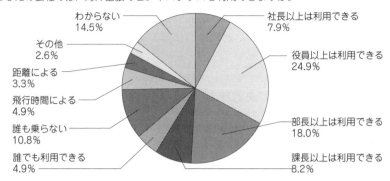

あなたの会社では、海外出張でプレミアムエコノミークラスを利用できますか。

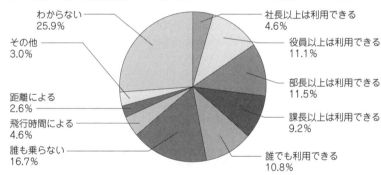

あなたの会社では、海外出張でファーストクラスを利用できますか。

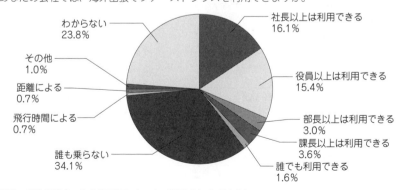

出所：税務研究会　海外出張アンケート（2020 年 2 月実施）

長期出張者を意識した規程内容

　最近、長期で海外出張する社員が増えてきたので、長期出張者にも対応した規程を作りたいと思います。どのような方法が考えられますか。

1．長期出張者の処遇の決定方法

　長期出張者に対応した出張規程を作成する際の方法として考えられるのが【図表8－4－1】です。

【図表8－4－1】長期出張者の処遇決定方法

決定方法	メリット	留意点
通常の海外出張規程に加え、別途、長期出張規程を作成	長期出張者用の規程のため、この規程をみれば、長期出張のすべてが理解でき、読み手にとってわかりやすい	・通常の出張規程と重なる点も多いため、通常の海外出張規程の改定に合わせて長期出張規程も変更する必要があるが、細部の修正等が反映できなかったり、それぞれ独自の方向性の規程になり、処遇に不公平が生じる場合がある ・長期出張者と海外赴任者のバランスを都度検討する必要あり
通常の海外出張規程で長期出張者対応も決定しておく（出張者を短期出張者と長期出張者に分け、長期出張者についてのみ適用する条文、適用しない条文を決定）	長期出張も短期出張も重複する取扱いは多いため、一つにまとまっていたほうが、改定時にわかりやすく、不公平も生じにくい	・一つの規程の中に、長期出張者と短期出張者の取扱いが両方書かれているため、どちらがどの条文の対象になるかを明記しないと使いづらい ・長期出張者と海外赴任者のバランスを都度検討する必要あり
長期出張者については海外赴任者規程の条項を一部適用する旨を規定しておく	海外赴任者規程と揃えたい際に便利	・長期海外出張者の処遇は、海外出張規程だけで完結しないため、海外赴任者規程も都度確認しなければならない

2．長期出張者を意識した規程内容

　長期出張にも対応ができるような海外出張規程の内容としては【図表8－4－2】のとおりです。

【図表8－4－2】長期出張を意識した海外出張規程の内容

単身出張の原則	長期出張の場合、配偶者を帯同したい等の希望が出ることがあるが、長期就労が前提のビザでない限り、家族用のビザはおりないと考えられる。 よって、単身が原則と明記している規程も存在する
支度金	最近の出張規程では、支度金が支給されない場合も多いが、1か月を超える出張の場合、出張に際して必要となる備品なども多いことから、支度金を検討する必要あり
日当の減額措置	長期出張者の1か月分の日当と海外勤務手当が大きく乖離しないよう、連続して一定日数を超えた出張の際は日当額を調整する措置を取る企業もある
予防接種	短期でも必要だが、長期出張だとより重要。海外赴任者は予防接種を受けていても、「出張者」の範疇に入ると予防接種が行われていないケースも多いため、検討が必要
赴任前健康診断	「6か月以上海外で勤務する」場合は、出張扱いであっても労働安全衛生規則で赴任前健康診断が義務付けられている
荷物運送費	短期の場合は必要ないが、長期の場合は、航空機の預け入れ荷物等だけでは足りない場合もある。海外赴任者規程と同程度の水準の荷物運送費（航空便のみ）を認めている企業もある
宿泊費	長期出張では、寮や会社が用意したアパートなどに居住する場合もあり、必ずしもホテルに宿泊するわけではないので、宿泊費という概念が必要ないケースもある
ハードシップ日当	海外赴任者に対するハードシップ手当の支給対象地域に長期出張する場合は、ハードシップ日当の検討の余地あり
自動車の運転	長期出張では、出張期間中の移動も多く、その国に慣れてくる頃から国外運転免許等を使用して運転するケースもある。海外出張中の運転の是非についても検討が必要
時間外労働	時間外手当を支給するのか、所定労働時間の労働とみなし、時間外手当は支給しないのかなどについても検討が必要
休日の取扱い	休日に宿泊を伴う外出をする際は、会社に届け出をすること等の決まりを設けているケースもある
食料送付制度	出張先で自炊する環境にある場合などは海外赴任者と同様の基準で必要

年次有給休暇	長期出張期間中に体調不良などで休みを取る事態も生じるため、年次有給休暇の取扱いについても触れたほうが良い
海外旅行保険	短期出張の場合も付帯されているが、治療費の額が十分か、検討の余地あり。付帯額は円建のため、現地通貨に換算した際に為替レートにより現地での価値が大きく異なる（円安の時は、現地通貨に換算した価値が大きく目減りしていることも注意したい）
海外出張時の医療費	海外旅行保険で対応できない医療費が発生した場合の取扱いを明記（海外赴任者規程と同様で良いと考えられる）
一時帰国	長期海外出張期間中に慶弔が発生した場合、その都度対応でも良いが、一時帰国の条件等を定めておくほうが望ましい（海外赴任者規程の一時帰国と同等で良いと考えられる）
立替精算	長期出張の場合、手持ち資金は不足することが多い。コーポレートカードの利用か、現地で現金を引き出せる仕組みを用意することも重要
現地での納税	滞在日数が一定期間を超えたり、業務内容次第では現地で課税されることもある。その場合の税金の取扱いについても明記

【図表8－4－3】支度金

あなたの会社では、海外出張の際に支度金が支給されますか。される方は頻度をお答えください。

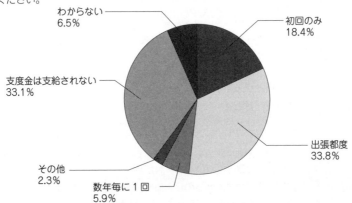

あなたの会社では、海外出張の支度金はおおよそいくらですか。【単位：万円】

平均値	最大値	中央値	最小値	最頻値
12.72	100.00	5.00	1.00	5.00

出所：税務研究会　海外出張アンケート（2020年2月実施）

【図表 8 − 4 − 4】海外出張規程改訂について

あなたの会社で、海外出張規程を変更したのはいつですか。

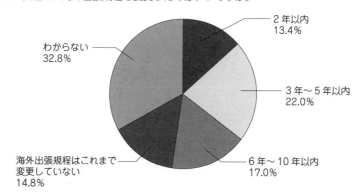

出所：税務研究会　海外出張アンケート（2020 年 2 月実施）

9

労務管理

海外出張時の時間外手当・休日の移動時間の考え方

海外出張中に時間外手当を支給するべきでしょうか。

また、移動時間はどのように考えるべきでしょうか。

1．海外出張時の時間外手当

海外出張時は日本の労働基準法の適用対象になりますが、現実的には時間管理が困難です。そのため、所定労働時間、労働したものとみなせるよう、労働基準法第38条の2第1項の「事業場外みなし労働時間制」を適用するのが良いと考えられます。休日に労働させた場合も休日出勤手当の対象となります（休日の考え方については次のQ9-2で解説）。

2．休日の移動が休日労働としてカウントされるか否か

では、海外出張に伴う休日の移動時間は労働時間に当たるのでしょうか。これについては、「移動中の時間、使用者の指揮命令下にあるかどうか」で決まります。

つまり、移動中が指揮命令下にあれば労働時間に該当しますし、指揮命令下になければ移動時間中は労働時間に該当しないということになります。

【図表9-1-1】移動時間が労働時間にカウントされるか否か

	移動時間中に使用者の指揮命令下にある場合	移動時間中に使用者の指揮命令下にない場合
労働時間の扱い	労働時間に該当する	労働時間に該当しない
具体例	・移動時間中に業務の打ち合わせを行う場合 ・移動中に資料の作成などを依頼した場合 ・移動中における物品の監視等別段の指示がある場合 ➡つまり移動時間中が本人の自由にならない場合	・左の例のような指示が行われていない場合（上司等からの指示がないにもかかわらず移動中に自発的に業務を行った場合については、状況に応じて取扱いが異なると考えられる）

　しかし、移動時間中に使用者の指揮命令下になければ、どれだけ休日に移動させても何の配慮もしなくても良いわけではありません。

　この点については、仮に休日労働には該当しない場合でも、会社には社員に対する健康配慮義務があります。そのため、休日を移動日に充てることになった場合は別途休暇を支給したり、海外出張時の日当を支給するなど、何らかの配慮を行うことが望ましいといえます。

出張先国と日本で休日が異なる場合

　長期で海外出張している場合、日本では祝日で出張先では平日、またその逆の場合もあります。このとき、休日についてはどのように考えれば良いでしょうか。

A9-2

1．日本の事業主の命令での出張の場合

　一般に日本の事業主の命令での出張であれば、日本のカレンダーに合わせて労働日を考える必要があります。たとえば日本が祝日であるものの、出張先が平日であれば、出張先のスケジュールに合わせて仕事をすることになるのが一般的ではないでしょうか。この場合は休日出勤手当を支払うか、この日に代わって、帰国後に振替休日を取得させるなどで対応する必要があるでしょう。

　考え方を整理すると【図表9－2－1】のようになります。

【図表9－2－1】出張先と日本で休日が異なる場合の整理方法（一例）

		日本（休日を「土日、国民の祝日、年末年始（12月29日―1月3日）、その他会社が指定する日とする場合）	
		平日	休日
出張先国	平日	平日として扱う	・出張先で業務をする場合は業務を行う形として、事前に振替休日を設定 ・または法定休日（注）に労働を行う場合は、事前に休日振替を行っても休日割増賃金を支払う ※法定外休日の場合は労働時間が週40時間を超えない限り割増賃金は発生しない
	休日	平日として扱うが、特に仕事がない場合は振替休日として設定する方法もある	休日として扱う

（注）法定休日…週1回以上の休日または4週間を通じ4日以上の休日

２．任地の事業主の命令の場合

　たとえば海外での滞在期間が半年程度等、一般に海外出張規程に沿って出張する場合でも、出張内容が「任地の事業所の命令の下、就労する場合」においては、必ずしも日本の労働法ではなく、任地の労働法の適用対象になる可能性もあります。

【図表 9 － 2 － 2 】割増賃金率

　参考までに、日本での割増賃金について掲載しておきます。日本で法定休日に労働させた場合は25％以上の割増賃金を支払う必要があります。

時間外労働	25％以上
法定休日労働	35％以上
深夜労働	25％以上
月60時間を超える時間外労働	50％以上（※）

（※）中小企業については2025年 4 月 1 日から適用

Q9-3

海外出張中の労災保険

海外出張中にけがや病気をした場合、労災保険の対象になるのでしょうか。

A9-3

1. 海外出張と海外赴任（派遣）の違い

海外出張中に病気やけがをした場合、労災保険の適用が受けられるかどうかは、「海外出張中、誰の指揮命令下で活動していたか」により異なります。

「海外出張」と「海外赴任（派遣）」に法律上、明確な定義はないので、その言葉の使い方は様々ですが、労働者災害補償保険法（労災保険法）においては「海外出張」と「海外派遣」を【図表9－3－1】のように区分しています。厚生労働省が発行している「特別加入制度のしおり（海外派遣者用）」により海外出張と海外派遣のケースの一例を紹介します。

労災保険で言う「海外出張」の場合は、特に手続きは必要なく、所属する日本の会社の労災保険により給付が受けられます。一方、「海外派遣」の場合は、海外派遣者に関して特別加入の手続きを行っていなければ、労災保険による給付を受けられません。

出張者が、労災保険における「海外出張者」に該当するのか「海外派遣者」に該当するかは、勤務実態にもとづき総合的に判断されます。

自社の社員の業務内容から考えて「海外出張」か「海外派遣」のどちらに分類されるかわからない場合は、あらかじめ労働局に確認されることをお勧めします。

【図表9－3－1】海外出張と海外派遣の違い

	海外出張	海外派遣
定義	単に労働の提供の場が海外にあるに過ぎず、国内の事業場に所属し、当該事業場の使用者の指揮に従って勤務する	海外の事業場に所属して、当該事業場の使用者の指揮に従って勤務することになる

具体例	1．商談 2．技術・仕様などの打ち合わせ 3．市場調査・会議・視察・見学 4．アフターサービス 5．現地での突発的なトラブル対処 6．技術習得などのために海外に赴く場合	1．海外関連会社（現地法人、合弁会社、提携先企業など）へ出向する場合 2．海外支店、営業所などへ転勤する場合 3．海外で行う据付工事・建設工事（有期事業）に従事する場合（統括責任者、工事監督者、一般作業員などとして派遣される場合）
労災保険の適用可否	国内の労災保険に加入しておけば、海外での労災事故に対応可能	国内の労災保険に加入していたとしても、「海外出張」には該当しないため、海外での労災事故には対応できない ➡日本の労災保険の適用を受けたい場合は、「海外派遣者特別加入制度」に加入の必要あり

出所：厚生労働省「特別加入制度のしおり（海外派遣者用）」

　つまり、自社内での区分上は「海外出張」であったとしても、その活動内容が「海外派遣」であれば、国内の労災に加入しているだけでは、出張中の事故や病気については対応できません。そのため、労災保険でいうところの「海外派遣」に該当する場合で、海外での業務中または通勤中の事故や病気の際、日本の労災保険の対象に入れることを希望する場合は、「海外派遣者特別加入制度」に加入する必要があります。
※海外派遣者特別加入制度については「Ⅱ．海外赴任」のQ16－4をご参照ください。

10

海外での緊急事態

Q10-1
海外滞在中に万一の事態に陥った場合
　海外滞在中に出張者に万一の事態が生じる場合として、具体的にはどのような事が考えられるでしょうか。

A10-1
　海外滞在中に急な病気や事故、犯罪などで自分や家族、同僚が万一の事態に陥ったらどうなるのかと、不安を感じたことがある方は少なくないと思います。

　一方、社員が海外滞在中に緊急搬送されたり、亡くなったりした事例に遭遇された本社の担当者からは「手順も何もわからず本当に大変だった」といった声も聞かれます。

　そこで、本章では、もし社員が海外滞在中に事故や病気、犯罪などに巻き込まれ、生死の淵に立った場合、どのような対応が考えられるのか、またその際の家族や会社の負担を少しでも減らすにはどうしたらよいかについて、まとめてみました。

　ベースとなる考え方として、緊急事態の発生と対処については、【図表10－1－1】のようになります。

【図表10－1－1】海外で緊急事態が発生した場合

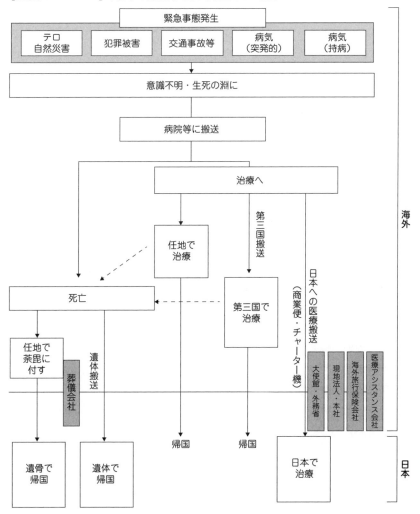

海外で緊急事態に陥った際、頼ることができる先はどこか

海外滞在中に緊急事態に陥った際、どのようなところにお世話になるのでしょうか。

緊急事態に陥った際には、主として以下のような複数の専門家の力を借りることになります。常日頃から関係各所と良い関係性を維持しておくことが、非常事態にスムーズに対応するためにも重要です。事故・事件の時もあり、また急な病気になることもありますが、まずは、体に異常が発生した時のことについて述べます。

1．医療機関

体に緊急事態があれば、運び込まれるのは医療機関です。

本人に意識がなければ、搬送先の病院を指示できませんから、その時の関係者の判断により、近くの病院または緊急事態に対応できる病院に運び込まれることになります。

海外で滞在中、日頃利用するのは日本語が通じる日系クリニックであっても、緊急事態の場合は施設の整った総合病院に運び込まれるでしょう。そうなると日本人の付添人では、いくら語学に堪能でも、緊急事態においてはスムーズに意思の疎通ができないかもしれませんし、ましてや医療用語の理解は医療関係者以外では難しいので、対応に時間がかかることもあります。

2．海外旅行保険会社・民間医療保険会社

　万が一の事態に備えて入る海外旅行保険は、緊急事態において特に重要な役割を果たします。加入した保険の内容次第で、「ほとんど自己負担がなく十分な治療を受けることができた」のか、「保険に加入していない、または加入しているものの保険金額（契約金額）が小さくて、十分な治療が受けられなかった。または多額の債務を抱えることになってしまった」となるか、大きな違いが生じます。何事もなく帰国した時は、ほとんど意味がないように感じてしまう海外旅行保険も、万が一の事態には、どれだけありがたい存在か、身に染みることになります。

　海外出張者の場合、海外旅行保険に加入しているケースがほとんどですが、海外赴任者の場合、一部のエリアについては海外旅行保険に加入せず、現地の民間医療保険に加入している場合もあります。風邪などで日常的に医療機関で受診する場合には、現地の民間保険のほうが使い勝手が良い場合もあります。

　しかし、緊急事態になると話は別です。加入している現地の民間医療保険が、病院などの医療費はもちろん、第三国への緊急搬送、日本への医療搬送や緊急搬送を含め、どれだけの費用を負担してくれるのかについて、事前に確認したほうが良いでしょう。

3．医療アシスタンス会社

　緊急事態において、緊急搬送等の具体的な医療活動を担い、専門家による適切な助言を行ってくれるのが医療アシスタンス会社です。

　通常、海外旅行保険会社は医療アシスタンス会社と契約していますので、海外旅行保険に加入していれば、海外旅行保険会社からの依頼のもと、医療アシスタンス会社が動いてくれることになります（なお、持病等、海外旅行保険の対象外となる医療行為については、海外旅行保険の枠の中で医療アシスタンス会社を活用することはできないと考えられます）。

　海外旅行保険の範疇で医療アシスタンス会社のお世話になる場合、医療アシスタンス会社にとっての顧客は海外旅行保険会社であり、緊急事態に陥った本人やその会社ではありませんから、企業側等から直接、医療アシスタンス会社に依頼をすることはできません。

【図表10－2－1】海外旅行保険の範疇で医療アシスタンス会社を活用する場合

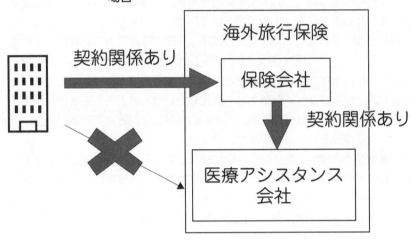

　よって、自社の出張者・赴任者の海外滞在時の緊急事態に備え、海外旅行保険の加入有無にかかわらず、別途、医療アシスタンス会社と個別に契約している企業も少なくありません。

　この場合、会社は医療アシスタンス会社への年会費などの支払いが必要にはなりますが、企業からアシスタンス会社に直接的に要望や指示を伝えることができるため、緊急事態においてはよりスムーズな対応が期待できます。また、保険約款に縛られないため、保険では免責扱いとされる事案にも対応してもらえるメリットがあります（なお、医療アシスタンス会社は企業との間での契約は行っても個人との契約は行っていないことも多いようです。詳細は各医療アシスタンス会社にご確認ください）。

【図表10－2－2】医療アシスタンス会社と直接契約をしている場合

4．日本大使館・領事館

　緊急事態に陥った時に、「邦人援護」の観点から、日本大使館・領事館から助言を受けることもあります。また、不幸にして亡くなった場合、滞在地の日本大使館にて、死亡者の旅券失効手続きや、死亡証明書の原本照合等で大使館のお世話になります。

→「大使館・領事館でできること、できないこと」についてはQ10－7をご参照ください。

5．葬儀会社（現地、日本）

　現地側の葬儀会社はもちろん、遺体搬送を行う場合は日本側の葬儀会社のお世話になることになります。現地側の葬儀会社と日本側の葬儀会社は、同じ系列の葬儀会社で一気通貫での手続きがなされるわけではありません。

　なお、海外旅行保険の「治療・救援費用」や「救援者費用」に加入していれば、遺体搬送費用も補償範囲であり、特に現地側の葬儀会社の選択は、海外旅行保険会社や医療アシスタンス会社が行うのが一般的です。

6．現地法人の駐在員、現地社員、取引先等

　万が一の事態が生じてから、日本の本社の社員や家族が現地に駆けつけるまでの間、現地法人の駐在員、現地社員、取引先等に本人・家族への付き添いや一時的な金銭の立替等を依頼することもあります。企業の中には危機管理マニュアルにおいて、「海外滞在中に社員に万が一の事態が生じた場合は、すぐに現地法人に連絡し、本社側での準備態勢が整うまでは、現地法人責任者が中心となって事態の対応に当たる」としている企業もあります。

　このような事態はめったに起きることではありませんが、発生した場合、専門家や経験者が誰もいないと、どのように対応すればよいかわからず、結果として大きな禍根を残すことになります。そのため、現地の状況も加味しながら、本社主導で緊急時のマニュアルを作成することをお勧めします（マニュアルを作る議論の過程の中で、いろいろな想定を行い、会社としての考え方が醸成されることになります）。

生死にかかわるような緊急事態が発生した場合の流れ

　海外出張中や海外赴任中にテロや自然災害、犯罪被害、交通事故、病気などにより生死の境をさまよう事態になった場合、どのような流れで物事が進むのでしょうか。

　緊急事態の発生から対応の流れをまとめてみました。

1．緊急事態の発生〜病院への搬送〜

　出張者が海外で生死の淵に立つほどの事態になる事は、テロや自然災害、犯罪被害、交通事故、病気等様々な場合が考えられます。

　同伴する人がいない状況で意識不明になってしまえば、近くにいた人が、本人の身元確認等のため、財布やパスポート、携帯電話などの所持品をチェックすることになるでしょう。日本であれば、誰かが救急車を呼び、応急処置が施されて病院に搬送されると考えられますが、海外ではどうでしょうか。

　交通事情の悪い国であれば、救急車を呼んでも、到着までにかなりの時間を要するかもしれません。さらに救急車の利用が有料の国も少なくありません。つまり、「支払能力がある人」と確認されなければ、対応はますます遅れる可能性があります。緊急事態においては対応が少し遅れるだけで、身体に及ぼす影響は大きく変わります。よって、一刻も早く適切な処置が必要になります。

　また、もしも本人に持病やアレルギー、使用禁止の薬がある等、治療の際に留意が必要な健康状態の場合、それを知らずに治療が開始されたらかえって悪い結果になることも考えられます。

　このような事態に陥らないよう、次のような準備をすることが求められます。

【図表10－3－1】緊急事態に一刻も早く適切な医療行為を受けられるためにすべきこと

1．<u>支払能力があると判断してもらうためにすること</u>
・不測の事態に対応できる保険には必ず加入しておく。
　➡会社が加入してくれない、または加入しているが不十分な場合は、自分で保険に入ることも考えておく。海外滞在期間が90日以内であり、クレジットカードに海外旅行保険が自動付帯の場合は、カードの保険も活用できる場合もあるので補償内容を調べておくこと。

・海外旅行保険に加入していることがわかるように、海外旅行保険の証券は、コピーを取り必ず携行すること。

・会社が医療アシスタンスサービスの会員の場合は、各社員毎に会員カードがあるので、それもきちんと携行しておくこと。

2．<u>体に合わない治療をされないためにしておくこと</u>
・アレルギーや使ってはいけない薬がある場合は、それらについてまとめたメモなどを財布の中やスマホケースなどに入れて携行しておくこと。

※企業の中には、既往症や使ってはならない薬、血液型、緊急時の連絡先などをコンパクトにまとめた「EMERGENCY　CARD」を社員に携行させているケースもある。

治療先はどこになるのか（滞在国か、第三国か、日本に緊急搬送か）

　無事、病院に運び込まれた後、治療はどこで行われるのでしょうか。家族や会社側が「何としてでも日本に帰国させて治療したい」と希望すれば、必ず叶うものなのでしょうか。

A10-4

１．治療する場所の判断基準（滞在国か日本か、第三国か）

　治療先は一般的には任地で治療に携わる医師による医療情報をもとに、移送を手掛ける医療アシスタンス会社の顧問医が判断することになるようです。

　つまり「多額の保険をかけているので日本までの搬送費は出るはずだから、必ず日本に搬送してほしい」と思っていても、そのような希望が叶うとは限らないといえます。

　ただし、本人、家族など周囲の意向も考慮の上、関係者の同意のもと、最終判断がされるようです。

　このような事態に備えて【図表10-4-1】について検討しておくことをお勧めします。

【図表10-4-1】緊急時に可能な範囲で本人や会社の意向を尊重してもらうためにすべきこと

・緊急事態に遭遇した場合の自分の考えを周囲に伝えておく。
・会社としても、そのような事態に陥った場合、どのように意思決定するかを考えておく。
➡意向どおりになるとは限らないが、少なくとも何らかの選択肢が与えられた場合は、本人または会社の意向を反映してもらえる可能性がある。

２．滞在国から日本など海外に搬送される場合

　搬送方法には大きく分けて「チャーター機での搬送」と「商業便での搬送」があります。

（1）　チャーター機での搬送

　商業便での搬送が難しいと判断された場合、チャーター機での搬送となり

ます。

　個人の搬送だけのために飛行機を飛ばすわけですから相当な費用が掛かります。

　チャーター機での搬送にかかるコストに明確な相場はありませんが、2,000万円以上かかる場合もあります。海外旅行保険等で「救援者費用」にかかる保険に加入している場合はこの費用が支払われますが、緊急搬送にかかる保険に全く加入していない、または加入しているが保険額が不足している場合は、保険での搬送はできないことになります。その場合は、直接医療アシスタンス会社等に連絡し、保険金額との差額分（実費）と手数料を前払いする条件で、搬送を直接依頼できるか相談することになります（保険会社が仲介してくれる場合もあります）。

　必要なお金を払わなければ飛行機に乗れないのと同じで、緊急搬送もできませんので、仮に日本への搬送が最善の選択肢であっても、費用面の問題が解決されなければ、現地での継続治療を余儀なくされます。

　会社の業務で海外滞在している場合は、おそらく会社が費用を負担することになるでしょう。

【図表10－4－2】保険金不足にならないように事前に確認しておくこと

1．海外旅行保険に加入している場合、「救援者費用」がどれだけかけられているか確認する
・日本に帰国できるだけの救援費用が賄われているか、賄われていない場合は会社に旅行保険の加入額の増額を依頼するか、自分で保険を追加する等を検討する。

2．海外旅行保険に加入していない場合
・海外赴任者であっても、会社によっては海外旅行保険に加入させず、現地の民間医療保険や公的医療保険を利用させているケースがある。これらの保険の場合、「救援者費用」が保険の対象にならない場合もある。そのため、「緊急時の海外搬送」が保険の対象になるか確認しておく。

⑵　商業便での搬送の場合

　本人の容態が比較的安定しており、医療アシスタンス会社顧問医の指示があれば、商業便での搬送がより一般的です。チャーター機と比較すると、航続距離が長い中での気流の影響も少ないため、安定した飛行と到着時間の誤差の少なさなどのメリットがあります。また、コストも抑えることができます。

Q10-5

緊急事態に陥った原因によっては海外旅行保険の適用対象にならないことも

　緊急事態に陥る原因は様々ですが、その原因次第で海外旅行保険の適用が受けられないケースはあるのでしょうか。

A10-5

　持病や戦争等が原因で緊急事態に陥った場合は、海外旅行保険が適用されない場合があります。【図表10-5-1】は一般的に海外旅行保険の対象外となるケースの例です。

【図表10-5-1】海外旅行保険の適用対象外となるケース

・保険契約者または被保険者の故意または重大な過失
・被保険者の自殺行為、犯罪行為、闘争行為
・妊娠、出産、早産または流産
・戦争、外国の武力行使、革命、政権奪取、内乱等
・危険なスポーツの実施（山岳登はん、スカイダイビング、ハンググライダー等）
（詳細は加入している保険の約款をご確認ください）

　緊急事態において、即座に「海外旅行保険の対象外になるか否か」の判断がつくとは限りません。現実には、緊急事態に陥ってから、それが海外旅行保険の対象外に該当するか否かを確認するまでには、相応の時間がかかります。たとえば病気やけがで病院に緊急搬送された場合で、海外旅行保険の対象にならないケースであると判明した場合は、医師の診察費や入院施設代などの費用は、海外旅行保険では支払うことができません。

　また、「戦争や内乱」も海外旅行保険の対象外になることが一般的です。しかし、何をもって「戦争」「内乱」と判断するかは、保険会社によって異なる場合もあります。よって、詳細は加入している保険の約款を確認することが重要になります。また、中には「条件付戦争危険担保特約」が付保されていることもありますので、加入している保険には各種特約が付保されているかどうかも念のため確認すると良いでしょう。

家族が出張先に駆けつける場合

　出張者の身に何かあった場合、たいていは家族が駆けつけることになります。

　その際に知っておいたほうが良いことがあれば教えてください。

1．親族等の駆けつけ費用が保険で賄われる場合

　海外旅行保険が「救援者費用」についての補償を付保しており、その対象となるケースの場合、救援者（人数には制限あり）として親族の現地までの航空機等の往復運賃、宿泊施設の客室料等が保険で支払われます。

　また、親族以外の代理人が現地に赴く場合も、一定の条件を満たして人数制限の範囲内であれば、保険金の支払い対象になる場合があります。

2．家族がパスポートを保有していない場合

　駆けつけ予定の家族がパスポートを保有していない場合、まずはパスポートを取得する必要があります。一般にパスポートは申請から発行まで6日程度を要します。

　一方、外務省ウェブサイトによりますと、「海外にいるご家族の入院など人道上の理由があり、緊急に渡航する必要がある方については、ご家族が入院していることを証明する書類等の提出によりパスポートを緊急に発行する場合があります。」と記載されています。

　そのため、緊急事態により緊急発行が必要とみなされれば、6日間も要せず、パスポートが発給されると考えられます。しかし、パスポートの発券には【図表10－6－1】のような書類が必要になります。そのため、それらの準備を整えるにはある程度の時間がかかります。

【図表10−6−1】パスポート発行に必要となる書類

```
1　一般旅券発給申請書（10年用又は 5 年用）　 1 通
2　戸籍謄本　 1 通
3　住民票の写し　 1 通（必要となる方は以下のとおり）
　(1)　住民基本台帳ネットワークシステムの利用を希望されない方
　(2)　住民登録をしていない単身赴任先や就学先等の都道府県で申請される方（この
　　　場合、都道府県によっては対応が異なるので、詳細は申請先のパスポートセンタ
　　　ーにて確認）
4　写真（縦45ミリメートル×横35ミリメートル）　 1 葉
5　本人確認書類（運転免許証等）
6　旅券（存在する場合）
```

出所：外務省

　そのような事態に備えて、【**図表10−6−2**】のような規程を設け、緊急
事態に家族がすぐに駆けつけられるように準備を整えている企業もあります。

【図表10－6－2】緊急事態に備えて日本の家族のパスポート取得費用を負担する規程例

第●条（緊急事態への対応）

独身者・単身赴任者に任地で万が一の状態が生じた場合に、近親者がすぐに任地に赴くことができるよう、以下に基づき、旅券交付手数料等の支給を行う。

	独身者	単身赴任者	家族帯同者
旅券交付手数料	本人に万が一の事態が生じた際に任地まで渡航可能な両親または兄弟姉妹のうち、最大2名までの旅券交付手数料	本人に万が一の事態が生じた際に任地まで渡航可能な配偶者・子女・両親のうち、最大2名までの旅券交付手数料	支給なし（渡航時に支給済み）
旅券更新手数料	本人に万が一の事態が生じた際に任地まで渡航可能な両親または兄弟姉妹のうち、最大2名までの旅券更新手数料	本人に万が一の事態が生じた際に任地まで渡航可能な配偶者・子女・両親のうち、最大2名までの旅券更新手数料	支給なし（渡航時または渡航中に支給済み）
交通費	支給なし	支給なし	－
本制度利用時の事前申請	必要あり	必要あり	－
本制度利用後の届出	必要あり（本制度を利用して旅券を新規作成または更新した者の連絡先および旅券コピーを提出）	必要あり（本制度を利用して旅券を新規作成または更新した者の連絡先および旅券コピーを提出）	－

Q10-7

大使館・総領事館ができること、できないこと

　海外で事故や事件などに遭った場合、大使館に頼ることになると思いますが、大使館・総領事館でできること、できないことについて教えてください。

A10-7

　大使館・領事館ができること、できないことは【図表10-7-1】のとおりです。

　つまり、トラブルへの相談には乗ってくれますが、金銭面での援助等は大使館・領事館の業務内容の範疇外ですので、自力で対応する必要があります。

【図表10-7-1】大使館・総領事館ができること、できないこと

		できること	できないこと
事件・事故・緊急入院	事件・事故に遭ったとき、緊急入院したとき	・解決方法について一緒に考える ・弁護士や通訳の情報を提供 ・医療機関の情報を提供 ・家族との連絡を支援 　（本人が連絡できない場合は、本人に代わり家族へ連絡） ・現地警察や保険会社への連絡を助言 ・家族が現地に向かう場合、外務省が住所地の都道府県パスポートセンターに連絡し、できるだけ早く現地へ出発できるようパスポートの緊急発券の要請を行う ・現地で治療が不可能な場合は、緊急移送に関する助言・支援を行う ・死亡事件・事故の場合は、遺体の身元確認の手伝い、遺体の荼毘、死亡証明書の発給及び日本への移送に関する助言を行う	・病院との交渉、医療費・移送費の負担、支払保証、立替え ・犯罪の捜査、犯人の逮捕、取締まり ・相手側との賠償交渉

盗難・紛失	所持金・所持品（パスポート等）が盗難に遭ったとき、紛失したとき	・現地警察への届出に関する助言 （届出方法の案内） ・ご家族や知人からの送金に関する助言 （日本からの送金の手伝い） ・パスポートの新規発給又はパスポートに代わる「帰国のための渡航書」の発給（要手数料）	・金銭の供与 ・クレジットカード、トラベラーズチェックの失効手続き、あるいは航空券の再発行手続きの代行 ・遺失物の捜索 ・現地警察への被害届提出の代行 ・犯罪の捜査、犯人の逮捕、取締まり
緊急事態	大規模な自然災害や騒乱・戦争などの緊急事態が起きたとき	・緊急事態の発生地に滞在する日本人の安否確認への最大限の努力 ・日本人の被害者がいる場合は必要な支援 ・インターネットや連絡網を通じて情報を提供 ・退避を支援	・退避費用の負担 （現金などを持ち合わせていない場合は在外公館にご相談ください）
逮捕・拘禁	逮捕・拘禁されたとき	・希望があれば領事が本人と面会または連絡 ・弁護士や通訳の情報を提供 ・家族との連絡を支援 ・差別的、非人道的扱いを受けている場合は関係当局に改善を求める	・釈放や減刑等の要求（適正な法手続きが取られている限り、関係当局に対して、特別な扱いを求めることはできない） ・弁護士費用、保釈費用、訴訟費用の負担、貸付およびその保証 ・取調べや裁判における通訳・翻訳

出所：外務省パンフレット「海外で困ったら　大使館・総領事館のできること」

Q10-8

万一に備えて本人がしておくべきこと

　海外で生命にかかわるような事態になった場合の取扱いについては理解できました。

　このような事態になった場合に備えて、海外出張者本人、または会社側が事前に準備できることがあれば教えてください。

A10-8

　万が一の事態に陥った場合、最善の処置が施してもらえるように、また家族や周囲の人たちが困らないように、準備できることを**【図表10-8-1】**にまとめました。

　状況に応じて特に重要だと思われるものから対応することをお勧めします。

【図表10-8-1】万一の事態に備えて実施しておいたほうが良いこと

	実施しておくこと	実施すべき理由
1	・現在加入している保険の内容を必ず確認し、家族にも伝えておく（不明な点は会社や保険会社に確認しておく）。 ・十分な補償内容および保険金額（契約金額）の海外旅行保険に加入する（治療・救援費用はチャーター機での医療搬送やＩＣＵでの集中治療を賄えるように、セットで余裕をみてかけておく）	保険で賄えない額は自己負担するか、適切な治療をあきらめなければならない場合がある。内容を確認し、不十分だと判断すれば、場合によっては追加で保険に加入し、万が一の事態に備えることもできる
2	クレジットカードに付帯している海外旅行保険の内容（期間、内容）を確認しておく	海外出張や海外赴任用にかけた保険では足りない場合、カードの保険が利用できる場合もある（確認した結果、ほとんど活用できないと判明することもある）
3	既往症（持病）や普段使っている薬、アレルギーの他、滞在地に主治医がいる場合はそれらを記載したメモを財布などに入れておく	自分の体の状態を無視した治療や投薬が行われるリスクがある
4	海外旅行保険の証券や連絡先はコピーして財布などに入れておく	医療費等について十分支払能力があることを医療関係者に示すため

5	医療アシスタンス会社と個別契約している場合、当該会社の連絡先や会員番号も財布などに入れておく	同上
6	万一の事態になった場合の自分の取扱いについて、家族とも相談し、周囲に意向を伝えておく	そのとおりになるとは限らないが、選択肢がある状況の場合、自分の要望を尊重してもらえる可能性がある
7	緊急時に駆けつけてほしい家族のパスポートは常に利用できる状態にしておく	パスポートがないと緊急時に即座に駆けつけることができない
8	大使館・総領事館で対応してもらえること、してもらえないことを確認しておく	基本は自己責任であり、大使館・総領事館がなんでもしてくれるという考えは改めたほうが良い
9	銀行口座が凍結されても家族が当面の生活に困らないよう、生活資金等は手元に置いておく	死亡したことが金融機関の知るところになると、銀行口座を凍結され、入出金やカードの引き落としもできなくなる可能性がある
10	海外に保有する資産の情報は、家族にわかるようにまとめておく	どこに資産があるかわからない状態だと、相続の際に遺族が非常に困り、最終的にはその資産が遺族に引き継がれない可能性もある

出所：各専門家および海外駐在員等へのヒアリング等に基づき作成

II

海外赴任編

11

海外赴任業務に
関与するために
おさえておきたい点

Q11-1

海外赴任関連業務を実施する際に知っておきたいこと

この度、他部門から異動になり、海外赴任者業務担当になりました。本業務を行う上での留意点を教えてください。

A11-1

海外赴任者に携わる業務は通常の人事業務と比べ「①必要とされる知識の範囲が非常に広いこと」「②赴任者本人の生活設計に大きく影響するため、赴任者への対応方法が難しい上、経営者側と赴任者側の板挟みになることが多いこと」が特徴です。

【図表11－1－1】 海外赴任者にかかわる人事関連業務の特徴

①必要とされる知識の範囲が非常に広い
日本の社会保険や税務。人事評価だけでなく、赴任国毎の社会保険制度・税制度、住宅、子女教育、医療事情を把握しておく必要がある。また、日本との間の租税条約・社会保障協定がある場合、その内容に関する知識も必要になるなど、網羅的な知識が重要になる。
➡短期間での蓄積は非常に困難。

②赴任者本人の生活設計に大きく影響するため、うまく対応しないと感情的なしこりを残す。
➡特にご家族を帯同している場合、ご家族問題にも人事担当者として深く関与しなければならない場合もある。また、そういった対応において経営と赴任者側との間で板挟みなることも少なくない。

特に①のとおり、必要とされる知識は日本の税務や社会保険に限らず海外の所得税に関する全般的な理解、日本と赴任国をつなぐ租税条約、社会保障協定、赴任者の給与体系にかかる制度設計の知識、海外の子女教育事情や医療費・不動産事情など様々です。海外の企業のように、基本的に異動はなく、ずっと同じ業務を行っている方の場合は知識の蓄積も可能で、時間をかけて広範囲に知識を付けることができます。一方、従来の日本企業のように定期

的な人事異動を行っている場合、何も知識がない状況で当該業務の担当になると、最初は本当に大変です。そのうち慣れてきますが、一通り業務を理解した数年後には異動、というケースも少なくありません。特に人事部長クラスは他部門から来る場合も多いため、状況を理解して税務面の問題解決に取り組もうとした頃にはまた異動になってしまう場合も少なくありません。

また、②の「赴任者本人の生活設計に大きくかかわるため、うまく対応しないと赴任者との間で感情的なしこりを残す」という点ですが、特に家族帯同で赴任される場合、会社は本人だけでなく、配偶者や子供の生活全般について子女教育費や一時帰国費用の支給等といった形で面倒を見ることになります。海外赴任者も自分自身の問題であれば、冷静な判断を下すことができても、家族（特にお子様）のことになると、正論や理屈だけでは片づけられません。このため、対応の仕方も難しく、時間やノウハウ、コミュニケーション力が必要とされる業務となります。

しかし、現実には海外赴任者が100名以下の企業の場合は、海外人事の専任担当者が存在しない場合も多く、人事担当者は複数業務で多忙を極め、海外赴任者の業務に費やす十分な時間を取ることができない場合も少なくありません。

そのため、いろいろと手落ちが発生する場合があります。具体的には「社員の健康管理体制が十分ではなく、赴任者の健康に重大な問題が生じた」「赴任者にかかる本社負担コストについて現地法人が回収する方法がわからない」「介護保険料を誤徴収してしまった」「役員報酬に対する源泉徴収を行っていなかった」「日本払い給与の任地での個人所得税の納税もれが生じていることが発覚し、多額の罰金を払う必要が生じている」等です。それらは、赴任者に関する業務は単なる事務作業の一つとして取り扱い、現地事業がわからないからと、現地任せにしてしまったり、事前に赴任時の処遇について丁寧に説明する時間が取れない、赴任者からの要望・意見に対する対応が後手に回ってしまう、赴任者の立場や思いを理解できず、事務的に対応してしまう等によって、引き起こされることもあるのです。海外拠点の成否を担っているのは海外赴任者である場合はほとんどであることから、それら人材の対応を行っている海外人事担当者の役割は非常に重要です。複数の業務を掛け持ちしながら実施するには非常に負荷が多い仕事でもあります。

上記の通り幅広い業務のうち、赴任者からの処遇や給与についての質問や

苦情等の問い合わせ等に対応が忙しく、海外人事担当者にとって、海外赴任者の税務は、赴任者にかかわる業務の一部にすぎません。さらに税務の専門家ではないことから、税務の問題が生じてもすぐに気付ける状況とは限らないといった点も、認識しておく必要があるでしょう。

Q11-2
海外人事業務に関して税務担当者が留意しておくべきこと

　最近、社内で海外赴任者に関する税務問題が話題になっています。そもそも海外赴任者業務は税務関連も含め、人事部門が所管になっていますが、税務部門として、留意すべき点があれば教えてください。

A11-2

1．税務担当者が海外赴任者税務に携わる必要性を理解する
〜所得税の問題が法人税の問題にも発展することもある〜

　企業においては、海外赴任者にまつわる税務関連の問題は人事部門が所管し、税務部門は、人事部門から相談があれば対応する程度で、積極的には関与されていないケースが多くみられます。しかし、日本で所得税の源泉徴収もれが発生したり、海外で払うべき所得税の申告漏れが生じた場合、海外赴任者に対して「手取り補償方式」を採用していれば、その所得税や申告漏れに伴うペナルティを負担するのは赴任者本人ではなく、会社側になることがほとんどです。

　これら出向者にかかるコストの一部または全部を日本本社で負担すると、日本で法人税の調査において、「寄附金」として認定されてしまう可能性も十分にあります。また、海外出張者や赴任者の現地での活動内容や契約形態次第では、これら出張者や赴任者が現地でPEと認定され、出張者や赴任者に帰属する所得について、現地で法人税が課されるリスクもあるからです。

　このような点から考えても、赴任者にまつわる税務は人事部門だけに任せておいてよいとはいえません。所得税関連の対応次第では、法人税の問題につながってくることも多々あるからです。

　そのため、税務部門側が海外赴任者の税務に関して積極的に関与することが、会社として無駄なコストやリスクを発生させないためにも重要になります。

2．人事担当者との定期的なコミュニケーション

　人事担当者と半期に一度は定期的な情報交換を行い、本書で取りあげるような課題について話し合うことをお勧めします。前述の通り海外人事担当者はごく少人数で数百人の赴任者の処遇等に関する対応に追われるなど非常に

負荷が高いため、税務についてはそこまで時間を割くことができない状況です。

　税務部門の方が人事部門の方と定期的な会話を行うことで、人事担当者が見落としていた問題に気が付くことができるかもしれません。逆に赴任者コストの本社負担に関する寄附金課税リスク等を検討する上でも、人事担当者の視点や情報が助けになる可能性も十分あります。

　通常、法人の税務は税務部門が責任を負い、社員の所得税は人事部門が担当していますが、海外赴任者については、国内勤務者と取扱いが異なる点が多く、かつ間違いがあった場合のインパクトも大きいのが特徴です。実際、コロナ禍で海外赴任者が長期で一時帰国したことに伴う源泉徴収や準確定申告等において、会社が所得税等を負担したことにより、会社にとって多額の負担が生じたことは記憶に新しい事例です。

　赴任者の税務に関する論点を人事部門と話し合い、必要なサポートを行うことが、税務部門が担当する法人税部門の課題の解決や、リスクの最小化にもつながるといえるのではないでしょうか。

12

日本の所得税

Q12-1

居住者・非居住者の判定基準

海外勤務すると日本の非居住者に該当するケースが多いと聞きました。

そもそも日本において「居住者」と「非居住者」はどのような基準で区分しているのでしょうか。赴任時のビザの種類や会社からの内示の有無等で、居住者、非居住者の判断が異なってくるのでしょうか。

A12-1

1．居住者・非居住者で異なる課税所得の範囲

〜1年以上の予定で日本を離れる場合は出国の翌日から非居住者〜

日本の所得税法では、納税義務者を「個人」と「法人」に区分し、「個人」については国内における住所の有無、または1年以上の居所の有無に応じて、【図表12−1−1】のように「居住者」及び「非居住者」に区分しています。

このように居住者、非居住者の区分は、その人の「国籍」や、「赴任先でどのようなビザ（出張ビザ、駐在ビザ、留学生ビザ等）を取得して海外に赴任したか」や「社内の区分上、海外出張なのか海外勤務なのか」には関係なく、端的にいうと、「1年以上の予定で日本を離れるか否か」により判定します（ただし、公務員や船舶・航空機の乗務員等には特例が適用されるため、この限りではありません）。

よって、1年以上の予定で海外に勤務する方については、出国日の翌日から、日本の非居住者（※）となります。

（※）出国日と発令日が異なっている場合も、出国日を基準にして居住者・非居住者の判断を行います。

【図表12－1－1】所得税法による居住者・非居住者の区分

		定義	国内源泉所得 例：国内で勤務したことにより得た所得	国外源泉所得 例：国外で勤務したことにより得た所得（海外勤務中に、従業員に支払われる日本払給与等）
居住者	非永住者以外の居住者	次のいずれかに該当する個人のうち、非永住者以外の者 ・日本国内に住所を有する者 ・日本国内に現在まで引き続き1年以上居所を有する者	課税	課税
	非永住者	居住者のうち、次のいずれにも該当する者 ・日本国籍を有していない者 ・過去10年以内において、日本国内に住所又は居所を有していた期間の合計が5年以内である者	課税	国内で支払われたもの、及び国内に送金されたもののみ課税
非居住者		居住者以外の個人 （1年以上の予定で日本を離れる者は非居住者に該当）	課税	非課税

　通常、1年以上の予定で海外勤務する場合が多いことから、赴任中は日本の非居住者に該当します。

　非居住者は**【図表12－1－1】**からわかるとおり、国内源泉所得しか課税の対象にはなりません。

　なお、役務の提供の対価に関する国内源泉所得、国外源泉所得の区分は、「当該所得がどこから（どの国から）支払われたか」ではなく、「どこで（日本か海外か）働いたか」によって区分されることになります。

　したがって、日本の本社が1年以上の予定で海外勤務している方に支払う給与は、**【図表12－1－2】**のとおり、国外源泉所得に該当します（ただし役員報酬は例外です。詳細はQ12－7をご参照ください）。

【図表12−1−2】労務の提供に関する国内源泉所得・国外源泉所得の区分の仕方

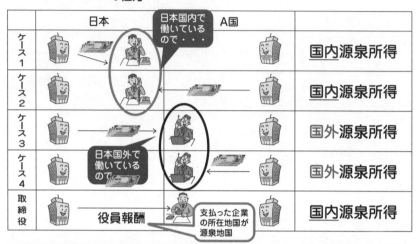

「どこから受け取ったか」ではなく「どこで働いたか」で判断する！（役員報酬は例外）

2．やむを得ない事情による勤務期間の変更について

やむを得ない事情による勤務期間の変更に伴う居住者・非居住者の判定については概ね、【図表12−1−3】のとおりとなります。

【図表12−1−3】居住者・非居住者の判定

事　例	取　扱　い	備　考
１年以上の予定で赴任したが、やむを得ない事情（業務、病気、事故等）で１年未満で帰国することになった場合。（例：３月末に１年以上の予定で海外勤務したが９月末に帰国した）	予定が変更になった（１年未満になった）時点から居住者扱い。それまでの期間は非居住者として取り扱ってもよい。	１年以上の予定で赴任しているので、１〜３月分については年末調整が行われているが、帰国後、10〜12月分及び１〜３月分についても再度年末調整を行う。（非居住者期間は年末調整の対象にしない）

事　例	取　扱　い	備　考
1年未満（5か月）の予定で赴任したが、やむを得ない事情（業務、病気、事故等）で赴任期間が1年以上になった場合。（例：3月末から9月までの予定で海外勤務したが、9月末の時点で赴任期間が3年に延長になった）	予定が変更になった（1年以上になった）時点から非居住者扱い。それまでの期間は居住者として取り扱ってもよい。	当初、5か月間の赴任予定のため、赴任前に年末調整は行われていないが、9月末の時点で1年以上の海外勤務になることが決まったため、1～9月分の所得について年末調整を行う。

Q12-2
出国までに行うべき税務上の手続き

海外赴任者については出国時に年末調整が必要と聞きました。
出国時の年末調整について留意すべきことを教えてください。

A12-2

　1年以上の予定で日本を離れ、海外に居住する方については、出国までに
年末調整を行っておく必要があります。

　年の途中で出国した場合、年末調整の対象となる給与は、出国する日まで
の給与です。なお、社会保険料や生命保険料等の控除は、出国する日までに
支払われたものだけに限られます。

　また、医療費控除、雑損控除、寄附金控除（特定団体に1万円以上寄附し
た場合）の適用を受ける場合、年末調整ではこれらについては、計算の対象
にならないので、各自で確定申告を行う必要があります。

【図表12-2-1】年末調整の対象となる所得控除

	所得控除	概要
物的控除	社会保険料控除 生命保険料控除 地震保険料控除 小規模企業共済等 掛金控除	その方が居住者であった期間内（1/1〜出国の日まで）に支払った社会保険料、生命保険料（※）、地震保険料が控除対象になる。 （※）外国の社会保険料及び外国保険事業所が締結した生保契約又は損保契約のうち、国外で締結したものにかかるものは、控除対象にはならない（所法74、75、76、77）。
人的控除	配偶者控除 扶養控除等	出国の際の年末調整においては、出国の日の現況で判定。 （出国の際の年末調整に当たり、控除対象配偶者や扶養親族に該当するための所得要件を満たすかどうかは、その出国の時の現況により見積もったその年の1/1〜12/31までの合計所得金額により判定する（所基通85-1））。

Q12-3

海外勤務時に支払う支度金の取扱い

　海外勤務に際して必要な物品を購入できるよう、赴任支度金を支給することになりました。この支度金については給与として課税が必要でしょうか。

A12-3

1．支度金の相場は？

　赴任支度金とは、海外勤務に伴い必要となる物資を購入するために支給するものです。

　支度金の設定の仕方は会社によって「役職ごとに金額を設定するケース」「赴任形態ごとに金額を決定するケース」「基本給の1か月分とするケース」「全員一律のケース」など様々です。なお、本人に対しては20〜30万円とするケースが多いようです。

2．旅費・支度金の課税上の取扱い

　通常、旅費は所得税法第9条第1項第4号に従い、非課税になりますが、あくまで実費見合い分のみです。赴任支度金を「給与の1か月分」「●万円」といった形で渡し切りで支給するケースは給与所得扱いとなり、所得税の課税対象となるので注意が必要です（そのため、企業の中には支度金の利用明細を提出させているケースもあります）。

　なお、法令解釈通達37−17によりますと「事業を行う者がその使用人の海外渡航に際し、支給する旅費（支度金を含む）は、その海外渡航が事業を営む者の当該事業の遂行上、直接必要であり、かつ、当該渡航のため通常必要と認められる部分の金額に限り、旅費として必要経費に算入する。」とされています。

Q12-4

出国後最初に支払う給与（海外赴任時）

赴任後最初の給与については支払い時に日本で源泉徴収する必要がありますか。

A12-4

1．海外勤務後（日本出国後）最初に会社が支払う給与

海外勤務後、最初に従業員が受け取る給与について、以下の前提条件をおいて考えてみます。

（前提条件）

> 従業員Aさん：1月20日に日本を出国し、同日海外入国。3年間の予定で海外に勤務
>
> 給与支給日：1月25日　給与計算期間：1月1日～1月31日

Q12-1の通り、所得税法では、1年以上の予定で日本を離れる場合は出国の翌日から非居住者という取扱いになることから、日本で課税されるのは国内源泉所得のみとなります。

1月25日に支払われる給与のうち、1月1日～1月20日に対応する部分については国内源泉所得に該当しますが、所得税基本通達212-5によると「給与の計算期間が1か月以下であり、かつ給与支払日に日本の非居住者である場合は、その給与については全額を国外源泉所得とみなす」ことが認められています。

よって、1月25日に支給される給与については、「非居住者の国外源泉所得」となり、日本で非課税扱いになります。したがって、赴任後最初に支払う給与については日本で20.42％の源泉徴収をする必要はありません。

【図表12－4－1】赴任後最初に受け取る給与の取扱い

事実関係	給与計算期間（1/1〜1/31）					1/25支払給与についての日本及び海外での課税関係
		日本出国／海外入国		給与支給日		
日付	1/1		1/20		1/25	1/31
日本	居住者の国内源泉所得（〜1/20）			非居住者の国内源泉所得（1/21〜）		非課税（所基通212-5）
海外（＊）	非居住者（〜1/19）		居住者（1/20〜）			1/1〜1/19分給与：非課税 1/20〜1/31分給与：課税

（＊）各国ごとに税制は異なるため、ここで記載している海外での取扱いはあくまで一例とご理解ください。

　ただし、必ずしも出国後最初に支払う給与が非課税になるとは限りません。

　たとえば支給日が1月25日の給与の計算期間が12月21日〜1月20日までの場合、12月21日〜1月20日までの間に出国すれば非課税になります。しかし、1月21日以降に出国した場合、12月21日〜1月20日までの給与の計算期間は全て国内で勤務しているため、その給与全額が「国内源泉所得」と取り扱われ、非課税となる余地はなく、「非居住者の国内源泉所得」として、給与全額を国内源泉所得として20.42％の税率で源泉徴収する必要があります。

Q12-5

出国後に支払う賞与

赴任後最初の賞与については支払い時に源泉徴収する必要がありますか。

A12-5

海外勤務後（日本出国後）最初に会社が支払う賞与

海外勤務後、最初に従業員が受け取る賞与について、以下の前提条件をおいて考えてみます。

（前提条件）

> 従業員Ａさん：１月20日に日本を出国し、同日海外入国。３年間の予定で海外に勤務
>
> 賞与支給日：６月15日　賞与計算期間：前年10月１日〜３月31日

Q12-4の「出国後最初に支払う給与の取扱い」の場合とは異なり、賞与の計算期間において日本が源泉となる部分（国内源泉所得部分）については非居住者に対する支払として20.42％の税率で源泉徴収を行い、日本が源泉ではない部分（国外源泉所得部分）については非課税扱いになります。

つまり、６月15日に支払われる賞与は次頁の【図表12-5-1】の通り、前年10月１日〜３月31日までの合計182日間（閏年ではないとします）を計算期間としますが、日本の居住者であった期間は10月１日から１月20日までの合計112日間となりますので、この期間に相当する賞与につき、日本で20.42％の税率で源泉徴収をする必要があります。

【図表12－5－1】出国後に支払われる賞与の課税関係

事実関係	賞与計算期間（10/1〜3/31）		日本出国／海外入国		賞与支給日	1/25支払給与についての日本及び海外での課税関係
日付	10/1		1/20	3/31	6/15	
日本	居住者（〜1/20）		非居住者（1/21〜）			10/1〜1/20分賞与→20.42％課税（所法213、所基通161-41）1/21〜3/31分賞与→非課税
海外（＊）	非居住者（〜1/19）	居住者（1/20〜）				10/1〜1/19分賞与→非課税 1/20〜3/31分賞与→課税

（＊）各国ごとに税制は異なるため、ここで記載している海外での取扱いはあくまで一例とご理解ください。

日本に一時帰国し、日本で任地業務を行う場合

　当社の社員がコロナの影響で一時帰国し、日本にいながら任地業務を実施していました。

　特に源泉徴収は行っていなかったところ、源泉所得税の税務調査においてこの件を指摘され、課税されました。なぜ課税されるのでしょうか。

1．なぜ源泉徴収が必要なのか

〜一時帰国者（非居住者）でも日本で勤務すれば「国内源泉所得」が発生し源泉徴収必要〜

　通常、1年以上の予定で日本を離れ、海外赴任している方は「日本の非居住者」に該当します。日本の所得税法では、非居住者は「国内源泉所得（例：国内で勤務した対価等）」のみ日本で課税の対象になり、「国外源泉所得（例：国外で勤務した対価等）」は日本では非課税となります。そのため、海外赴任中の国内払い給与は、日本法人の役員（※）が海外赴任する場合を除き、日本勤務が発生しない以上、日本では非課税となります。つまり、海外赴任中は日本で所得税が発生するケースは極めて限定的でした。

　ところが、コロナ禍での一時帰国のように、海外赴任者が一定期間帰国し、その間、日本で勤務を行うと、日本払給与のうちの日本勤務期間相当分は「非居住者の国内源泉所得」として課税の対象になります（日本から給与が支給されているため、赴任国と日本の間の租税条約における短期滞在者免税は適用されません）。

　なお、課税対象になるのは日本勤務期間に相当する日本払いの給与だけとは限りません。一時帰国中、日本に滞在している家族等のために払った福利厚生関連費用等も「国内源泉所得」として課税されます。また、赴任先で支払った給与（国外払い給与）も租税条約の短期滞在者免税要件が適用されない場合は日本で申告・納付が必要です（源泉所得税の税務調査においても、国外払い給与の申告状況を確認され、申告した所得の内訳も確認されている事例がみられます）。

（※）　税務上の役員とは「会社法上登記されている者（株式会社の取締役・執行役・会計参与・監査役）」「経営に参画する者」です。

2．源泉徴収に伴い必要となる手続き
〜所得税会社負担の場合はグロスアップ計算が必要、既に帰任していればさらに複雑に〜

　源泉徴収漏れが指摘されれば、本来払うべき所得税に不納付加算税等が課されることになります。通常、日本から海外に赴任している社員に対しては、「手取り」で給与が保証されています。そのため、国内払い給与等について日本で所得税が課されてしまうと、その分だけ本人の手取りが減ることになります。そのため、ほとんどの企業においては一時帰国に伴い生じる所得税は会社が負担しています。この場合、会社が負担した所得税は本人に支払った給与の一部とみなされます。本来、本人が払うべきものを会社が払っているからです。そのため、会社が本人の所得税の負担をする場合はその額を見込んで日本払い給与をグロスアップする必要があります。

　仮に今から数年前に処理すべきだった源泉所得税を支払った場合、対象となる赴任者が現在も引き続いて非居住者であれば、非居住者としてのグロスアップ計算を行うことになります。

　一方、既に帰任して居住者になっている場合、居住者としてのグロスアップ計算が必要になります。しかし、居住者グロスアップは非常に複雑かつ専門知識を有するため、社内で実施することは非常に困難になります。対応が遅くなるほど延滞税や不納付加算税が増加する上、帰任して日本の居住者になる方も増えますから、より処理が複雑になるケースが増え、対応に手間取ることになります。

3．一時帰国者の対応について企業が行うべきこと
〜対象者の洗い出しおよび必要に応じて源泉徴収・確定申告実施〜

　まずは過去に一時帰国した対象者の洗い出しとその期間を確認することが必要です。

　企業の中には、「一時帰国期間が183日を超えたケースだけ源泉徴収実施」や「そもそも源泉徴収していない」、「国外払い給与について日本で確定申告が必要かの確認も行っていない」「対応が必要と認識しているが社内で意見が分かれている」等、未対応のままの企業も存在します。また、「一時帰国した後、再赴任し、再び一時帰国している者もいるが日本と任地の税務が複雑すぎて対応できていない」事例も見られます。日本で源泉徴収を行い、そ

の所得税を会社負担すると、本人の所得として取り扱う件は前述の通りですが、これらは赴任国側でも所得とみなされ課税対象になることがあります。このように日本で源泉所得税を払ったことが赴任国側の税務にも波及する点も留意が必要です。

　「日本の所得税は日本本社で管理するが、現地の所得税は現地に任せておけばよい」という体制だと、今回のように日本及び任地双方を考慮しながら検討が必要な場合に対応できません。赴任者の所得税も現地任せにせず、日本側で一元管理することが、無駄なコストや手間を発生させないためにも重要です。

Q12-7

日本の役員が海外勤務する場合

　海外勤務している取締役に支払う役員報酬についての課税について教えてください。

A12-7

1．海外勤務している日本の役員への報酬が日本で課税される理由
～所得税法212条、213条、所得税法施行令285条より～

　日本本社で使用人の立場の方が、海外勤務中に受け取る国内払給与（留守宅手当）は、「国外源泉所得」に該当するため日本では課税されません（詳細は Q12-1 の【図表12-1-1】をご参照ください）。

　一方、日本本社の取締役の方が、海外勤務中に役員報酬を受け取った場合は、当該給与は「国内源泉所得」扱いとなり、所得税法第212条、第213条に基づき、支払時に会社側で20.42％の税率で源泉徴収する必要があります。

　一般に取締役の方は、日常の業務には直接関与しないで、取締役会に出席し、企業の経営に従事することをその職務として、役員報酬を得ている場合も少なくありません。

　この場合、役員としての役務提供が現実にどこで行われたかを判断するのは困難ですから、所得税法上、内国法人の役員に対して支給される報酬・賞与は原則として、その勤務地がどこであろうと「国内源泉所得」として日本で課税されることになります。

2．役員の国内払い給与であっても課税されないケース
～所得税基本通達161-42、161-43より～

①海外の勤務先で使用人として業務している場合

　内国法人の取締役であっても、勤務地国での職務内容によっては、日本で使用人の地位を持つ方と同様、国内払い給与を非課税扱いとすることができます。このことを【図表12-7-1】にまとめてみました（日本において取締役である方の日本払い給与が非課税扱いになるかどうかは、現地での職務内容など、個別に判断されることになりますので、【図表12-7-1】はあくまでご参考程度にご利用ください）。

【図表12－7－1】 海外勤務中の日本の取締役・使用人に支払う国内払い給与に対する課税関係

		(1) 海外現地法人に勤務する場合		(2) 海外支店・駐在員事務所に勤務する場合	
		①日本の親会社から見ると、実質的には使用人として勤務する場合（現地法人で使用人として常時勤務する場合）	②左記以外（使用人として常時勤務しない場合）	①日本の親会社から見ると、実質的には使用人として勤務する場合（支店・駐在員事務所で使用人として常時勤務する場合）	②左記以外（使用人として常時勤務していない場合）
日本での役職	1．代表権を持つ役員	<u>20.42％課税</u>（所令285①一） （仮に「使用人」としての業務を行っていたとしても、日本で代表権を持つ者が使用人としての地位を有するとは認められない）	<u>20.42％課税</u>（所令285①一）	<u>20.42％課税</u>（所令285①一） （仮に「使用人」としての業務を行っていたとしても、日本で代表権を持つ者が使用人としての地位を有するとは認められない）	<u>20.42％課税</u>（所令285①一）
	2．役員	<u>非課税</u> 「支店の設置が困難である等、その子会社の設置が海外における現地特殊事情に基づくもので、その子会社の実態が内国法人の支店・出張所と異ならない場合」等の要件を満たす場合は使用人兼務役員として扱われる（所基通161-43） **⇒実際に当該通達の適用対象となるか否かは管轄の税務署等にご確認ください。**	<u>20.42％課税</u>（所令285①一）	<u>非課税</u> ニューヨーク支店長など、内国法人（＊）の使用人として常時勤務する場合 （＊）海外支店というのはあくまで日本の本社の一部、つまり内国法人に該当する （所令285①かっこ書き）（所基通161-42） **⇒実際に当該通達の適用対象となるか否かは管轄の税務署等にご確認ください。**	<u>20.42％課税</u>（所令285①一）
	3．使用人	<u>非課税</u>	<u>非課税</u>	<u>非課税</u>	<u>非課税</u>

②赴任している国との租税条約において、役員報酬が「源泉地国免税」となっている場合

　赴任している国と日本が租税条約を締結しており、当該租税条約の役員報酬条項において、「法人の役員が管理的又は技術的性格を有する日常的な職務の遂行につき、その法人から取得する報酬については『給与所得条項』を適用する」等とされている場合で、日本本社から支払われる役員報酬がこれに該当する場合は、当該役員報酬は日本で非課税になる余地があります。

3．勤務地国での課税
～役員報酬の勤務地国での取扱い～

　海外勤務中の日本の役員に支払われる役員報酬は、「（日本）国内源泉所得」に該当するからといって、勤務地国において当該役員報酬が「国外源泉所得」と見られるとは限りません。日本では役員報酬は「国内源泉所得」扱いであっても、勤務地国から見れば、「自国で勤務していたことに対する対価」、つまり、勤務地国においても「国内源泉所得」として取り扱われ、課税される可能性は十分あります。勤務地国での外国税額控除の適用可否について等詳細は勤務地国の税務専門家にご相談ください。

海外赴任中に日本本社から退職金を支払う場合

　海外赴任中の社員に日本本社から退職金を支払った場合の日本及び任地の税務上の問題を教えてください。

1．具体的事例

～海外赴任中に定年を迎え、赴任地でも日本でも課税義務が生じた場合～

　G氏は50代初めからY国に赴任しており、もうすぐ定年を迎える年齢になりました。G氏は定年後も働き続け、できればこのまま海外赴任者として60歳以降も勤務を続けたいと考えていました。

　一方、会社側もG氏が海外赴任を続けてくれる方が、新たな赴任者を送り込む初期コストが生じない上、定年を期にG氏が日本本社の役職を外れることでG氏の給与は大幅に引き下げられることで、海外赴任コストを大幅に削減できることもあり、定年退職後もG氏に海外勤務を継続してもらう方向で段取りを進めていました（このほかにも、Y国は赴任先として人気がなく、会社としても、次の赴任者を探すのに苦労しているという事情がありました）。

　あるときG氏は、定年退職を迎えた後も海外赴任を継続している他社の赴任者H氏から、海外勤務中に退職金を受け取る場合は日本の非居住者に該当するため、G氏の退職金のうち日本国内での勤務相当分については20.42％課税されること、それだけでなくG氏は現在Y国の居住者であるため、G氏が受け取った退職金についてY国でも申告・納税義務があることを聞きました。

　仮にY国の税法上、居住者は全世界所得に対して課税されるのであれば、G氏が受け取った退職金全額についてY国で申告・納税義務が生じます。一方、Y国の税法上、居住者はY国内源泉所得のみ課税であれば、Y国勤務期間分の退職金がY国で課税の対象となるということでした。

　G氏はこの件を知り、退職金に対し、日本と赴任国の両方で、多額の税金がかかるのではないかととても心配になり、H氏をはじめ、同じような立場にある他社の赴任者に話を聞いてみました。すると「退職日前には、いったん日本に帰任することになっている」「退職金の支払い時期を遅らせてもら

っている」「退職金に対して赴任国で課税された場合は、当該税額は会社が
負担してくれることになっている」など、さまざまな対応策が講じられてい
ることを知りました。

　そこでG氏は出向元である日本本社に対し、近日中に受け取る退職金の取
扱いについて確認したところ、会社側は退職金について、そのような問題が
あること自体、把握していませんでした。ですから、赴任国で課税されるこ
とを想定した対応策なども当然講じていません。G氏は日本本社の人事担当
者に対して、退職金に関して生じる可能性のある問題点を一通り説明し、何
らかの対応策を検討してくれることを期待していましたが、数か月たっても
何の連絡もないため、本社の担当者に再度確認したところ、「まだその件に
ついて話し合えていない」という返事が来るだけで、この状況では今後も本
社内で具体的な検討がされることも期待できない状況です。

　しかし、G氏としても、自ら望んで定年後も海外勤務を希望したという背
景もあるため、あまりしつこく会社側に問い合わせをすることもはばかられ
ます。しかし退職金の支給日が近づくにつれて、日本での税務上の取扱いは
どうなるのか、現地で退職金について多額の所得税が課税され、手取りが大
幅に減ってしまったらどうなるのか、またそれについて会社は補塡してくれ
るのかどうかについて、退職金を住宅ローンの一括返済や老後の資金に充て
ようと思っていたG氏は不安な気持ちが募り、仕事にも身が入りません。

２．税務上知っておかなければならないこと

　本件に関して税務上、知っておかなければならないこととしては、「日本
における（非居住者に支払う）退職金の取扱い」「日本本社が海外赴任者の
退職金を負担する場合の取扱い」「赴任国における退職金の取扱い」です。
以下、順番に説明していきます。

⑴　日本における退職金の所得税に関する取扱い
①　選択課税制度とは
〜源泉徴収された税額が確定申告することで一部戻ってくる制度【**図表12−
8−1**】〜

　海外勤務中の社員に対して支給する退職金のうち、国内勤務期間に対応す
る金額（国内源泉所得）については、支払時に20.42％の税率により所得税

を源泉徴収する必要があります。(なお海外勤務期間に対応する金額については、日本では課税されません。)

【図表12－8－1】選択課税制度

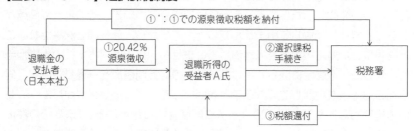

② 退職者側の処理

このように、退職金の支払を受けたのが、たまたま非居住者である海外勤務期間中であったため、高い所得税の負担を強いられる場合があります(居住者として退職金を受け取れば、「退職所得」として取り扱われるため、税負担がかなり軽減されます)。

そこで、納税者の選択により、居住者として当該退職金の支給を受けたものとみなして、確定申告書を提出し、20.42％の税率で源泉徴収された税額との差額を還付してもらうことができます。これを「選択課税の適用」といいます。

ではこの制度を利用するためにはどうしたらよいのでしょうか。

③ 選択課税の適用を受けるために必要な書類

選択課税の適用を受けるために必要な書類は以下の通りです。

選択課税の適用を受けるために必要な書類
・確定申告書(B)第1表、第2表、第3表
・退職所得の源泉徴収票
---

④ 選択課税の適用を受けるための書類の提出期限と提出先
a) 提出期限

　退職した年の翌年初（実務上は1月4日）から提出が可能です（通常、確定申告の時期は毎年2月16日から3月15日ですが、還付申告に限り、年明けから提出が可能です）。

　なお、海外勤務中に退職金を受け取り、国内源泉所得部分の所得について20.42％課税されているにもかかわらず、選択課税の適用を受けていなかった場合は、退職金を受け取ってから5年以内であれば、還付申告を行うことができます（よって、2022年中の退職に起因して受け取った退職所得に対する選択課税の適用は、2027年12月31日まで可能です）。

b）提出先

　確定申告書の提出先は、出国する直前に居住していた市町村を管轄する税務署に提出する必要があります（「出国する直前に居住していた場所」の証明書等は特に必要はありません）。

c）計算方法

　また、退職所得の選択課税制度を適用するにあたっては、その税額計算の対象になるのは、国内勤務期間に相当する退職金だけではなく、国外勤務期間に相当する退職金も含めた退職金全額が対象になります。なお、選択課税の計算においては、所得控除の適用はありません。そのため、日本及び任地での滞在期間を考慮し、選択課税を受けるのが得策か、必要に応じて検討が必要です。

⑤　選択課税制度の適用のための手続きは本人でなければだめ？

　選択課税の適用を受けるための手続きは、退職者本人が実施できない場合、納税管理人を指名しておけば納税管理人に委任することもできます。（なお、現時点で納税管理人を指定していない場合は、これから指定する形でも間に合います。）

※退職金を2度に分けて支給を受けた場合は？

　企業によっては、退職金制度として「社内退職金制度」と「確定給付企業年金制度」等、2つの年金制度を有している場合があります。たとえばこのうち「社内退職金制度」については退職時に支給されるものの、確定給付企業年金による老齢給付金については、その一部または全部を繰り下げ支給す

ることが可能になる場合があります。

　この場合、海外赴任中に前者を受給し選択課税の適用を受けた後、数年後、引き続き海外赴任中に後者を受給した場合、後者について選択課税の適用はできるのでしょうか。

　これについては、後者を受け取った後、選択課税の申告書に関する修正申告または更正の請求を行うことになります。また、この場合、後者の退職所得の課税年度分についても、前者を受け取った年分の退職所得として計算されることになります。

⑥　還付されるのはいつ頃か

　通常、申告してから6週間～2か月程度が一般的ですが、審査に時間がかかる場合等は、それ以上かかる場合があります。なお、還付金は本人の国内口座への振り込みになり、海外の銀行口座への振り込みはできません。

(2)　海外赴任者の退職金を日本本社が負担する場合の留意点

　退職金の支給は日本本社の規定に基づき行われていますが、そもそも退職金は、勤務に対する対価です。

　長年、海外勤務していた社員の退職金を日本本社が全額負担した場合、「退職金のうち、海外出向期間分については、出向先である海外現地法人に負担させるべき」と税務調査で指摘されている場合もあります。

　日本本社負担の給与、賞与等は、「出向先である現地法人が負担するべき」として、日本本社が負担した場合、寄付金として課税対象にされるケースは散見されますので、海外で勤務した対価である退職金部分についても、同様の指摘を受けることも考えられます。

(3)　赴任国での取扱い

①　一般的な取扱い

　赴任中、退職金を受け取ったことで赴任国での税務上の取扱いはどうなるのでしょうか。G氏の勤務地国の税法にもよりますが、通常その国に1年以上滞在する場合は、その国の居住者となる場合が一般的です。

　その国の居住者となれば、通常、全世界所得について当該国で課税されることが多いので、G氏が日本から受け取った退職金も、当該国で申告・納税

する義務が生じる可能性があります。日本と異なり、外国においては日本のように、経営者層でない人間についても、多額の退職金が支給されるケースはほとんど見られないことから、日本のような退職所得に対する優遇税制は存在しません。そのため、退職所得を申告すると、通常、給与の対価としてみなされる可能性があります。そうなると、その金額の大きさから、最高税率が課される可能性が高くなり、退職金について多額の税金がかかることになります。

　では赴任国でその国の居住者として、日本から受け取った退職金を申告した場合、その全額が課税の対象になるのでしょうか。居住者は全世界所得が課税対象となる国であれば、退職金全額が課税対象になる可能性がありますが、居住者であっても国内源泉所得のみ課税対象となる国であれば、退職金のうち、その国で勤務した期間分に該当する退職金のみが課税対象になる可能性があります。

　世界的に見て、日本のように退職金に優遇措置を設けている国は少数であり、また優遇措置があったとしても、日本での退職所得に対する取扱いには及びません。

3．参考（他社状況）

(1)　海外赴任中の退職に際し、日本での選択課税の適用の取扱い

　「海外赴任中の退職に際し、日本での退職金の選択課税の取扱いについて教えてください」との質問に対する回答結果は以下の通りです。

【図表12－8－2】日本での退職金の取扱い

回答選択肢	回答数	比率
会社からのサポートは行わない	39	18%
会社が日本での確定申告作業の費用負担を行う	31	14%
会社が日本での確定申告のための会計事務所等専門家の紹介は行うが、申告書作成費用は赴任者が負担する	7	3％
退職金の選択課税制度を知らなかった	5	2％
海外赴任中に退職金を支払うケースが発生したことはない	72	34%
その他	17	8％
不明	44	21%

合計	215	

出所：2021年12月「海外赴任者処遇・税務等実態調査結果
〜第一回　コロナ禍一時帰国時の取扱い、赴任者総コスト、法人間費用負担〜」EY 税理士法人・
EY 行政書士法人より引用

(2)　海外赴任中の退職金にかかる赴任地国での所得税申告

　「海外赴任中の退職に際し、退職金に関する赴任地国での所得税申告について教えてください」との質問に対する回答結果は以下の通りです。

【図表12－8－3】赴任地国での退職金の取扱い

回答選択肢	回答数	比率
正しく申告を行い、退職金にかかる赴任地での所得税は日本本社が負担する	23	11%
正しく申告を行い、退職金にかかる赴任地での所得税は赴任先が負担する	24	11%
正しく申告を行い、退職金にかかる赴任地での所得税は赴任者が負担する	12	6 %
正しく申告を行い、退職金にかかる赴任地での所得税は会社が負担するが、本社負担か赴任先負担かは不明	6	3 %
赴任先に任せているため詳細は不明	25	12%
赴任地で申告が必要なことを知らなかった	3	1 %
海外赴任中に退職金を支払うケースが発生したことはない	72	33%
不明	50	23%
合計	215	

出所：2021年12月「海外赴任者処遇・税務等実態調査結果
〜第一回　コロナ禍一時帰国時の取扱い、赴任者総コスト、法人間費用負担〜」 EY 税理士法人・
EY 行政書士法人より引用

Q12-9

海外赴任者の帰任に際して留意すべきポイント

この度、海外赴任していた社員が日本に帰任します。帰任に際して留意が必要な点を教えてください

A12-9

帰任に際して留意が必要な点としては「1．日本帰国後に、赴任していた国の所得税を支払った場合の日本での取扱い」「2．日本帰国後に、赴任者処遇の精算を行う場合」「3．海外赴任中に定年を迎えた社員の退職金を日本帰国後に支払う場合」「4．その他の税務上のポイント（帰任時の支度金、帰任後初めて受け取る給与・賞与）」「5．その他帰任時に必要となる手続き」があげられます。以下順番に説明していきます。

1．日本帰国後に、赴任していた国の所得税を支払った場合の日本での取扱い

～日本で確定申告または源泉徴収が必要～

海外赴任中は赴任国の所得税を支払う必要があります。赴任中にその国で支払うべき所得税を全て支払い終えられれば良いのですが、そうはいかない場合も少なくありません。

帰任の段階で、その国での納税義務を終えられる国ばかりではないからです。課税年度の途中で帰任した場合でも、その年の所得に対する確定申告等は、赴任中と同様、「その翌年に実施」というケースもあります。そのため、日本に帰国してから赴任国の個人所得税を支払う必要があるケースが少なからず生じることになります。具体例で説明すると以下の通りです。

【図表12－９－１】日本帰国後に任地所得税が発生するケース（一例）

日本本社からＡ国の現地法人ａ社に出向しているＸ氏が日本に帰任することになった。 Ａ国の所得税の仕組み上、帰任前にＡ国で支払うべき所得税(100)の支払いを終えることができず、帰任後に支払うことになった。

　　①　Ａ国現地法人ａ社がＸ氏のＡ国所得税を支払・負担
　　②　Ａ国現地法人ａ社がＸ氏に代わって、Ｘ氏の所得税を支払うが、最終的には日本本社が当該所得税を負担（会社間で精算を行う）
　　③　日本本社がＡ国所得税をＸ氏に代わって支払・負担
　　④　（会社ではなく）Ｘ氏本人がＡ国の所得税を支払・負担

①　Ａ国現地法人ａ社がＸ氏の所得税を直接支払う場合

　Ａ国において生じる個人所得税は、Ｘ氏の所得にかかるものなので、本来はＸ氏が負担するべきものです。しかし多くの日本企業においては、「海外赴任中にかかる所得税は本人ではなく会社（本社または現地法人）が負担する」ことを海外赴任者規程等に明記しており、赴任者にとっては、いわゆる「手取り補償」となっています。

　そのため、Ａ国現地法人ａ社がＸ氏に代わってＡ国個人所得税を支払う行為は「ａ社がＸ氏に給与を100支払った」ことと同じです。

　つまり、日本から見ると、国外払い給与(100)がＸ氏に支払われたということになります。そのため、この「国外払い給与」について、日本で確定申告が必要になります。しかし「国外払い給与」といっても、前述の通り、「Ａ国で生じた個人所得税をａ社が負担した」に過ぎないですから、Ｘ氏にとっては、自分の手取り給与が増えるわけではありません。さらにこの「国外払い給与(100)」について日本で所得税等がかかると、Ｘ氏にとっては、この所得税等の分だけ、税金等の負担だけが増えることになります。これだと「手取り補償」とは言えません。

　そのため、本人の手取り給与にマイナスの影響が出ないよう、「国外払い給与(100)」を日本で確定申告した後、グロスアップ計算を行う必要があります。すでにＸ氏は日本に帰国していますから、日本の居住者としてのグロスアップ計算を行い、翌年分の住民税の前払い分（補塡額）を本人に支給します。さらにその年の年末調整後、専門家に依頼するなどして再年末調整を行い、最終的に本人に補塡する額を計算、本人に補塡を行うという処理が必要になります。

a）グロスアップ計算や補塡額の精算について
〜どこまで補塡するかは会社の考え方次第〜
　なお、グロスアップ計算と一口に言ってもその方法は様々です。たとえば所得税額の補塡だけを行う場合もあれば、所得税に加え翌年の住民税や社会保険料まで加味して補塡することもあります。この場合は住民税や社会保険料のグロスアップ計算も要します。
　また、これにより本人のみかけの所得が増えることで、自治体からの各種補助金等の所得制限にかかってしまうことがありますが、この点まで補塡の対象とするかは会社により様々です。要するに「グロスアップ計算等により本人に不利益が生じないように補塡を行っている」といっても、その「補塡」のレベルは会社により様々なケースが多いようです。
　また、補塡額の精算方法も「当該年の本人の見込年収額を用いて、期中に計算を実施する渡切り計算する方法」もあれば、「当該年に確定した年収額を用いて、年末に計算を実施する年末調整時に精算する方法」もあります。つまり、どこまで細かく計算するかは会社の決めの問題です。この点からも、自社ではどのようなポリシーで計算を実施するのか、またその方法を採用するに至った理由をまとめて、補塡額の受け取り者である帰任された方たちに、文書での説明を用意しておくことが、帰任者からの追加の問い合わせなどを減らすためにも重要です。

b）本人に会社からの給与以外の所得などがある場合
　「手取り補償」や「税金補塡」を語る場合、日本企業においては「X氏の所得は自社から支給されるものだけである」、という暗黙の前提があるのではないでしょうか。しかしX氏に会社から支払われた給与以外の個人的所得等がある場合も見られます。この場合、これらも加味して確定申告を行うことになります。「会社からの給与だけの場合と比べて（個人的所得があることで）増えた部分の所得税部分まで会社が支払う必要があるのか」、という議論が生じることもあります。一般に多くの企業では個人的な所得にかかる税金部分まで、会社が負担することは想定していないのではないでしょうか。その場合、専門家に所得税の按分計算（Tax split）を依頼し、個人的な所得に起因する所得税額は個人が負担、会社から支払った給与（この場合、会社が負担したA国所得税額）にかかる所得税額は会社が負担する形が現実的

です。

② ａ社がＸ氏に代わりＸ氏のＡ国所得税を支払うが、最終的には日本本社
が当該所得税を負担する場合

こちらについても、支払いが国外で行われていますので、Ａ国で生じた個
人所得税（100）はＸ氏への「国外払い給与」として①と同様に処理すること
になります。

③ 日本本社が直接現地に支払いを行う場合

この場合、Ｘ氏に代わり日本本社が支払ったＸ氏のＡ国所得税は、Ｘ氏か
らみると「国内払い給与」に該当します。そのため通常の年末調整後、専門
家を使って再年末調整を行い補填額の通知および精算を行い、翌年、Ｘ氏が
補填額を受け取ることが一般的です。

④ Ｘ氏がＡ国の所得税を支払・負担する場合

赴任者本人が現地の所得税を支払・負担する場合は、Ｘ氏が自分の所得に
かかるＡ国の個人所得税を自分で払うだけなので、特に追加の手続きが必要
になるわけではありません。ただ、多くの企業は海外赴任者の所得税は最終
的に会社が負担することが多いので、この方法は日本からの海外赴任者に採
用するのはあまり一般的ではないかもしれません。また、仮にこの方式でＸ
氏に対して「Ａ国で正しく納税するように」と伝えても、この点について、
事前に文書で約束したり説明しておかない限り、Ｘ氏にとっては税負担が増
え、手取りが減るだけなので、正しく実行してもらえる保証はあまり高くな
いかもしれません。

２．日本帰国後に赴任者処遇の精算を行う場合
～海外勤務の対価であっても帰国時点で日本の（永住）居住者であれば日本でも課税～

企業の中には、自社子会社ではなく、関連会社の海外子会社に出向させる
場合に、いったん国内にある関連会社に出向させ、さらにその関連会社から
その会社の海外子会社に再出向させているケースがあります。具体例には以
下の通りです。

【図表12−9−2】海外勤務を終えた後に、処遇差の精算を行う場合（一例）

・A社は自社の従業員である日本人X氏を、会社都合でA社の関連会社
　B社の海外子会社に出向させる。
・ただしA社からB社の海外子会社に直接出向するのではなく、いった
　んB社に出向後、B社社員としてB社の海外子会社に出向する形態を
　とる。
・X氏はB社の社員としてB社の海外子会社b社に出向する。
・A社社員として海外赴任した場合の処遇よりも、B社社員として海外
　赴任した場合の処遇は低い。そのため、A社従業員であるX氏がB社
　子会社への再出向することで、A社の海外子会社に出向した場合と比
　べて不利益が生じないよう、B社への出向を終え、A社に復職した時
　点で、「A社の海外赴任者として赴任した場合の処遇」と「B社の海
　外赴任者として赴任した場合の処遇）」の差額を、A社から本人に支
　払う。

　この場合、差額補塡するA社としては「『本来、海外赴任中の勤務の対価
として支払うべき金額』をやむをえず『帰任後』に支払ったにすぎないため、
日本では所得税はかからないのでは」と思っておられることがあります。
　確かにこの差額補塡は「海外勤務に起因するもの」ですから、「国外源泉
所得」に該当すると考えられます。一方、X氏はすでに日本に帰任している
ため、日本の（永住）居住者に該当します。そのため、国外源泉所得につい
ても日本で課税が必要になります。仮に「A社赴任者としての処遇−B社赴
任者としての処遇」の額が1,000の場合、差額補塡を行う場合は、この
「1,000」に対して日本で所得税等が生じてしまいます。手取りとしてX氏に
「1,000」を支給したいのであればグロスアップ計算等の実施が必要になりま
す。
　（また、この「差額（1,000）」は赴任国での勤務に起因するため、赴任国に
とっては「国内源泉所得」に該当することから赴任国側において課税権を主
張される可能性はあります）

3．海外赴任中に定年を迎えた社員の退職金を日本帰国後に支払う場合

～帰国後に支給したからといって必ずしも各種税務リスクや手間が減るとは限らない～

　海外赴任中に定年退職を迎えるケースも時々発生します。海外勤務できる人材が限られていること、経験ある人に定年後も海外勤務を継続してもらうのが現地の経営上安定していること等がその理由です。

　多くの日本企業では退職時に退職一時金等が支払われますが、海外赴任中に退職金を受け取ると、赴任先国の税法次第ではありますが、当該退職金は過去の勤務の対価として、その全額または赴任国での勤務期間に相当する退職金を納める必要が出てきます。また、日本においても、「退職金のうち、日本で勤務した期間部分」について20.42％の税率で源泉徴収が必要になります。

　一方で退職金の支給を受けた本人が確定申告を行うことにより、居住者として受領した場合と同等の計算方法で所得税を算出し、その税額が非居住者として20.42％の税率で徴収された所得税額を下回る場合には、その差額について後述の通り還付を受けることは可能です。ただ、その手続きも面倒ですし、何より、海外滞在中に退職金を受け取れば、赴任国で課税され、赴任国で多額の所得税を払う必要が出てきます。海外赴任中に退職を迎えた後もそのまま海外勤務してもらう理由が会社都合であれば、退職金に関する任地の所得税を会社が負担するケースが多いのではないでしょうか。

　そのため、退職金の支払いを退職時点ではなく、本人の同意のもと、日本に帰国後とする企業もあります。そうすることで、任地での退職金の課税や日本での非居住者としての課税など、面倒な事態を避けられるだろうと考えているケースもあるようです。

　具体例で説明すると以下の通りです。

【図表12－9－3】海外赴任中に定年を迎えた社員の退職金を日本帰国後に支払う場合（一例）

> 　Ａ社社員Ｘ氏は、Ｂ国にあるＡ社現地法人ａ社に出向している。出向期間中の2022年に定年を迎えたが、そのままＢ国での勤務は継続する。

　定年退職金は本人が日本に帰任した後に支払うことになっており、本人もそれに合意している。

① 退職金にかかる海外の所得税

　この点について、まずＢ国の所得税に関しては、退職金の支給繰り下げを行い、日本帰国後に退職金を支払った場合でも、Ｂ国勤務期間相当分の退職金は、Ｂ国での勤務の対価として、Ｂ国側で課税権を主張される可能性はゼロではないという点に留意が必要です。すでに海外では、日本企業からの赴任者は、60歳等一定の年齢になると退職金（タイショクキン）という名称の、かなりまとまったお金が日本本社から支払われていることは周知の事実です。

　そのため、日本からの赴任者の所得税申告に関する税務調査において狙われるポイントの一つとなりつつあります。つまり、仮に退職金支給の繰り下げを行い、その国を離れた後に支払った場合であっても、「少なくとも自国に赴任していた期間部分に相当する退職金は、自国で納税せよ」と主張されるリスクもゼロではありません。確かにＢ国から日本に帰国した後に支払われた退職金について、仮にその退職金の中にＢ国での勤務の対価が含まれていたとしても、すでにＢ国を離れた後の部分についてまでＢ国側で捕捉するのは難しいかもしれません。ですが、前述の通り、Ｂ国勤務期間に相当する部分の退職金についてはＢ国源泉所得として、理論上はＢ国に課税権が残っているといえます。そのため「Ｂ国から帰任した後に払えば大丈夫」と言い切ることはできない点に留意が必要です。

② 日本の所得税

　日本の所得税についても注意が必要です。海外赴任中に退職日が到来したものの、退職金の支払いを日本帰国後に行ったとしても、退職金の支払の起因となった日（退職日）に非居住者であれば、仮に帰国後に退職金を支払ったとしても、「非居住者」として20.42％の税率で課税が必要になります。帰国後に受け取ったからといって、「居住者」として計算方法にはならない点にご留意ください。

　つまり、退職金の支払いがたとえ日本の帰国後であっても、あくまで「非居住者」としての課税が必要になります。そのため、国内源泉所得部分については20.42％の源泉徴収が必要です。「退職所得の選択課税」制度の適用を

受けることで税負担を減らしたい場合は、退職手当等の支払いを受けた翌年1月1日以後または同日前に退職金等の総額が確定した場合には、その確定した日のどちらか早い日以後に、一定の事項を記載した確定申告書を税務署に提出して、20.42％で徴収された税額との差額の還付を受けることができます（源泉徴収されるべき所得税のうち、未納付分は当然ながら還付されません）。

　上述の「退職所得の選択課税」の申告はあくまで納税者の任意選択によるものであり、還付を受けるための申告書に該当します。

　還付申告は、還付のための申告書を提出できる日（翌年1月1日）から5年間の期間内に行うことができます。つまり、このケースですと、退職金の収入すべき日の翌年1月1日（2023年1月1日）が起算日となり、そこから5年以内（2027年12月31日）が還付請求期限となることに留意する必要があります。

４．その他

①　帰任時の支度金

　赴任時と同様、帰任時にも支度金を支払う企業が多いと思います。

　帰任前に支払った場合は、日本の非居住者に該当すると考えられるため、当該帰任支度金の支給目的に応じて国内源泉所得に該当するか、国外源泉所得に該当するかで日本で課税されるか否かが異なります（国内源泉所得に該当する場合は、日本での支払い時に20.42％の税率で源泉徴収が必要になります）。

　一方、帰任後に支払った場合は、居住者として税率でその全額が課税されます。

②　帰任後初めて受け取る給与・賞与

　赴任後または帰任後最初に受け取る給与や賞与については、その計算期間の中に国内勤務期間分と海外勤務期間分の両方が含まれる場合が少なくありません。

　日本の従業員の場合、日本で勤務した期間相当分は国内源泉所得、日本国外で勤務した場合、国外源泉所得に該当します。赴任後初めて支払った給与については、その計算期間に国外勤務期間が含まれていれば非課税になりま

すし、賞与については国内勤務期間部分についてのみ、20.42％の税率で源泉徴収が必要です。

　一方、日本に帰国後は、日本人の場合、帰国した翌日から日本の永住居住者に該当します。

　そのため、日本の永住居住者に該当しますから、当該所得が国内勤務期間か国外勤務期間かにかかわらず、帰任後最初に受け取る給与・賞与についてはその全額について日本で課税になります。

5．その他帰任時に必要な手続き

　その他、税務以外でも帰任時に実施すべきことは以下の通り多々あります。

【図表12－9－4】帰任に際して必要となる手続き

```
・帯同子女の学校手続き（願書取寄せ、編集手続き）
・赴任中に受けていた通信教育や、通学している学校への退学手続き
・引っ越し手配
・帰任支度金支払い手続き
・帰任休暇の申請
・帰任後健康診断
・介護保険適用除外非該当届提出
・国内残置荷物の引取り
・通勤手当支給申請
・住民票転入手続き
・印鑑登録
・運転免許証手配
等
```

6．最後に

　帰国後に会社が負担した任地所得税を本人の所得として日本で課税しているかは、税務調査でも指摘の多いポイントです。「現地での納税は現地に任せているので日本側では把握していない」という企業もありますが、「把握

していないからわからない」で済まされるわけではありません。一度、現地側にも確認されることをお勧めします。

Q12-10

源泉所得税に関するよくある調査項目

　そろそろ源泉所得税の実地調査が入る時期に近づいていると思われます。他部門から異動してきたばかりなので、源泉所得税の調査を受けるのは初めてですが、海外赴任社員に関する具体的な調査項目について教えてください。

A12-10

　海外赴任者に関連し、源泉所得税の実地調査で確認される可能性があるのは以下のポイントになります。あくまで一部であり、実際にはもっと細かい点まで確認される可能性はありますが、少なくとも以下の点については確認がされると認識したほうがよいでしょう。

【図表12-10-1】源泉所得税の調査のポイント

	調査に備えて 確認しておいた方がよいポイント	赴任国側での留意点
1	海外赴任者の一時帰国の状況 （入国日、出国日、勤務地国等）	日本に帰国する期間が長期化すればその分だけ赴任国滞在日数は少なくなり、場合によっては赴任国側で非居住者に該当し、税務上の取扱いが異なる場合もある
2	海外勤務中に退職した赴任者に対して支給された退職金のうち、当該退職金の計算期間に日本国内での勤務期間が含まれる場合	赴任国側でも当該退職金については課税されると考えられる
3	永年勤続表彰金等、当該支払いの対象に国内勤務期間と国外勤務期間の両方が含まれる場合	赴任先でも課税対象となる可能性
4	日本の取締役が海外に赴任し、赴任中も日本払い給与が発生している場合	同じ所得に日本でも赴任国でも課税される場合、赴任国側で外国税額控除の適用を受けられる可能性はある（ただし受けられる控除額と、控除を受けるために必要な手間やコストを総合的に検討する必要あり）
5	日本出国後に支給する賞与の計算期間に、国内勤務期間が含まれる場合	赴任国側で課税される範囲について要確認
6	日本出国後に支給する給与の計算期間が、全て国内勤務期間に該当する場合	赴任国側で課税されるか要確認

7	海外赴任者が海外勤務を終え帰任した後に、現地の個人所得税を会社が負担した場合	帰任前に赴任国側での所得税支払がすべて完了するケースは少なく、帰任後に任地所得税の支払いが発生するケースは多い。帰任者については帰任後に任地で発生した所得税がどうなっているか確認が必要
8	海外赴任者の自宅を社宅として借り上げている場合	赴任国側が「居住者は全世界所得課税」という考えの場合、日本での家賃収入も任地で申告の必要あり。申告しておらず、現地の税務当局から指摘を受けているケースは少なからず存在する

13

日本の法人税

海外現地法人に出向する社員の給与等を日本本社が負担する場合

海外赴任者に支払う給与・手当・賞与等を日本の本社で負担する場合、寄附金課税されるのでしょうか。

1．なぜ出向者の給与は出向元に支払ってもらうべきなのか

企業の中には、海外の現地法人に出向している社員の給与を全額または大部分について、日本本社が支給しているケースも見られます。会社としては「出向中とはいっても、自社の社員であることには変わりがないのだから、当該社員の給与を、出向元である日本本社が支給しても問題ないだろう」と考えていることも多いようです。

しかし、自社の社員が海外で勤務している先が、仮に自社の100％子会社であっても、自社とは別の法人です。よって、出向者にかかる費用は全額、出向先に負担してもらうのが当然です。

2．日本側が費用負担しても問題ないケースはあるのか

法人税基本通達 9‐2‐47によると、出向先が経営不振で賞与を支給することができない場合や、出向先法人が海外にあるため、出向元法人が支給する留守宅手当等の金額等を出向元（この場合日本本社）が負担しても、出向元の損金の額に算入することを認める、としています。ただ、どの程度の金額までなら損金に認められるかといった基準はありませんので、個々の企業の経営状況等に応じて、個別に判断されることになります。なお、この考え方は出向元と出向者の雇用関係のもとに成り立っています。そのため、日本で役員の立場にある方は出向元との関係は委託契約にもとづくものです。そのため、以下の通達の適用対象にはならないと考えられます。

【図表13－1－1】出向者に対する給与の較差補塡

> （法人税基本通達 9 - 2 - 47）
> 　出向元法人が出向先法人との給与条件の較差を補塡するため出向者に対して支給した給与の額（出向先法人を経て支給した金額を含む）は、当該出向元法人の損金の額に算入する。（昭55年直法 2 - 8 「三十二」、平10年課法 2 - 7 「十」により改正）
> （※）出向元法人が出向者に対して支給する次の金額は、いずれも給与条件の較差を補塡するために支給したものとする。
> 　1．出向先法人が経営不振等で出向者に賞与を支給することができないため出向元法人が当該出向者に対して支給する賞与の額
> 　2．出向先法人が海外にあるため出向元法人が支給するいわゆる留守宅手当の額

3．日本側が費用負担する際に必要なこと
～費用負担に関する契約書の作成～

　出向者にかかる費用について、出向元と出向先のそれぞれがどれだけ負担するかを明確にした契約書の作成も必要です。また、日本側が海外出向先に代わって立替払いしている際は、いつの時点でその費用を回収するべきかも、明確に取り決めをしておくことが求められます。また、設立当初の海外子会社は通常、赤字であるため、海外赴任者にかかるコストの多くを日本側が負担しているケースが大半です。しかし、海外子会社が黒字になった後も、海外赴任者のコストについて、相変わらず日本側が負担している場合、税務調査の際に、何らかの指摘をされる可能性が高いでしょう（前回の税務調査で何も指摘されなかったからといって、安心していてはいけません）。よって、費用負担割合は、その都度見直しをする必要があります。

4．勤務地国での税務
～日本払い給与も赴任している国で申告・納税義務あり～

　海外勤務している社員は通常、勤務地国の居住者になります。また、日本本社が支給している給与・手当・賞与等は勤務地国で勤務していることの対価となりますので、当然ながら勤務地国で所得税の申告・納税の対象となります。企業の中には、日本払い給与について、海外で納税していないケースもありますが、適切ではありません。現地払い給与と共に、日本払い給与もあわせて海外で申告・納税する必要があります。

　「日本払い給与・賞与・福利厚生関連費用は勤務地国側では見つからない

だろう」という理由で、または、申告する必要性を知らずに、申告していないケースもあります。無申告のままでいると、勤務地国における税務調査等を通じて納税すべきことが判明し、さかのぼって課税され、勤務地国における無申告加算税や延滞税なども課されることになります。よって、日本払い給与・賞与・福利厚生関連の費用は必ず勤務地国にて納税することを徹底する必要があります（詳細は本書Q14－1をご参照ください）。

５．参考（他社状況）

(1) 海外赴任者コストの負担先

「海外赴任者にかかる費用負担先をお答えください」との質問に対する回答結果は以下の通りです。

【図表13－1－2】海外赴任者の費用負担先

回答選択肢	回答数	比率
出向先が全額負担	98	37%
出向元・出向先がそれぞれ一部負担	80	30%
出向先により負担割合は様々	54	20%
出向元が全額負担	17	7 %
把握していない	5	2 %
その他	11	4 %
無回答	1	0.4%
合計	215	

出所：2021年12月「海外赴任者処遇・税務等実態調査結果
　　～第一回　コロナ禍一時帰国時の取扱い、赴任者総コスト、法人間費用負担～」
　　EY 税理士法人・EY 行政書士法人より引用

(2) 海外赴任者費用負担の契約書締結状況とその体裁

「費用負担の契約を締結している場合、契約書の体裁についてお答えください」というアンケートに対する回答結果は次の通りです。参考になさってください。

【図表13－1－3】海外赴任者の費用負担の契約書締結

回答選択肢	回答数	比率
共通のひな型をもとに作成	141	53%
出向先毎に契約書の内容は異なる	54	20%
把握していない	32	12%
費用負担契約書は作成していない	21	8 %
無回答	18	7 %
合計	266	

出所：2021年12月「海外赴任者処遇・税務等実態調査結果
　〜第一回　コロナ禍一時帰国時の取扱い、赴任者総コスト、法人間費用負担〜」
　EY 税理士法人・EY 行政書士法人より引用

海外赴任者コストの日本本社の負担の妥当性説明に際して生じる課題

　今回の税務調査において日本本社が負担している海外赴任者コストについて指摘を受けました。そのため、次回の税務調査に備え出向契約書の整備や、赴任者コストについて現地法人側と建設的に話し合い、あるべき姿を検討しなおしたいと考えています。これらの活動を行う上で、課題になりそうなことがあれば教えてください。

1．はじめに知っておくべきこと

　海外赴任者にかかるコストについては、労務の提供を受けている出向先がその費用を全額負担するのが本来あるべき姿です。しかし、現実にはそうなっていないケースも少なくありません。

　一方で、税務調査においては本件について指摘されることも多いため、赴任者コストに関する費用負担の在り方を改めて見直すことを検討されている企業も増えています。

　海外赴任者（出向者）に対して出向期間中にどのような手当や福利厚生を提供するかは通常、日本本社の海外赴任者規程で定められています。海外赴任者規程の内容は本規程の所管部門である人事部の方は把握しているので、どのような項目の費用が生じているかは海外人事ご担当の方はご存じです。ただ、一人当たりどのくらいの金額なのか、項目ごとにどのくらい発生しているのか、という点までは細かく見ていない企業が多いように感じます。

　一方、出向者コストを日本負担していることの税務リスクについて最も気にされていると思われる本社税務部門の方はどうでしょうか。上記の通り、海外赴任者の処遇を把握しているのは人事部門です。そのため、税務部門の方は、ご自身に人事部にいた経験や、海外赴任された経験がなければ、そもそも海外赴任者規程にじっくり目を通す機会もないのではないでしょうか。そのため、海外赴任者にどんなベネフィットが支払われているのか、人事部門と密接に情報交換していない限り、知る由もありません。

　つまり、海外赴任者に対してどこでどのような費用がかかっているかについて、税務部門の方が人事部の方以上に把握しているというケースは少ないといえるでしょう。また、両者間で本件について密に情報交換したり、連携

している企業も決して多くないようです。

　では海外現地法人側はどうでしょうか。「赴任者コストは全額現地法人負担」が徹底している一部の企業以外では、現地法人が負担した赴任者一人当たりのコストを正確に把握している現地責任者は少ないと思われます。

　このように、本社、現地法人共に、自社で負担している具体的なコストですら正確に把握できていないので、相手側（日本本社側にとっては現地法人、現地法人側にとっては日本本社）が負担している額は知る由もないでしょう。

　赴任者一人一人に対して日本本社・現地法人それぞれで具体的にどの費用にどれだけかかっているか、把握できていない状況です。仮に把握している場合でも「子女教育費は現地法人」「赴任支度金は日本本社」といった形で最終負担者が表に整理されている程度で、本当にその通りになっているとは限らないこともあります。

　そのため、「今後、出向者コストは"日本側が負担することが妥当な項目や金額"以外は全て現地法人が負担する方向にしていこう」と思っても、そもそも総コストが分からないため、議論をしようにも、何をもとに議論すればよいかわからない、という状況になっていることが少なくありません。これは本社や現地法人から、海外出向者に関してどのタイミングでどんな費用がどのように支払われているかを把握できていないことを表しています。

　そのため、妥当な費用負担配分の検討も難しい上、出向契約書も拠点により異なっていたり、そもそも契約書が存在しない拠点も少なからず存在します。そのような状況であることから、税務調査時に費用負担根拠を明確に説明することは困難です。現地法人側に費用請求しようにも前述の通り、具体的な負担額がわからないため、交渉が前に進まないという状況になりがちです。

　以下では出向者コストを負担する本社側が抱えている課題とリスク、その解決策をまとめてみました。

2．海外赴任者コストに関する課題とリスク

(1)　課題1：海外赴任者コストの実態がわからない

①　具体的状況

　海外赴任者費用の問題に真剣に取り組もうとする企業においては、まずはコスト把握ができていないことが問題であると考え、赴任者1名につき、ど

れだけのコストが発生しているのか具体的に把握するところから始めることが多いようです。

　そうしないと「赴任者一人当たりにかかっているコストがＸ、そのうち現地法人が負担する額はＹ、日本本社が負担する額はＺ、日本本社負担分は◎◎という観点で妥当性がある」と説明しようにも、そもそも「妥当な負担額」を算定することができないからです。そのため、赴任者に関して生じたコストを把握しようと動きますが、これら（ＸやＹ、Ｚの額）を正しく把握するための作業は思った以上に大変です。

　本社側で現地法人コストも含め総コスト（上記Ｘ）を把握し、管理しているケースは外資系企業では頻繁にみられますが、日本企業においてはそのようなケースは決して多くありません。たとえば本人に直接支払う給与や手当の額はある程度把握していても、赴任先で生じる所得税・社会保険料の額、海外赴任者の国内源泉所得について生じる日本での源泉所得税額、海外旅行保険料や健康診断費用、予防接種費用、海外赴任者規程に基づき会社負担する医療費等はまとめて支払っているため、一人分づつ把握している企業は少ないようです。

　つまり、必要に応じて必要な費用を払っているだけで、「海外赴任者にかかるコスト」として細かく管理されていないのです。製造コストは一円単位で管理され、日々経費節減に努める一方、国内勤務者と比べて２〜３倍以上かかる海外赴任者コストについてはいわゆるどんぶり勘定の企業が多いのも日本の企業の一つの特徴かもしれません。

　このような状況のため、本社と現地法人間で出向者コストについて議論しようにも、議論の土台になるコストに関する正確な情報がない、または情報はあるものの、それらがお互いに共有されていなかったり、「赴任者コスト」の定義が人により異なるため、一つの事実に基づいて議論を行うことができず、「何に基づいて議論しているのかわからない」状態になります。そのため、議論が一向に前に進みません。そのうち旗振り役だった担当者が異動、いつの間にかこの議論は立ち消えとなり、次の税務調査で指摘等を受け、再び同じ議論が再燃するという状況も見られます。

②　解決策
　コスト把握を行うために考えられる解決策を２つご紹介します。

a）海外赴任者規程を頼りに支給項目を洗い出す

　まずは海外赴任者コストについて日本本社と現地法人が一つの事実に基づいて議論できるための情報を集めることが重要です。それには、赴任者一人当たりに赴任時、赴任中、帰任に際してどれだけのコストがかかっているのか把握する必要があります。

　調査する方法はいろいろありますが、たとえば自社の海外赴任者規程の中から、支出を伴う項目をすべて抜き出し、赴任者1名ごとに一覧表にまとめていきます。そのうえでかかったコストについて、どの法人がどのような形で支払ったり負担しているのか、順番に調べて記載していきます。もちろん、海外赴任者規程に記載していなくても支払っている費用（会社負担の社会保険料等）も多数あるので、もれなく一覧表に加えていきます。この作業は海外赴任者の処遇制度に精通している担当者に協力してもらう必要があります。また、海外拠点によっては海外赴任者規程には記載されていないものの、独自の制度としてベネフィット（配偶者の自動車等）を提供しているケースもあります。逆に海外拠点の経営環境が厳しいため、規程では支払われることになっているものの、海外拠点の負担が増えるからと支払われていない手当等がある場合もあります。その点は拠点側に細かくヒアリングする必要が出てくるかもしれません。

　また、いったん本社で支払ったものの、あとから現地法人から回収した費用（またはその逆の費用）などもある場合、それも考慮してどちらがどれだけ負担しているのかを明確にする必要があります。現地法人が負担した額で本社に報告が来ていないものについては、その都度、連絡してデータを送ってもらう必要があります。

　海外赴任者の個人所得税額は会社負担されているケースが多く、その額は赴任者コストに占める割合も非常に高いにもかかわらず、きちんと把握されていないことも少なくありません。こうして集めたデータを一覧にすれば、各人ごとの年間総額が把握できます。調査の結果、おそらく想像以上に一人当たりコストがかかっていることが判明するはずです。

　このように文書にすれば数行程度で済む内容ではありますが、実際に作業として行う場合、赴任者が多ければかなり手間がかかります。特に海外で払った費用は、その明細が外国語であり、それが英語でなければその解読だけでも一苦労です。明らかに支払っているはずなのに、明細が出てこないとい

う事態にも遭遇します。忙しい人事、経理担当者が仕事の合間にする作業としてはかなり負担が大きいのではないでしょうか。おそらく現実的には数名をサンプルケースとして取りあげるだけで精一杯かと思います。

　ただ、いったんこの作業を実施すれば、コストの全体像をつかむことができ、今後の方向性を考える上で非常に貴重なデータを得られます。この作業を通じ、今後はもっと簡単に情報を収集できる仕組みも検討できるかもしれません。

b）ITツールを活用する方法

　海外赴任者の報酬管理を行うツールなどを使い、赴任者にかかるデータの一覧表や赴任者に関してかかった費用の請求書等を同ツールに入れることで、そのデータを毎月読みとってくれるという仕組みも考えられます。また、二重計上がないか等も見分け、赴任国の所得税法に沿って課税・非課税項目別に整理した上で、各赴任者別に一覧表化し、正しい申告を行うためのデータとして活用することも可能になるかもしれません。

　さらに、赴任者ごとに集計したデータをもとに、赴任地別、項目別、赴任者別の分析も可能になりますので、「どのエリアの赴任者に最もコストがかかっているか」、「税金の負担が大きいのはどの国か」、「どの赴任者に一番コストがかかっているか（かかっていないか）」等が瞬時にわかり、今後の赴任者の配置計画や海外赴任者規程の見直しにも活用し、赴任者コストも考えて、事業戦略を考えることができます。

　いったん流れを作ってしまえば、毎年、苦労してデータを集めなくても全赴任者に対して個別の分析も可能になるため、非常に重要な情報収集・分析作業ではあるものの、一種のルーティンワークである本作業に貴重な人的資源を配置しなくてもすみます。

　ただし、こういったツールの導入までには社内での検討も必要になるため、「比較的早い段階でコスト把握をしたい」場合は、前述a）の方法が現実的かもしれません。

　なお、赴任先での所得税申告書から、発生した税額だけでなく、給与や手当・現物給与等をまとめて把握することは可能です。しかし、現地での所得税申告が正しく行われていることが確信できない状況では、申告書だけを見て総コストを把握することはできないかもしれません。本来申告すべきもの

が漏れている場合もあるからです。また、国によっては福利厚生関連費用の一部または全部が非課税の国もあるため、これら非課税となる福利厚生関連費用は申告書には掲載されないため、申告書は「赴任者にかかる総コストを把握するための資料」として必ずしも完全であるとは言えません。

(2)　課題2：拠点により出向契約書が異なる・または契約書そのものがない
①　具体的状況
　　税務調査時に出向契約書を提出するように言われることが多いことから、本社側と現地法人側で、出向者に関する費用負担等を明記した出向契約書を用意されているケースも少なくないと考えられます。
　　そのような状況でも海外拠点が複数ある場合、拠点ごとに契約書の内容や体裁が異なっていたり、拠点によっては契約書自体がない場合もあるようです。
　　よくあるのは、「拠点Aのみ専門家に作成してもらったといわれるものが存在、B拠点、C拠点は現地責任者が作成した1、2枚程度のごく簡単なものであり、税務対策等は施していないと思われる、D拠点はもう少しいろいろな内容が書いてあるがそもそも誰が作ったのか不明、拠点Aと似たようなことも書いてあるが、全く逆のことも書いてある。E拠点は英語版しかなく、現地法人側で用意したものと思われるが作成主旨は不明、F～I拠点は契約書そのものがない」等です。
　　また、出向者コストの負担方法や考え方も拠点ごとに異なっており、その違いについて根拠をもって説明できる状況でもありません。専門家に作ってもらった、とされるものであっても、あくまで法務や労務の観点からだけであれば、税務面の考慮は行われていない場合も多いようです。そもそも税務の観点も含まれているのかも明確でないことから、「専門家が作った拠点Aの出向契約書をひな型に他の拠点に展開する」ことが果たしてよいのかどうかもよくわからない場合もあります。また、前述の「課題1」についてきちんと取り組んだ上で出向契約書を作成または修正している場合は、費用負担について、拠点ごとに違いがあっても、その違いをある程度一貫性をもって説明ができますが、総コストを把握しないまま費用負担を考えても、漠然とした内容かつ、各拠点横断的なリスク対策を施した契約書を作ることができません。

② 解決策

　出向契約書の目的は大きく分けて「日本の税務調査において日本側が費用負担する合理的根拠を説明できること」「現地の税務リスクをできるだけ発生させないこと（出向がサービス PE とみなされないようにすること、出向者が出向先のためだけの業務を行っていること）」「費用負担について出向元と出向先でもめごとが生じないようにすること」等が挙げられます。国が違ってもこのポイントは大きく変わらないと考えます。

　そのため、これらの視点を全て含めた汎用的な契約書を作成、必要に応じて各国ごとにアレンジすれば、仮に今後、新たな国際税務上の課題が生じても、ひな型に変更を加えることで、当該ひな型をもとに作成した各国契約書にもその内容を反映させることができます。

　海外赴任者の中には現在の任地での勤務が終わっても、また別の任地で勤務する方も多いいので、同じ体裁にしておけば、赴任者にとってもわかりやすく、理解するための手間が省ける点で効率的です。

(3)　課題 3 ：税務調査時に費用負担根拠を説明できない

① 具体的状況

　出向者コストの一部を日本側で負担する場合、よく使われるのが「較差補塡」の考え方です。以下の法人税基本通達においては「出向元法人が出向先法人との給与条件の較差を補塡するため出向者に対して支給した給与の額」は損金に算入するとされています。

　そのため、従来からこの「較差」の考え方を使って説明していた企業も少なくありませんが、日本の給与水準が殆ど上がらない中、海外諸国の給与水準は上がっていることにより、この考え方での説明は工夫が必要になると考えられます。

【図表13－2－1】法人税基本通達9－2－47：出向者に対する給与の較差補填

> 出向元法人が出向先法人との給与条件の較差を補填するため出向者に対して支給した給与の額（出向先法人を経て支給した金額を含む。）は、当該出向元法人の損金の額に算入する。
>
> （注）　出向元法人が出向者に対して支給する次の金額は、いずれも給与条件の較差を補填するために支給したものとする。
>
> 1　出向先法人が経営不振等で出向者に賞与を支給することができないため出向元法人が当該出向者に対して支給する賞与の額
> 2　出向先法人が海外にあるため出向元法人が支給するいわゆる留守宅手当の額

② 　解決策

　日本側での費用負担の根拠については検討が必要ですが、その検討に際しても赴任者コストの全体像を把握したうえで、ロジックを考えることが必要になるといえます。

　赴任者にかかる全コストを明らかにすることで、税務調査時に日本側費用負担の妥当性を説明することができます。

(4)　課題4：本来、現法負担だが現法から回収できない

① 　具体的状況

　出向中は出向先のために働いているので出向先が費用負担するのが当たり前であるにもかかわらず、現地法人側も、長年、出向者コストの一部は日本本社が負担することが当然と考え、現地側で負担するための具体的な策を打とうとしないケースもあります。

　本社側がいくら説明しても、「出向者コストの送金はできないと聞いている」「出向者コストを日本本社に返戻すると、現地社員に日本人コストの高さを知られ、危ない目に遭うかもしれない」等と言われ、なかなかコスト回収に進まないケースも見られます。

　確かに出向者コストは出向先負担だから、とこれまで日本負担していた費

用を突然現地法人に請求する場合、その分だけ現地法人側の所得が減ることになります。そうすると、現地法人側の税務当局から目を付けられ課税されるリスク等も出てきます。

② 解決策

当たり前のことですが、出向者コストは出向先が負担する必要があることを丁寧に説明する必要があります。

そもそも出向者コストは出向先が負担するのは当然であり出向先が費用負担すること自体は何ら問題がありません。一方で、日本払分を現地請求する場合、現地の観点からみると、これまでにない請求の場合、現地側で税務リスクが発生することがあります。そのため、税務リスク低減の観点からも、請求に際しては、「実費での請求であること（マークアップは行わないこと）」「出向者は出向先のみの業務を行っていることが説明できる状態を作っておくこと（出向先が費用負担するのが当然であることの説明資料）」「出向先が負担するのに相応な額であること（過大な額でないこと）」「出向先での所得税申告が正しく行われていること」が重要です。

また、現地法人側に説明する際に気を付けたい点としては、「〇月から出向者費用は現地法人に負担してもらいます」といった一方的な連絡はやめた方がよいでしょう。

現地法人側に理解してもらえないばかりか反発され、現地法人との関係悪化につながることがあります。そのため、「なぜ今、出向者コストを本社では負担することが難しく、現地負担が必要か」についてその理由を丁寧に説明することが重要です。（例：寄附金課税されて最終的に出向者にかかるトータルコストが大きくなってしまい、グループ全体として不利益が生じる等）現地法人側も、出向者コストの負担額が増えると、現地法人の業績悪化や税務調査、現地社員に日本払い給与の額を知られることになるなど、懸念が生じます。そのため、現地側が懸念していることを丁寧に確認し、現地側の不安を少しでも解消するとともに、本社負担を継続することにより生じるグループ全体としてのリスク等を丁寧に説明することが重要になります。

14

赴任先の個人所得税

Q14-1
海外赴任者の赴任国の個人所得税申告漏れのよくあるパターン

　海外出向者の日本払い給与の申告が一部漏れていたようです。申告漏れのパターンについて教えてください。

A14-1

　海外出向者の税務問題について日本本社が最も頭を悩ませているのが、日本本社が海外現地法人に勤務する出向者にかかるコストを負担すると、日本の税務調査において「寄附金」として指摘され、課税されるリスクが高いことです。この問題については海外に社員を出向させている企業であればどこも非常に関心度が高く、何らかの改善策を検討するなど対応策がとられていることも少なくありません。

　しかし、この問題と同じかそれ以上に重要ながら日本の経営者の関心が非常に薄く、そのリスクすらあまり認識されていないことが多いのが、海外出向者の「赴任先での個人所得税の申告・納税漏れのリスク」です。

　この点を指摘すると、「仮に申告漏れがあっても見つかることはないだろう」という意見や、「出向者の申告は現地法人がきちんと行っているはずだから」「所詮、個人の所得税で大した金額ではない」などと真剣にとらえておらず、実際に正しく申告・納税が行われたかの確認を本社側で実施していない企業が多いことに驚かされます。

　しかし、いったん赴任先で個人所得税の申告・納税漏れが発覚すると、過去にさかのぼり課税されることがあります。海外出向者には海外勤務に関する各種手当が支払われているため日本勤務時より給与がかなり高いうえ、会社が負担した家賃や子女教育費なども赴任国で現物給与として課税対象にされていることも多く、社員一人当たりのコストは高額のため、正しく申告していなかった時の追徴税額も大きくなります。海外赴任者の所得税は会社負担とされていれば、この申告漏れによる追徴税額や罰金も会社が負担せざるを得ません。しかし、現地法人で負担が難しい場合は、最終的には本社が負担せざるを得なくなります。そうすると、冒頭に記載した「出向者にかかるコストを日本本社が負担している」として、寄附金課税の問題に行き着くため、任地個人所得税の申告漏れは、任地だけの問題では済まず、日本側にも大きな影響を与えます。

　そこで以下では、海外赴任者の任地での申告漏れが生じるパターンを実例を用いて説明しながら、その問題について日本本社、出向者本人、現地法人が留意しなければならないことを説明していきます。

1．申告漏れの類型

　長期（おおむね1年以上の予定）で海外に赴任している場合、海外赴任者の給与は、一般に日本払い給与、赴任国払い給与にかかわらず、すべて赴任国で納税する必要があるのが通常です。しかしながら、冒頭に記載した通り、一部の企業においては、日本払い給与・賞与及び現物給付について、赴任国で正しく納税を行っていなかったことを任地の税務調査等で指摘され、多額の罰金等を支払わなければならないケースが見られます。ではなぜこのようなケースが起きるのでしょうか。

　申告漏れの累計としては「①違法であると知りながら、任地で申告・納税していないケース」「②任地での申告・納税の必要性を理解していないケース」「③任地で申告・納税していると思っていたら、実はしていなかったケース」に分けられます。以下、順番に説明していきます。

①　違法であると知りながら、任地で申告・納税していないケース

　「違法であると知りながら、申告・納税していない」とはどのようなケースでしょうか。

　■違法であると知りながら任地で申告・納税していないケース
　イ．現地社員に日本払い給与・賞与を知られたくない。
　ロ．周辺企業も日本払い給与・賞与は申告していないので足並みをそろえたい。
　ハ．日本払い給与・賞与まで申告すると、任地の税負担がその分、大きくなる。
　ニ．申告しないといけないのはわかっているが、いったん申告すると、過年度の申告漏れまで指摘される可能性があるため、申告できない。

　以下に詳しく解説していきます。
　イ．現地社員に日本払い給与・賞与を知られたくない

日本払い給与・賞与の申告を現地法人を通じて行うと、現地法人の経理担当者（通常、現地社員の場合が多い）に、その内容や金額を知られることになります。

　「日本人海外赴任者には日本本社から多額の給与・賞与が支給されていることを現地の社員が知ってしまうと、彼らのモチベーションに影響する」「金額を知られると命を狙われる可能性がある」等として、日本払い給与・賞与をあえて申告していない事例もみられます。

　このように「現地社員に知られたくない」ことが申告しない理由であれば、海外赴任者の現地の所得税相当額を日本本社が負担する方法もあります。

　しかし、この方法だと日本の法人税法上、「なぜ赴任者にかかるコストを、赴任先であるＸ国現地法人が負担せず、日本本社が負担するのか。日本本社が負担するなら、その負担した額は、経費として処理せず寄附金として処理するべき」として日本本社の税務調査の際に指摘され、課税対象にされる可能性があります。

ロ．周辺の日系企業も日本払い給与・賞与等は申告していないので足並みを
　　そろえたい

　申告しなければならないことはわかっているものの、周辺の日系企業から、日本払い給与等は申告していないと聞いたので、横並び意識から同様に申告していないというケースです。

　周辺企業に合わせるというのは、良いことはともかく、悪いことについてはやめておいたほうがよいでしょう。

ハ．日本払い給与・賞与まで申告すると、任地の税負担がその分大きくなる

　たとえばタイに赴任しているＹ氏は、日本払い給与を申告せず、現地払い給与のみを申告していたとします。現地払い給与のみを申告している際、課税所得は年間60万バーツとしていたため、累進税率は15％でした。しかし、日本払い給与を含めて申告すると、課税所得は年間500万バーツになり、累進税率は35％になります。このように、所得が多くなれば累進税率も高くなり、会社負担すべき税金は飛躍的に高くなってしまいます。

　通常、海外赴任者にかかる赴任国の個人所得税は、実質的に会社が負担していますから、申告する所得が大きくなればなるほど、その国で支払うべき

個人所得税は大きくなり、その分、会社の負担が大きくなります。そのような理由から、本払い給与・賞与は申告していないことがあります。

ニ．申告しないといけないのはわかっているが、いったん申告すると過年度
　の申告漏れまで指摘される可能性があるため、申告できない
　上記「ハ」のような理由で、これまで現地払い給与のみ申告していたものの、やはり正しい納税が必要と認識を改め、日本払い給与も合わせて申告しようとしたとします。しかし、去年までは課税所得は60万バーツと申告したにもかかわらず、今年から急に500万バーツと申告すれば、「昨年までの報酬は本当に正しかったのか」と勘繰られる可能性も十分に考えられます。そのような理由から、「本当は正しく申告したいのだけれど、正しく申告したことで、過年度の申告漏れを指摘されるきっかけになってしまうのでは」と心配し、この問題に直面した役員も、「自分の代でこの問題の蓋を開けたくない」と正しい納税を行えないまま何年にもわたって放置しています。しかし、その間にも申告漏れの累計額は増えていますから、そのリスクはますます大きくなっていく悪循環に陥っています。
　上記のような事情から、申告・納税の必要性を知りながら、実施していないという事例は少なからず見受けられます。

②　任地での申告・納税の必要性を理解していないケース
　「そもそも必要性を理解していない」というのはどのようなケースなのでしょうか。

■任地での申告・納税の必要性を理解していないケース
イ．法定社会保険料会社負担分を所得に含めていない
ロ．現物給与を所得として申告していない
ハ．会社負担した個人所得税を給与に上乗せしていない
ニ．日本払報酬等は源泉徴収しているため、赴任国で申告しなくてよい
　　と勘違いしている
ホ．赴任国は国内源泉所得のみ課税と聞いていたので、日本払い給与・
　　賞与は申告していない
ヘ．日本での家賃収入等が赴任国で申告・納税対象になることを知らな

かった

　ト．海外赴任中に受け取った退職金が赴任国で課税されるとは知らなか
　　った

　以下に詳しく解説していきます。

イ．法定社会保険料会社負担分を所得に含めていない

ⅰ　具体的事例

　中国現地法人Ｙ社は、中国の通達「国税発［1998］101号」に基づき、法
定社会保険料の会社負担分を免税扱いとし、赴任者の個人所得税の対象にし
ていませんでした。

　しかし、昨年の中国での税務調査において、「法定社会保険料会社負担分
を個人所得税に含めていない」と指摘され、過年度にわたり追徴課税されて
しまいました。理由を聞くと上記通達は2011年にすでに失効していたにもか
かわらず、現地法人側はそのことを知らず、この通達が現在も有効だと勘違
いして所得税の計算を行っていましたが、本社は現地法人が正しく計算して
いるだろうと信じ込んでいたため、この問題に全く気が付いていませんでし
た。

ⅱ　この事例から学ぶこと

　以前の通達が失効しているにもかかわらず、そのことに気が付かずに税務
処理を行っていたことによるものです。「中国は頻繁に法律が変わるからこ
のようなことが起きる」と思われるかもしれませんが、中国に限らず、他の
国においても、細部の取扱いは常に変わると思っておいたほうがよいでしょ
う。

　正しい知識を常にインプットする習慣をつけるか、信頼できる会計事務所
やコンサルタント会社から定期的に最新情報を得られる体制を作っておく必
要があります。

ロ．現物給与を所得として申告していない

ⅰ　具体的事例

　Ｂ氏は家族帯同で赴任し、子女を現地の日本人学校に通わせていました。
学費は全額会社（日本本社）が支払っています。以前、中国に赴任した際は、
子女教育費を会社が負担する場合は、個人所得税の課税対象とならなかった

ので、今回赴任した国においても、非課税扱いだろうと思っていました。一方、この国ではすべての現物給与は全額課税対象になっていたのですが、会社が負担した子女教育費を個人の所得として申告していませんでした。すでに申告漏れになってから数年が経過しています。自ら申告するべきか、このまま気が付かなかったこととして放置するか悩んでいます。

ⅱ　この事例から学ぶこと

　「中国では非課税扱いだったので、次の赴任国でも同じだろう」と以前の赴任国での取扱いを基準として次の赴任国で物事を進めると、大きな間違いをすることがあります。特に現物給与の取扱いは国によりさまざまです。たとえば家賃一つとっても、「会社負担した場合は非課税」「一定の比率に基づき課税対象」「全額課税対象」「個人の所得とは認識されないが、支払った会社側にフリンジベネフィットに対する課税がされる」等です。

　よって、現物給与の取扱いが確実でなければ、専門家に確認するなど、自分で勝手に判断しないことが重要です。

ハ. 会社負担した個人所得税を給与に上乗せしていない

ⅰ　具体的事例：「手取り補償」の意味を正しく理解していなかった

　Ｚ社では他社と同様、海外赴任者にかかる個人所得税は会社負担としていました。

　赴任者Ｃ氏の手取り報酬が100、税率が20％だったので、会社が個人所得税を20支払っていましたが、「会社が負担した赴任者の税金20は、本来、個人が支払うものであるため、所得として上乗せし、所得税の課税対象にしなければならない。」と専門家から指摘を受けました。

ⅱ　この事例から学ぶこと

　本来、個人所得税は本人が負担するべきものですから、個人所得税を会社負担した場合、当該個人所得税相当額も個人の所得に含めなければなりません。このため、「手取り100を保証するためには税金をいくら払わなければならないか」を逆算して計算を行う必要があります。

ニ. 日本払報酬等は源泉徴収しているため、赴任国で申告しなくてよいと勘違いしている

ⅰ　具体的事例

C氏はX国にある海外現地法人の社長であると同時に日本本社の取締役でもあります。

　日本本社からC氏に支払われる役員報酬は、日本で20.42％の税率で所得税が課税されています。「日本とX国は租税条約を締結しているので、二重課税は発生しないから、日本で課税された役員報酬はX国では申告しなくてよいだろう」と判断していたところ、赴任国で申告漏れを指摘されてしまいました。

ⅱ　この事例から学ぶこと

　「租税条約が締結されている＝二重課税は発生しない」とは限りません。日本本社が日本の取締役に支払う報酬は、日本から見ると（日本）国内源泉所得である一方、C氏がX国にずっと滞在し、X国の現地法人のために働いているのであれば、日本本社から支払われる役員報酬は、X国から見ても「国内源泉所得」に該当するでしょう。

　日本で課税されたからといって、赴任国で課税されないとは限りません。勝手に課税対象から外すことは避けたほうがよく、確実に非課税とわかっている場合以外は課税対象となると思っていたほうが安全です。

ホ．赴任国は国内源泉所得のみ課税と聞いていたので日本払い給与、賞与は申告してない

ⅰ　具体的事例

　E氏は台湾に赴任していました。給与は日本本社と台湾現地法人から受け取っていましたが、台湾では居住者であっても「国内源泉所得のみ課税」と聞いていたため、E氏の給与について、台湾では、台湾現地法人から支給された給与のみ申告し、日本払いの給与や手当、賞与については一切申告していませんでした。

ⅱ　この事例から学ぶこと

「国内源泉所得」は、たとえ国外から払われていたとしても、その国で勤務した所得であれば、一般に国内源泉所得に該当します。この事例は、会社側や赴任者が基本的な知識を身につけていなかったことで生じる間違いですが、同様の勘違いをされているケースは意外と多いので注意が必要です。

ヘ．日本での家賃収入等が赴任国で申告・納税対象になることを知らなかっ

た

ⅰ　具体的事例

　Ｆ氏は海外赴任中、空き家になった自宅を賃貸に出しており、それにより発生する不動産所得は日本で確定申告を行っていました。Ｆ氏が赴任するＧ国の所得税法では、居住者は全世界所得に対して課税されます。つまり、その人が受け取った所得であれば、それが国内で生じたものでも、国外で生じたものでも、すべてその人の居住地国（ここでいうＧ国）で課税対象となります（※）。

　つまり、日本で生じた不動産所得についてもＧ国で申告・納税する必要があります。しかし、日本本社側は、Ｆ氏が自宅を賃貸に出していることは知っていましたが、その所得がどのくらいあるのかはもちろん、Ｇ国で申告しなければならないことまで把握していなかったので、Ｆ氏の不動産所得については、Ｇ国で申告・納税していませんでした。現時点ではＧ国から申告漏れを指摘されていませんが、同様に日本で不動産所得のある他社の赴任者が、税務調査の際、個人所得について徹底的に調べられた際に不動産所得を申告していないことを指摘され、追徴課税されたことを聞き、会社として今後どのように対応すべきか悩んでいます。

（※）　居住者であれば全世界所得が課税対象となる国が多いですが、シンガポール、香港、台湾、マレーシア等は居住者であっても国内源泉所得のみ課税対象となります。

　また、国によっては外国人については、滞在期間が一定期間以内であれば、税法上の居住者に該当しても課税される所得の範囲が狭くなることがあります。

ⅱ　この事例から学ぶこと

　会社側は、「海外赴任者には会社が支払う給与・手当・賞与・その他現物給与しか所得がない」と思い込んでいる節がありますが、実際は海外赴任中に自宅を賃貸に出していたり、赴任中に自宅を売却したり、また、赴任者が資産家で、生前贈与などを受けているケースもあります。日本で勤務しているときは、報酬は税込で給与を支給していたので、本人の個人的所得である不動産所得等は本人が確定申告するだけであり、会社がその存在を知る必要性もなかったのですが、手取り補償方式の場合、「本人の手取り給与を保証し、赴任国で発生する所得税等は会社が負担する」としています。このよう

に規定している場合、海外赴任者の個人的な収入にかかる赴任国の所得税も、会社が負担するとも取れます。そのため企業によっては、「会社が負担する海外赴任者の赴任国での所得税は、会社の定める規程に基づき支払われる給与・手当・賞与・現物給与にかかるものだけに限定し、本人の個人的収入に関して現地でかかる所得税は、（会社負担ではなく）個人負担とする」と規定している企業もあります。会社の立場からは当然の取扱いでもある一方、赴任者の立場からは、「会社の命令で海外赴任した結果、現地で発生する税金をなぜ個人負担とさせられるのか」と憤りを感じるかもしれません。

　もっとも、会社からの給与等しか収入がない大半の方にとっては関係のない話ではありますが、給与以外の所得がある場合、正しく納税しようとすれば、会社にとっても本人にとってもどちらにとっても負担が大きいのが現状です。

ト．海外赴任中に支払った退職金が赴任国で課税対象になることを知らなかった
ⅰ　具体的事例
　Ｈ氏はアメリカに10年間赴任していますが、このたび、アメリカ現地法人での多大な貢献が認められ、日本本社の取締役に就任することになりました。取締役就任後もアメリカでの勤務は継続するため、従業員から役員に昇格する際に支給される従業員としての退職金2,500万円をアメリカ赴任中に受け取ることになりました。

　退職金を支給する段階になり、日本本社が調べたところ、退職金を支給する際に、日本勤務期間分に相当する部分について、20.42％の税率で課税が必要であること（ただし、本人が確定申告時に選択課税の適用を受けることで、支払った所得税の大部分が還付される）がわかりました。一方、このたび支給される退職金には、アメリカで勤務した期間分も含まれています。アメリカでは、居住者は全世界所得に対して課税されるため、この退職金に対してアメリカでも申告・納税が必要なことがわかりました。簡単に計算したところ、退職金をアメリカで申告すると、退職金の３分の１以上が所得税として徴収されてしまいます。

　そのため、赴任者にとって不利益が大きいことから、当初は退職金についても手取り補償方式で退職金を支給し、退職金にかかるアメリカでの税額は

日本本社が負担するつもりでした。

　しかし、日本本社の顧問税理士から、「長年、アメリカで勤務していた社員の退職金にかかる税額まで日本本社が負担すると、日本の税務調査において寄附金として課税される可能性がある」と指摘を受けました。

　そのため、アメリカ現地法人で退職金にかかる税額を負担してもらおうとしましたが、アメリカ現地法人は当社の100％子会社ではなく、アメリカ企業との合弁会社です。それもあってか、「日本の退職金制度に基づき支給される退職金にかかるアメリカの所得税を、合弁会社側が支払う根拠がない」と却下されてしまいました。

ⅱ　この事例から学ぶこと

　海外赴任中に退職金を受け取ると、日本と赴任国の両方で課税されてしまいます。退職金は金額が非常に大きいことから、課税されてしまった時の影響も非常に大きくなります。今回のケースのように、海外赴任中に退職金が支給された場合は、退職金の課税の問題は免れられません。そのため、海外赴任中に退職金を受け取ることが予想され、かつ、赴任国で所得税が課税される可能性があれば、その赴任国で発生する所得税はだれが（会社なのか、個人なのか）負担するのか、会社側と赴任者側であらかじめ決めておく必要がありますし、何より赴任中に退職金を支給することがないよう、赴任中に退職を迎える可能性のある人はできるだけ赴任させないか、退職日を迎えるまでに日本に帰国するなど会社側の事前の対応を決めておくのが望ましいでしょう。

③　任地で申告・納税していると思っていたら、実はしていなかったケース

　「申告・納税していると思ったら、実はしていなかった」とはどのようなケースがあるのでしょうか。

■申告・納税の必要性を理解していないケース

イ．現地法人が日本払い報酬を申告していなかった。

ロ．現地法人が税額計算を間違っていた。

ハ．会計事務所が計算を間違っていた。

ニ．会計事務所からの質問状に正しく回答していなかった。

ホ．本人任せにしていたら納税していなかった。

以下に詳しく解説していきます。

イ．現地法人が日本払い報酬を申告していなかった

ⅰ　具体的事例

　M社は海外に多数の現地法人を持つ大企業です。各現地法人には、日本からの赴任者を送りこみ、日本払い給与を含めて赴任国で正しく納税すること、納税資金は現地法人が負担することを現地法人の経理担当者に伝えていました。

　各現地法人は、本社からの指示に従って正しく納税していたのですが、ある現地法人のみ、本社からの指示が正しく伝わっておらず、現地法人払いの給与のみ申告しており、本社払いの給与・賞与・手当などは全く申告していないことが判明しました。

　これら日本払いの報酬が正しく申告されてない状況はすでに10年以上前から継続しており、過去の過少申告分にかかる税金や延滞税などを計算すると、億単位の金額になることが判明しました。

ⅱ　この事例から学ぶこと

　現地法人側に赴任国での納税一切を任せるのはよいのですが、このケースと同様に、現地法人側での計算ミスや勘違い、本社から必要な情報が得られないため正しく申告・納税が行われていない場合があります。よって、手取り補償方式の海外赴任者の所得税額計算に現地法人が慣れていないのであれば、会計事務所に依頼するほうが安心です。実際に、現地法人の経理担当者に赴任者のグロスアップ計算を依頼していると、低くない確率で計算方法が間違っていたり、課税所得に含めなければならないフリンジベネフィットを課税対象に入れていない、外国人赴任者に限り適用される所得税の優遇措置等を反映しないで税額計算を行っている等、計算が間違っていることもあります。

　また、本社側も、「正しく納税されているか否か」について、日本本社側で"正しく"確認しているのかをチェックするべきでしょう。細かい税金の計算は無理でも、「支払った報酬と税額を対比すれば、税率から考えて税額が少なすぎるのではないか」と気が付くこともあるでしょう。

　単に現地法人に対して、「日本払い給与・賞与は正しく申告しているか」と確認し、大丈夫と答えたからといって安心していてはいけません。

ロ．現地法人が計算を間違っていた

ⅰ 具体的事例

　Ｐ社では、中国に赴任している海外赴任者の個人所得税処理を中国現地法人に任せていました。現地法人は、日本本社からの海外赴任者M氏の日本払い給与を含めて申告・納税していたのですが、M氏の赴任中、中国の個人所得税の税率表が変更になったにもかかわらず、それに気が付かず以前のままの税率表を用いて税額計算をしていました。日本本社の経理担当者が中国に出張した際、M氏の所得税計算にかかる資料を見てそのことに気付いたのですが、すでに間違って処理してから数年が経過していました。

ⅱ この事例から学ぶこと

　現地法人任せにしていたため、間違っていたことに気が付かなかったケースです。もし、この経理担当者が中国に出張していなければ、間違った計算をそのまま継続していた可能性が非常に高いのではないでしょうか。上記(1)②と重複しますが、現地法人に任せる場合、申告した結果を必ず本社に連絡し、本社側がその内容をチェックできる体制をとることが重要です（ただし、この経理担当者のように間違いを発見できるだけの知識があればよいのですが、そうではない場合、申告・納税書類を見ても、それが正しいか間違っているかの判断は難しいかもしれません）。

ハ．会計事務所が税額計算を間違っていた

ⅰ 具体的事例

　Ｎ社では、海外赴任者Ｓ氏の赴任国での所得税の計算はとても複雑であるため、出向先の合弁会社に頼むと間違える可能性があると判断し、合弁会社から紹介された会計事務所に依頼していました。しかし、この会計事務所は地元の企業が顧客の中心であり、Ｎ社のような外資企業はもちろん、海外赴任者のグロスアップ計算等に慣れていなかったため、所得税の計算ミスをしていたのですが、そのことに誰も気が付かず、数年が経過していました。その後、申告・納税漏れが見つかったのですが、すでに会計事務所の担当者は交代しており、申告・納付漏れの経緯はわかりません。結局、申告漏れの税額と罰金を現地法人が払うことになりました。

ⅱ この事例から学ぶこと

　社内で海外赴任者の税額計算を行うのではなく、会計事務所に依頼したか

らといって、適切な先に依頼してないと、計算ミスなどが起きる可能性があります。

　よって、会計事務所に依頼する場合は、海外赴任者の税額計算について多数取り扱った経験のある事務所、また、自社の税務に関する考え方を理解してくれる事務所に依頼するのがよいでしょう。

ニ．会計事務所からの質問状に正しく回答していなかった
ⅰ　具体的事例
　Ａ社は、海外赴任者の税額計算についての経験豊富な会計事務所に海外赴任者の所得税計算を依頼していました。そのため、海外赴任者の所得税はすべて正しく申告・納税していると安心していました。しかし、赴任者が会計事務所から依頼された書類の作成を怠っていたことから、一部の所得に対して申告漏れがありました。
ⅱ　この事例から学ぶこと
　経験豊富な会計事務所に依頼したにもかかわらず、なぜこのような事態が生じたのでしょうか。会計事務所は正しい計算を行うことは可能ですが、会社とは異なる外部組織ですので、会社の給与支給方法や、本人の個人的収入までは把握していません。会計事務所は正しい計算を行うために、赴任者の所得等について正確な情報が必要です。そのため、海外赴任者や会社側に対して、所得税計算に必要な情報収集を行います。これらの情報をそろえて初めて正しく計算することができるのですが、海外赴任者や会社の中には、多忙等の理由で、その質問状に回答するのを忘れてしまったり、よくわからないからという理由で適当に書いて提出しているケースもあります。
　会計事務所は顧客から得た情報をもとに計算を行いますから、提供された情報自体が間違っていれば、その計算結果も当然ながら正しいものにはなりません。

ホ．本人任せにしていたら納税していなかった
ⅰ　具体的事例
・Ａ社では、ベトナムに海外現地法人を設立し、ベトナムで長期で赴任経験のあるＥ氏を採用することになりました。
　日本本社は「Ｅ氏はベトナムのことなら何でも知っているから、ベトナム

での個人所得税に関する処理も本人がきちんと行うだろう」と思いこんでいました。ところが数年経ち、日本払い給与の申告が漏れていることが発覚、E氏に問いただしたところ、税金は支払っていると主張します。よく聞いてみると、現地法人が支給した給与にかかる明細表に「TAX」と書かれた項目があったことから、てっきり自分の給与にかかる所得税はベトナムにおいて正しく納税できていると思い込んでいたのです。しかし、この「TAX」は、現地法人から支給された給与にかかる税金のみで、日本本社で支給された報酬にかかる税金は含まれていなかったことを知りませんでした。

　E氏は「私はベトナムでのビジネスの専門家だが、ベトナムの個人所得税の処理までは詳しくない。（日本でもする必要のない）個人所得税の納税手続きまで任されても困る」と憤慨していました。

・R社では外国人を採用し、本人の母国に赴任させていました。「母国に赴任するのだから、母国のことはなんでも詳しいだろうから納税も本人に任せよう」と、税込みで給与を渡していました。数年後、他の拠点で海外赴任者の日本払い給与の申告漏れが発覚したことがきっかけで、海外全拠点において納税漏れがないかチェックしたところ、この拠点においても納税漏れが発覚しました。本人に対し、なぜ納税していなかったのかを問い詰めると、「給与は手取りでもらっていると思っていた。総額支給とは聞いていない」と言い張ります。確かに「総額支給」と約束したことは当時の担当者には記憶があるのですが、本人との間に合意文書を交わしていたわけではないため、いくら話し合っても平行線です。かといってこのまま放置して、申告漏れが発覚し、支払漏れをしていた税金や罰金を払う段階になれば赴任者との間でもめ事に発展するのは明らかです。そのリスクや労力を検討した結果、最終的に会社側が折れて、納税漏れだった金額を支払うことになりました。

ⅱ　この事例から学ぶこと

　いずれのケースも「赴任者は現地事情に詳しいから、個人所得税の納税にも詳しいだろう。正しく処理しているだろう」と本社側が思い込んでいた結果、生じたケースです。

　この例のように、現地での滞在が長いからといって、赴任国の所得税法や、自らの給与や手当などの課税方法まで知っているとは限りません。駐在員自らが所得税の計算に関わっているごく少数の方を除いては、そのような知識がある方はほとんどいないと考えたほうがよいでしょう。しかしながら、本

社側が「Ａ国に長く赴任していた人＝Ａ国の"すべて"について詳しい人」と思い込んでしまうと、このような事態が生じることになりますので注意が必要です。

Q14-2

日本払い給与・賞与の申告漏れ等を起こさないためにできること

　申告・納税漏れが発覚すれば、後日大変面倒なことになります。では、日本本社、海外赴任者は何をするべきなのでしょうか。

A14-2

　「現地の個人所得税は会社負担だから、全部会社がやってくれるだろう」「赴任者本人の個人所得税だから、申告漏れがあっても、その責任は本人にあり、会社は関係ないだろう」「本社から来ている赴任者だから、現地法人は現地法人払い給与のみ源泉徴収しておけばよい」といった考え方では、申告漏れなどが起きる可能性があります。

　とはいえ、海外赴任中は現地法人の経営や技術指導、営業活動等の任務が中心であり、自らの個人所得税についてあれこれ考えている時間はありません。よって、まずは以下の点からお取り組みいただければと思います。

【図表14-2-1】日本本社・海外赴任者がすべきこと

【日本本社がすべきこと】

・海外赴任者の個人所得税に関する日本側の責任者を定める（またはその作業を委託できる外部専門家を探す）

・できるだけ日本側で一元管理を行う

・個人所得税が正しく納税できているのかどうか、確認できるスキームを作る

・海外赴任者を任地に送り出すために、きちんと赴任国の税務の概要を説明し、申告・納税漏れが起きるとどんな問題が起きるかを説明する

【海外赴任者がすべきこと】

・本社からの指示に正しく従うとともに、不明点は確認し、会社や会計事務所・現地法人任せにしない

・自らの所得税が正しく払われているか関心を持つ

・根拠不明の甘い話には耳を貸さない

　（その話に乗って正しく申告・納税を行わなかった場合、赴任者にもその責任の一端が及ぶことになる）

・給与以外の所得がある場合（不動産所得等）は、その存在を日本本社
　にできるだけ早く伝え、どのように対応するか検討する

Q14-3

海外赴任者の任地における個人所得税の管理方法

　海外赴任者の任地での個人所得税について、他社ではどのように管理しているのでしょうか。また、海外赴任者の報酬に関しての特徴を踏まえて望ましい管理体制について教えてください。

A14-3

1．海外赴任者の報酬の特徴

　通常、海外赴任者には、日本本社が定めた海外赴任者規程に基づき、海外勤務に伴う様々な手当、福利厚生が支払われています。この中には会社から本人の口座に直接振り込まれるもの以外にも、会社が支払った医療費や子女の学費などが海外赴任者のために支払われています。具体的には以下の通りです。

【図表14-3-1】海外赴任者の報酬の例

> 【現金で支給されるもの（本人の口座に入金されるもの）】
> ・基本給　・手当　・賞与　・支度金、着後手当　等
>
> 【会社が本人を介さず、ベンダー等に直接支払うことがあるもの】
> ・語学研修費（本人、帯同家族）・医療費　・海外旅行保険等医療関連保険料
> ・一時帰国時の航空運賃　・任地での自動車関連費用　・書籍、通信教育費費用
> ・荷物運送費用　・国内残置荷物保管費用　・子女教育費（小学校、幼稚園等の学費）
> ・赴任国の税金　等

　つまり、海外赴任者に対しては、支払う手当や福利厚生の種類が非常に多いこと、その支払い元や最終負担先が、日本本社であったり現地法人であることが特徴です。さらに支給の方法も本人口座に直接振り込みもあれば、サービスベンダーに会社が直接払う場合や本人が払う場合など多岐にわたって

います。つまり、日本国内で勤務を行っている場合と比べて、非常に複雑な状況になっているといえます。

　さらに海外赴任中の任地所得税は、本人ではなく実質的に会社が負担していることが多くなっています。本来、所得税は本人が負担すべきものですので、これら所得税を実質的に会社が負担すれば、会社負担した所得税相当額は本人の「所得」とみなされ、さらにそれに対して課税がされることになります。

2．日本企業における任地個人所得税の管理の方法

　典型的な事例3例および理想的な事例を順にご紹介していきます。

(1)　現地法人で所得税計算・申告を行うパターン

　海外赴任者の所得税申告を、会計事務所等を使わず、現地法人で実施するケースです。

　その国の法律上、出向者の申告書を会社が作成することに問題なければ、もちろんこの方式も選択肢として十分にあり得ます。しかし先にご説明した通り、海外赴任者の所得は多岐にわたっています。

　本人に対してグロスで定めた報酬額に基づき税額を計算し、その残りが本人の手取りとしているグロス支給方式ではなく、「これだけの手取りを補償するためには、総額として、いくら払うことが必要なのか」というネット補償方式であれば、複雑な税計算を現地法人側が行う必要があります。

　しかし現地側に海外からの赴任者の個人所得税計算実務に詳しい社員がいない限りは、この計算が正しく行えているとは限りません。以前はそういった社員がいたので現地法人内で正しく処理できていても、当該社員が退職してしまった後は、本件にあまり詳しくない後任の方が、見よう見まねで実施し、結果として間違っていることもあります。その結果、以下のような事例が生じ、申告漏れが発生したり、必要以上の税金を払っている可能性があります。

　この方式を採用している企業の中には「会計事務所でこういった業務を担当していた人を採用し、本件を担当させているから大丈夫」「会計事務所に頼むとコストがかかるので自社内で実施している」というケースが多いようです。前者については、確かに本業務に精通している人がいればある程度可能な場合もありますが、複雑な計算などは専門の計算ソフトなどを使わない

と実施出来ない場合もあること、頻繁に海外からの赴任者にかかる制度の改正がある国の場合、それを個人でフォローし、確実に毎年の計算に反映できるかという点については不安が残ります。また、「会計事務所に頼むとコストがかかる」という点ですが、確かに外注すればその分コストはかかります。ただ会計事務所を使うことで、これまで本業務を担当していた社内人材を他業務に回したり、削減することも可能です。そのため、外注コストを節約したことで後から申告漏れが生じるリスクも加味したうえで、どうするのが一番ベストか総合的に考えて検討する必要があります。

【図表14－3－2】【事例】現地法人で所得税計算・申告を行う場合に生じることがあるミス

- ・現物給付（会社負担の家賃や子女教育費等）を申告所得に含めていない
- ・グロスアップ計算が正しく行われていない
- ・任地担当者のコンプライアンス意識が低いと、日本払い給与・賞与が申告所得に含まれていない
- ・担当者が退職または異動になると過去の経緯がわからなくなる
- ・赴任者に適用できるはずの優遇税制が利用できていない

(2)　現地法人が契約した会計事務所が所得税計算・申告するパターン

　日本企業においては、現在もこのパターンが最も多いと思われます。専門家に依頼しているという状態なので、(1)と比較して大いに安心できる点も多いと思われます。しかしながら、現地の会計事務所は日本企業が一般的に海外赴任者に対してどのような給与や手当、福利厚生を払っているかまでは把握していないかもしれません。そのため、「提出された情報を正として申告作業を行う」ことになります。つまりは、本来、申告が必要であっても、日本本社がその必要性を理解していないと、日本本社が海外赴任者やその帯同家族にかかる費用として業者に直接支払った費用等について申告が漏れる可能性があります。

　そのため、もしこの方式を継続し続ける場合は、日本払いの給与や福利厚

生関連が漏れないよう、現地法人が契約した会計事務所側とも日本本社も含めて十分に打ち合わせを行い、「何が課税対象で、何が課税対象ではない（またはどういう項目は取扱いが微妙なのか）」「いつのタイミングで日本からデータを提供すれば期日までに申告・納税が可能なのか」等をしっかりと確認しておく必要があります。現地会計事務所は現地法人側と契約しているのであれば、本社との契約関係はないため、本社側とどこまで丁寧なコミュニケーションをしてくれるかわかりません。そのため任地の所得税申告もれを防ぐには、会計事務所との契約主体である現地法人に、より主体的に動いてもらう必要があるといえます。

　企業の中には、各国の赴任者の所得税申告は、「現地法人に任せているから本社側はわからない」と、それぞれの拠点でどのように処理されているのか、概略さえ把握していないケース（自社で実施しているのか、会計事務所等に依頼しているのか、依頼している場合、どこの事務所に頼んでいるのか）も少なからず見受けられます。このように本社側が関心がない状態であれば、現地法人側も、この件についてあまり重要な問題であると捉えなくなり、そのことが結果として申告漏れを発生しやすい土壌を作ってしまっているともいえるかもしれません。

(3)　日本本社が契約した現地会計事務所で所得税計算・申告

　上記(1)、(2)と大きく違うのは、現地に任せっぱなしではなく、日本側で管理が必要と考えておられ、主体的に管理されている点です。また、日本払い給与を現地法人側に知られないようにするために、海外赴任者の所得税申告について、現地法人側に関与させないために本社側で管理を行っている背景がある場合もあります。

　この方式の場合、上記(1)、(2)と違い、現地任せになっていない点で、きちんと管理されている可能性は高いといえます。ですが、本社側の担当者にとってその手間は膨大です。

　本社側の担当者は各国の会計事務所とのやり取りを担い、各事務所それぞれに自社ではどのような手当や給与がどのような形で支払われているかについて、都度説明する必要があります。依頼している会計事務所の数に比例し業務は煩雑化する上、各国によって申告時期や書類の提出時期は異なるため、毎月、常に会計事務所とのやり取りが生じる可能性があります。そのため、

海外拠点が多い場合、本社担当者は実質的にこの業務にほぼ専業にならざるを得ません。海外赴任者の税務に精通されていなければ、理解するのに時間を要し、より複雑な作業に感じられると想像されます。将来的に海外赴任者の各国の所得税に関する専門家になる、という具体的な目標がない限りは、モチベーションを維持し続けて実施するのは厳しいかもしれません。

【図表14－3－3】日本本社が契約した現地会計事務所で所得税計算・申告する場合

・書類のやり取りで本社担当者の負荷が大きい
・海外拠点数や赴任者数が増えるほど、付き合う会計事務所の数や、取り扱う書類の量が増えて、本社の担当者の手間が増える
・現地担当者次第ではあるが、現地側が必ずしも流ちょうな日本語を話すとは限らない。また実務担当者と日本語が通じなければ、さらに意思疎通が難しく誤解が生じる可能性がある
・日本本社の担当者が変更になると、過去の経緯が分らなくなり、管理上のミスが生じやすい

⑷　日本本社が日本のベンダーと契約し、現地所得税申告業務を一元管理

　日本の本社がグローバルな会計事務所の日本拠点と契約、そこから会計事務所のグローバルネットワークを使い、個人所得税の申告等を行います。

　日本企業でもこの方式が増えつつありますが、外資系のグローバル企業では最も一般的な方式です。この方式だと本社側で様々な情報を集約できます。

　この方式の場合、本社担当者は日本にいるコーディネーターとやり取りするだけでよく、本社担当者は申告に必要な書類をコーディネーターに渡せば、コーディネーターが各地の事務所に送付することになります。（または指定された場所にデータを置く形もあります）

　申告や納税に関する不明点、赴任者からの質問があればその都度、日本にいるコーディネーターに日本語で確認することが可能です。そのため、海外拠点数や赴任者数が増えても、本社担当者の手間は大きく変わらない点が特徴です。合理的に考えればこの方法は一番管理も楽で情報集約しやすく、申

告・納税漏れも生じにくい状況になります。

一元管理を行うメリットをまとめると以下の通りです。

【図表14－3－4】一元管理を行うメリット

【本社側のメリット】
1．赴任前
・一人当たりコスト試算実施で現地法人との費用負担を事前に決定可能
・任地の優遇税制を事前に把握、優遇税制利用に必要な赴任スキームを構築可能
・日本側で日本及び任地税務ブリーフィング実施、赴任者に説明責任を果たせる
・赴任国が違っても、会計事務所に対し、その都度海外赴任者制度を説明する必要が少ない
・両国の制度を考慮して赴任タイミングを決定することでトータルの税負担を減らすことができる

2．赴任中
・不明点は日本語で確認可能であるため、申告漏れリスクが低減
・税務調査を受けた際、内情を把握した専門家へ依頼することで対策を講じやすい
・本国、各国担当者がリアルタイムで情報を共有可能
・業務ナレッジの蓄積可能（本社担当者が変更の場合も安心）

3．帰任後
・帰任後に発生する任地所得や所得税にも最後まで対応できる
・必要に応じて日本側の申告手続きも依頼可能

【現地法人側のメリット】
・本社側で契約するので、現地法人側で契約書チェック・管理・更新業務が必要ない

・本社側で契約しているため、ローカルプロバイダーよりも、日本本社
　の状況（赴任者規程や赴任者に支払われている手当等）について把握
　していることから、何度も同じことを説明する必要がない
・日本側の情報をタイムリーに入手することが可能

【赴任者にとってのメリット】
・赴任者の個人的な問題（相続・贈与・株式報酬関連・退職金）も日
　本・赴任国双方について適時に相談が可能
・本社側の専門家が赴任者規程を熟知したうえで、対応策を取ることが
　可能

3．赴任者の所得税の申告漏れが生じるとどうなるか

　申告漏れが生じた場合、どのような状況が生じるのでしょうか。

　まず、申告漏れが発覚すると、過去にさかのぼり、申告漏れの所得税や罰金の支払いが課されることになります。これら罰金を赴任者本人に代わって会社が負担した場合、「会社が本人に払った給与（賞与）」とみなされ、赴任国でさらに課税されることになります。

　仮に一人当たりの罰金額が小さくても、赴任者数が多ければ総額はかなり大きくなり、現地法人では負担しきれなくなる可能性があります。この場合、会社負担する税相当額を日本本社が負担しなければならなくなることもあります。しかし、出向者のコストは本来、出向先が負担するものですので、それを本社が負担すれば、日本の税務調査時に「寄附金」としてみなされ課税される可能性も十分にあります。

　税務調査等で申告漏れが発覚すれば過去のデータを調べるための本社や現地法人の担当者の人件費も相当かかります。また、これらについて相談したり修正申告を依頼したり、場合によっては現地税務当局との交渉等を会計事務所等に依頼するためのコストもかかります。つまり、「漏れを生じないようにきちんと毎年手続き」を行うことが、本来であれば必要なかった費用を発生させないためにも最も重要です。「大したことはないからよいだろう。見つかるわけはないから大丈夫だろう」というその時の担当者や本人の考えが、あとで会社に多大な損害を与えてしまうことになります。

4. 今後、どう進めていけばよいか

　一元管理体制がとられていないと以下のようなリスクが生じる可能性があります。

　一気に全拠点を一元管理できる手法に変える場合、一時的には色々と変化があって大変ですが、落ち着けばそのあとは非常にスムーズです。結果として一番合理的な方法と考えられます。一方で、いきなり全拠点を一元管理できる体制にするのも不安、という場合は、まずは「現状で何らかの問題を抱えている拠点（現地法人での所得税計算がうまくいっていない、会計事務所を利用しているがサービス水準がよくない）」や「本社が直接現地法人事務所と契約しているケース」から順番に変えていくのも一つかもしれません。

　本社側で一元管理しないことにより生じる事例は以下の通りです。一元管理せず、現地法人にお任せするスタイルを継続される場合は、所得税申告が正しくなされているか、定期的にチェックすることをお勧めします。

【図表14－3－5】一元管理を行わない場合に起きうる事項

【赴任前】 ・コスト考慮しない人選の結果、高コストになる。自社のサービスや製品価格に影響し、競争力が低下する ・準備不足で赴任国の優遇税制の活用ができない ・海外赴任者からは煩雑な事務処理について不満が出る（業務に集中できない等） ・ローカルプロバイダは日本の税務に詳しくないため、日本と任地の二重課税の際の調整がうまくいかない 【赴任中】 ・うっかり申告漏れで、高額なペナルティが発生（延滞税を含めた額の負担） ・一元管理されていないなど、税務調査時、情報収集で多大な時間発生 ・うっかり申告漏れで、高額なペナルティが発生（延滞税を含めた額の負担） ・一元管理されていないなど、税務調査時、情報収集で多大な時間発生

【帰任後】
・任地及び日本での所得税申告もれ・源泉徴収漏れが発生する可能性
・任地のローカルプロバイダーの場合、日本の税務の視点に立ったアドバイスが難しい
・上記の結果、任地の税務には対応できても日本側の取扱いに課題があり、ペナルティを受けるリスク有り

5．税務担当部門に求められること

　多くの企業においては、海外赴任者の個人所得税や源泉所得税は人事部が所管しています。海外赴任者にまつわる業務は所得税以外にも給与、報酬、離職防止、赴任前トレーニング、医療、危機管理など多岐にわたり、人事担当者はこれらの問題でも非常に忙しく、赴任先の所得税まで手が回らない場合も少なくありません。

　しかし前述の通り、任地で申告漏れが生じた結果、当該費用を本社が負担すれば日本側での寄附金の問題も発生する可能性があります。そのため、本件に関しては税務部門も協力しながら体制構築するなど、人事部門に対して一定のサポートが必要になると考えられます。

15

赴任先の法人税

日本払い給与を現地法人に請求する際の留意点

　Q7-4では、海外赴任者の給与支給方法については、「1．日本と任地に分けて支給」「2．日本からのみ支給」「3．現地法人からのみ支給」の3パターンがあることがわかりました。

　日本払い給与を現地法人から回収する際、留意すべき点があれば教えてください。

A15-1

　本来、海外赴任者（出向者）のコストは出向先が負担する必要があります。最近の日本の税務調査においては、出向者にかかるコストを日本本社が負担していることを指摘され、寄附金として課税されるケースも増えています。また、給与較差補塡の概念で説明しても認められない場合もあることから、上記「1」「2」のような給与の支給方法を採用している場合、赴任者に対して日本側で払った費用は、現地法人に請求する動きが増えています。

【図表15-1-1】海外赴任者のコスト負担

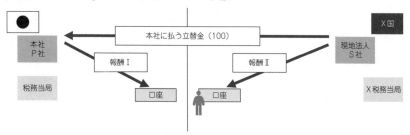

　ところがその送金に際して課税されたり損金性を否認される場合があります。

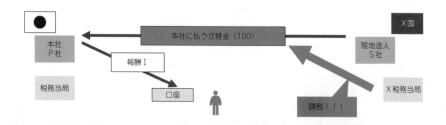

　具体的には次のようなものが挙げられます。順番に説明していきます。

【図表15－1－2】出向者コストを現地に請求する場合に考えられる税務リスク

1．海外赴任者がPEとみなされ、立替金相当額、P社がX国内に保有するPEに帰属する所得である、と捉え課税されるリスク
2．現地から回収した立替金に任地側で課税されるケース（ベトナムの外国契約者税等）
3．出向者コストを現地法人側が負担しすぎ、として損金不算入になるリスク

1．海外赴任者がPEとみなされるケース
【図表15－1－3】海外赴任者がPEとみなされるケース

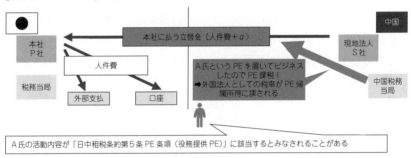

　一例ですが、出向者の人件費を立替金として回収に際し、当該立替金が、日本本社が中国に置いたPE（この場合、日本から中国への出向者）を通じて得た所得として課税される可能性があります。具体的にどのようなケースがPEに該当するかについては【図表15－1－4】が参考になります。以下は中国のケースですが、インド、タイなどでもこのようなPE課税の事例が見られます。

【図表15－1－4】海外赴任者は出向元（前記では P 社）の中国内 PE に該当すると考える場合

（国家税務総局公告2013年19号をもとに作成）

・役務提供を受ける中国企業（S 社）が P 社に管理費、サービスフィー等を払っている
・S 社の P 社への支払額が P 社の立替えた A 社の給与、賃金、社会保険料等より大きいこと（上記の「＋α」の部分）
・P 社は S 社が払った費用全額を A 社に支給せず一定金額を保留していること
・P 社が負担する P 社の給与、賃金の全額に対して、中国で個人所得税を納付していないこと
・P 社が出向者の人数、就業資格、給与水準・勤務地を決定していること
　上記いずれかにいずれかに該当し、P 社が A 氏の業務結果に対して責任およびリスクを負担する場合は PE とみなす。
※ただし上記に該当しても董事会の参加など、株主権利を行使するための人員派遣は PE として認定しない旨の記載がされている
➡つまり、上記に該当しないようにすることが PE 認定回避には必要

Q15-2
立替金の回収の際に課税されるケース（ベトナムの外国契約者税の例）

　海外赴任者の人件費を日本からベトナムに請求する際、ベトナム側で外国契約者税が課されますか。

A15-2

　海外赴任者の人件費を日本から相手国に請求する際、相手国で外国契約者税が課税されることがあります。ベトナムにそれがありますので説明します。

【図表15-2-1】ベトナムの事例

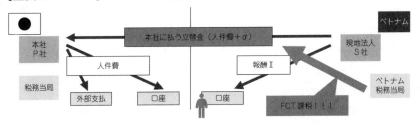

　この外国契約者税とは、外国法人（日本のP社）又は個人がベトナム国内法人（この場合S社）または個人に対してベトナム国内でサービス提供し、発生した所得（この場合人件費＋α）に課税されるというものです。

　具体例には上記図の通り、P社がS社に出向したA氏に関する人件費を支払、それをS社から回収する際、「人件費＜S社が親会社に払う額」の場合、「立替金の回収」ではなく、「S社はP社から人材派遣サービスを受けている」とみなされることになります。

　ベトナム税務当局からするとPEの有無に関係なく課税可能です。「○か月を超過する役務提供」等のPEに該当する条件を満たす必要がないからです。「PEに帰属する所得」の算定も必要がなく、税務当局にとって課税は容易です。逆にいうと、その分だけ、企業にとってはリスクが大きいといえます。

海外赴任者コストの損金算入が認められない場合

海外赴任者のコストについて損金算入が認められない場合があると聞いたのですが。

1．損金算入が認められない可能性

出向先が海外赴任者の費用を負担するのは当然ではあるものの、現地税務当局から、「出向先が負担すべき金額がそもそも妥当なのか」と判断されることがあります。

たとえば海外赴任者に対して日本本社から支給される賞与について、現地法人の業績よりも日本本社の業績に基づき支給されていることが多いと考えられます。そのため、現地税務当局からすると、「現地法人の業績でなく日本本社の業績に基づき請求されている賞与をなぜ現地法人側が負担するのか。もしも現地法人が負担するのであれば、それは『現地法人から日本本社への隠れた利益提供』に該当する」として、当該負担額の損金性を否認される可能性があります。また、「出向者といいつつも、実際は現地法人勤務中も日本本社のための仕事をしているのではないか」「赴任者に数千万円相当のコストがかかっているが、どうしても日本からの赴任者でないとだめなのか。同じ能力・経験のある現地人（現地採用日本人含む）の採用が可能なら、もっと低いコストで済むはずであり、当該海外赴任者に払う金額としては高すぎる。高すぎる部分は損金として認めない」とされる可能性もあります。

日本の税務調査で指摘されたからと、コスト全額を出向先に請求すれば日本側の税務リスクはなくなりますが、このように、逆に現地側のリスクが増えることも考えられなくはありません。コロナ禍で現地法人の売上が落ちている状況で、「今年から赴任者コストは全額現地法人負担とする」と一気に請求しようとすると、現地の税務調査で指摘される可能性もあります。

そのため、コスト請求を考える場合は、請求する金額の大きい国（赴任者が多い拠点は結果として請求額が大きくなります）、海外赴任者のPEリスクが高いと一般的に言われている国等への請求は、請求に際して事前に現地法人側や現地の税務についても日本側の税務と現地側の税務の双方を理解したうえで進めることをお勧めします。

Q15-4

海外赴任者コストの請求に際しての留意点

海外赴任者のコストを相手国に請求する際に気を付けることについて教えてください。

A15-4

PE リスクや損金不算入リスクについてこれまで特に聞いたことがない場合であっても、任地税務当局から指摘を受けたりしないよう、海外赴任者コストの回収に際しては、以下の点に留意されることをお勧めします。

1．実費での請求であること

海外赴任者コストの請求である場合、マークアップ等は行わず、実費での請求が妥当です。後から何らかの指摘が入ったときに備えて、その内訳も準備されることをお勧めします。そのためには、海外赴任者に対してどの部門がいつどれだけ払ったのかを明確にしておく必要があります。企業によっては、「赴任者関連支払いのうち、〇〇については本社部門が、××は事業部門が払う」といった形で項目ごとにばらばらに支払われていることもあり、本社で支給していながらも、当該海外赴任者に対して何をいくら支給したかがわかりにくい状況である場合も見られます。

これを機会に海外赴任者一人当たりにどれだけ支払っているのかを整理すると、赴任計画や赴任者選考方法の見直しにもつながるかもしれません。また、赴任後最初に支払う賞与の計算期間の中には、日本での勤務期間に相当する部分が含まれていることも少なくありません。その場合、日本勤務期間部分まで任地に請求すると、任地での損金性を否認されるリスクもあります。

帰任後最初に支払われる賞与も同様に、任地勤務期間が入ってきますので、その部分をどう扱うかも含めて一度検討されておくことをお勧めします。

2．出向者は出向先のための業務のみを行っていると示せる状態にしておくこと

任地の税務当局から「出向しているといっても名ばかりで、実質的には本社の仕事をしているのではないか」とみられると、損金性を否認されたり、出向者が日本本社のその国における PE ではないか、という疑念を持たれる

ことにつながります。

　もし、日本本社のための業務も一部行っているのであればその部分についての請求は行わないようにするなど配慮が必要になります（ただし、日本業務を行っていることが明らかになることで海外赴任者（出向者）のPEリスクが高まる可能性もあります）。

3．出向先の税務当局から見て妥当な報酬水準・費用負担水準であること

　通常、海外赴任者については様々な手当や福利厚生が提供されるため、その分だけ報酬は高くなります。ただしその額が同一の能力・経験を有する現地社員と比較して必要以上に高いと判断されれば、その差額部分の損金性を否認される可能性はあります。

　日本企業の給与水準はすでに世界の中でも高いとはいえないため、上位職者については、同等の役職者より顕著に高い、ということにはならないかもしれません。

　しかし、これまで現地法人側に請求していなかったコストを今年から現地に請求する場合、その金額が大きいと、「役割に見合った報酬なのか」と疑念を持たれる可能性も否定できません。

4．出向先での所得税が正しく支払われていること

　当たり前のことですが案外うっかりしていることがあるポイントです。

　ある会社では、日本の税務調査において、日本払い給与を現地法人に請求していなことを指摘されたことを受け、当該日本払い給与相当額を任地に請求しました。それをきっかけに当該日本払給与についての任地所得税申告が行われていないことが発覚してしまいました。

　本社側では、「現地が正しく申告を行っているだろう」と思っていても、日本本社側で一元管理を行える体制を取っていない場合、申告が正しく行われていないケースは多々あります。特に海外子会社が数十拠点あるなど、日本側で管理できていない場合はその傾向は顕著です。赴任国側での所得税申告に際しては、任地払いの給与や福利厚生はもちろんですが、日本側で支払った給与等の情報も不可欠です。任地の所得税を任地任せにしている場合で、現地法人や現地側の会計事務所から、日本払い報酬や手当・福利厚生に関し

ての問い合わせが本社側にされておらず、かつ本社もそれらの情報を能動的に各拠点に提供していなければ、申告漏れになっている可能性は少なからずあります。

　申告漏れが見つかればペナルティのみならず、それらを現地法人が負担できないと日本本社が負担することになります。そうすると寄附金の問題につながります。さらにこれら所得税は本来赴任者本人が負担するべきもので、申告漏れのペナルティも本人に帰属するものである場合、それらを会社が負担すれば、それら負担額相当額は本人の所得として個人所得税の対象になってしまいます。日本払いを現地に請求する前に、まずは所得税申告が正しく行われているか調査してみるのも必要になるかもしれません。

5．日本と任地の税務の両面も常に考慮しながら検討を行うこと

　日本の視点からだけ見れば、かかった費用は全部出向先に請求するのが一番です。もちろん、現地側もそれで問題ないケースも多々あります。ですが、これまで請求していなかったコストを今年からまとまって請求すれば、現地の所得にマイナスのインパクトが生じることは必至で、そこが注目されることになります。そのため、請求するならどういう点に気を付けたらよいのかを事前に確認してから進めることをお勧めします。

6．現地責任者の不安を少しでも減らすこと

　上記1〜5についての問題がなくても、現地法人の経営を任されている責任者の立場からは、「まとまった金額の赴任者コストの請求が現地法人にされる＝現地法人の業績を悪化させる」ことにつながります。現地責任者の評価が現地法人の業績に基づいて行われているなら、当然、責任者本人の評価にも多少なりとも影響する可能性があります。

　さらに、これらの請求がなされたことで、現地社員に日本人赴任者の報酬水準が明らかになり、「日本人はこんなに給与をもらっているのか」と不満の温床になったり、赴任者コストの負担による業績悪化に伴い、現地社員の昇給や賞与にも影響してしまう可能性があること、現地の税務調査で指摘される可能性があるなど、現地法人の運営に当たり、不安要素は大きいはずです。

　このような状況がある程度解決しなければ、現地責任者が費用負担に応じ

ることは難しくなります。特に日本企業の場合、本社が現地法人を完全にトップダウンでコントロールしているというよりは、現地の裁量に任せておられるケースが多いと思われます。

　そのため、現地法人への費用請求に際しては、「なぜそれが必要で、そうしないと会社全体としてどのようなデメリットがあるか」「人事評価などについては最大限配慮する」「現地の税務上、大きな問題がないことも確認している」等を丁寧に説明し、理解を得ることが非常に重要になります。その点の配慮がなされているほどスムーズに事が進みますし、本社側の各種負担も減ると思われます。

【図表15－4－1】現地法人に出向者コストを請求する際の留意点

1) 実費での請求であること（マークアップ等は行わないこと）
2) 海外赴任者は出向先のための業務のみを行っていること
3) 出向先や出向先国の税務当局から見ても妥当な水準の報酬額・負担額であること
4) 出向先での所得税が正しく支払われていること
5) 日本と任地の税務の両面を常に考慮して検討を行うこと
6) 現地責任者の不安を少しでも減らすこと

16

日本の社会保険・労働保険等

海外赴任中の日本の健康保険や年金などの取扱い

海外赴任中も日本の社会保険は継続することができるのでしょうか。

1．在籍出向の場合

　日本企業で雇用関係が継続したまま海外で勤務する場合、つまり「在籍出向」の場合で、出向元から給与の一部（全部）が支払われているのであれば、出向元との雇用関係は継続しているとみなされますので、海外赴任者の健康保険・厚生年金保険・雇用保険等の被保険者資格は継続します。被保険者資格が継続している以上、社会保険料の負担（出向元及び本人）は発生します。

　なお、日本本社や現地法人から海外勤務者に対して支払われる給与等が標準報酬月額の算定の基礎となる「報酬等」に含まれるか否かは以下の基準で判断されます。

【図表16－1－1】海外勤務者の「報酬等」についての考え方

①国内適用事業所（日本本社等）からのみ給与等の報酬が支払われている場合
この場合、現地法人払い給与がないので、日本本社が支払った給与等のみを「報酬等」に含めます。

②国内適用事業所（日本本社等）及び海外の事業所（現地法人等）の双方から給与等が支給されている場合
ア）海外事業所からの給与・手当を「報酬等」に含めない場合
適用事業所の給与規程や出向者規程等に海外勤務者に係る定めがなく、海外事業所から支給される報酬が、海外事業所における労働の対価として直接給与等が支給されている場合は、国内の適用事業所から支給されているものではないため、「報酬等」に含めないことになります。

イ）海外事業所からの給与・手当を「報酬等」に含める場合
日本国内の事業所（Ａ事業所）に勤務する被保険者が、海外の事業所（Ｂ事業所）に転勤となり、Ａ事業所及びＢ事業所双方から給与等を受けているものの、Ｂ事業所から支給される給与等は、Ａ事業所からの給与規程に基づいている場合は、両事業所の報酬の合計額を「報酬等」にします。

③国内適用事業所から給与が一切支給されない場合
在籍出向であっても、出向先から給与の全部が支払われ、出向元から給与が全く支払われないのであれば、出向元との雇用契約は継続していないとみなされる可能性があります。その場合、健康保険・厚生年金保険・雇用保険等の被保険者資格は喪失します。そのため、扶養家族を日本に残して海外勤務した際の、扶養家族の社会保険等について、対応策を考える必要があります。

出所：日本年金機構「海外勤務者の報酬の取扱い」等をもとに作成

２．移籍出向の場合

　移籍出向とは、日本の出向元との雇用関係をいったん終了させ、勤務地国の現地法人等との雇用関係のみとなるケースを指します。つまり、出向元である日本企業との雇用関係がなくなるため、健康保険・厚生年金保険・雇用保険等の被保険者資格は喪失します。この場合も、扶養家族を日本に残して海外勤務した際の、扶養家族の社会保険について対応策を考える必要があります。

３．まとめ

　１～２をまとめたのが【図表16－１－２】です。

【図表16－１－２】海外勤務者の社会保険と労働保険

	被保険者資格が継続している場合	被保険者資格を喪失した場合
出向形態	・在籍出向で国内企業から給与が一部または全部支払われている場合	・在籍出向で国内企業から給与が全く支払われない場合 ・移籍出向の場合
健康保険	**継続** 日本一時帰国時も国内勤務時同様、健康保険が利用できる。海外では「療養費」扱いとなり、海外での療養費はいったん本人が全額立替し、後日一部療養費として健康保険から支給される（ただし、支給される療養費は、実際に支払った金額ではなく、日本の医療機関で治療を受けたと仮定した場合の保険診療料金を基準として計算される）。	**継続できない** 〈対応策〉 ①　任意継続被保険者手続を行う 　ただし、健康保険の被保険者資格喪失日から最長２年間しか加入できない。 ②　国民健康保険に加入 　ただし、市区町村に居住する者が対象のため、住民票を除票していると加入できない。
介護保険	**海外では介護保険サービスは適用除外** ただし、住民票を除票していれば、一部例外を除き、介護保険料は支払う必要はない。	**海外では介護保険サービスは適用除外** 保険料も不要（ただし、国民健康保険に加入している場合は、住民票の除票ができないため、国民健康保険料とあわせて介護保険料も納付しなければならない）。
厚生年金	**継続** 【図表16－１－１】参照。	**継続できない** 〈対応策〉 国民年金に任意加入。
雇用保険	**継続** ただし、失業給付等は帰国後しか受給できない。	**原則的には継続できない**

	適用対象外	**適用対象外**
労災保険	労災保険は属地主義のため、海外勤務時は原則的に対象外。 〈対応策〉 労災保険の海外派遣者特別加入制度を利用。	移籍出向の場合は、労災保険の特別加入もできない。

Q16-2
海外赴任中の介護保険の取扱い

　海外勤務している社員が、海外赴任中に40歳を迎えました。この海外赴任者から海外勤務中に介護保険料を徴収する必要はあるのでしょうか。

A16-2
1．介護保険の被保険者とは？
〜40歳以上の方が対象〜

　介護保険の被保険者は、原則として、市区町村内に居住する（国内に住所を有する）40歳以上の方です（介護保険には被扶養者という概念はなく、要件に該当する方は全て被保険者となります）。

2．海外勤務中は介護保険料を支払う必要はない
〜ただし届出が必要〜

　海外勤務をする際に、第2号被保険者の場合は、「介護保険適用除外該当届」を保険者に提出すれば、介護保険料は住民票を除票した月から支払う必要はありません。住民票を除票せずに国内に住所を有したまま海外勤務をする場合や、国内に住所を有しないものの「介護保険適用除外該当届」を保険者に提出しない場合は、原則として介護保険料を支払わなければなりません。また、本人が海外に居住していても、介護保険第二号被保険者に該当する家族が国内に居住している場合は、国内勤務時と同様に、介護保険料を支払い続けなければなりません。

　なお、介護保険サービスの受給時において、海外居住のために介護保険料を支払わなかった期間の有無により、サービスの提供内容に差がつくことはありません。

　ただし、介護保険料の支払いの義務があるにもかかわらず、保険料を支払わない場合には、介護保険サービスを受ける際に、利用者負担割合が引上げられることがあります。

　また、海外勤務中に40歳を迎えた方については、40歳になった誕生月に「介護保険適用除外該当届」を提出することになります。

海外旅行保険の加入

　海外赴任中も海外旅行保険に加入するケースが多いと聞きました。海外旅行保険について知っておくべきことを教えてください。

1. 海外旅行保険

(1) 海外旅行保険加入の必要性

　社員を海外勤務させる際は、海外旅行保険に加入させるケースが多くなっています。

　海外で支払った医療費は、日本の健康保険でもカバーされますが、健康保険からの払い戻しの範囲は、日本国内で保険診療を受けたとした場合の医療費を基準とするため、必ずしも海外赴任者本人が支払った医療費全額が支給されるとは限りません（欧米等の医療費の高い地域、またアジアでも欧米系の医療機関を利用した場合は、かなりの自己負担を強いられる可能性があります）。

　よって、安心して海外生活を送るためにも日本の健康保険だけでなく、各保険会社が取り扱っている海外旅行保険に加入することが必要になりますが、海外旅行保険の加入申し込みは、必ず日本を出国するまでに行う必要があります（日本を出国してからの加入はできません）。

(2) こんなケースは旅行保険の対象外

① 持病及び妊娠・出産

　旅行保険前からの既往症は旅行保険の対象外となります。保険加入時に持病について自己申告をしていなかったとしても、保険金請求の際、保険会社による調査の結果、「治療内容から判断すると持病である」とされ、保険金が支払われないケースもあります。

　よって、持病を抱え、定期的に医療行為を受ける必要がある社員を赴任させることは避けるのが望ましいのはいうまでもありませんが、代替する人員がいないため、やむを得ずそういった社員を赴任させる場合は、現地でかかる医療費は、どこまで会社が負担するのか等もあらかじめ決めておくことをお勧めします。

　また、妊娠・出産は病気ではないため、これらに要する医療費は海外旅行保険の対象にはなりません。

② 歯科治療
　歯科治療費は海外旅行保険の対象にはならないことがほとんどです。よって、海外で歯科治療を受ける場合は、かかった医療費を健康保険組合などに申告して、治療費の一部を還付してもらうという形になります（ただし、交通事故で歯を損傷した場合は「怪我」扱いとして、歯の治療費が旅行保険から給付されることがあります）。

(3) 海外赴任者にしっかり事前説明しておくこと
　海外赴任者からよく聞こえてくるのは、「総務や人事担当者から、『旅行保険に加入しておいたよ』と、旅行保険会社が作った「海外旅行保険ガイドブック」などをポンと渡されるだけで、何も説明がなかったため、いざ現地で旅行保険を使おうと思った時、どうすればよいかわからず困った」という意見や不満です。
　そこで、赴任前には、給与等の説明だけでなく、旅行保険の使い方や注意事項についても説明しておく必要があります。

① 保険証券番号・緊急時の保険会社連絡先の携帯
　万が一の事態に備え、充実した旅行保険を海外赴任者に付与していたとしても、当該海外赴任者が事故に遭った時、自分の保険証券番号がわからない（つまり、保険に加入していることが証明できない）状況であれば、医療行為を受ける必要がある場合でも、医療機関から「支払い能力なし」とみなされて治療を行ってもらえない可能性もあります。
　よって、保険証券は何部かコピーして、常に控えを持っておく、もしくは手帳や財布に番号を控えておくといった準備が必要になります。また、加入している保険の引受会社の緊急連絡先もあわせて携帯電話に登録したり、手帳に書きとめておくことが必要になります。

② キャッシュレスとなる医療機関の確認
　通常、保険会社は各国の主要都市に「提携の医療機関」をいくつか保有し

ていて、その病院で治療を受けると、保険証券を提示すれば、キャッシュレス（治療費の支払なし）で治療を受けることができます。よって、海外赴任者が赴任する都市、頻繁に出張する都市において、キャッシュレスとなる医療機関が存在するか、あらかじめ調べておく必要があります（赴任先や居住地の近くにキャッシュレスの対象となる医療機関がない場合、保険会社に依頼すれば、現地の医療機関に対し、キャッシュレス対応ができるよう、交渉してくれることもあります）。

(4) 賠償責任が適用されないケース

「個人賠償責任補償特約」をつけておくと、法律上の賠償責任が発生した場合に支払い対象になります。

しかし、「保険契約者又は被保険者の故意によって生じた損害、被保険者の職務遂行に起因する損害賠償責任、被保険者と同居する親族及び同一旅行行程の親族に対する損害賠償責任、被保険者が所有、使用又は管理する財物の損壊もしくは損失に対する損害賠償責任、被保険者の心身喪失に起因する損害賠償責任、被保険者又は被保険者の指図による暴行・殴打に起因する損害賠償責任」等については対象外になります。

2．海外での医療費をまかなえる諸制度

以下に、海外旅行保険も含め、海外での医療費を一部または全部まかなえる制度をまとめました。

【図表16－3－1】海外医療費と保険

	メリット	検討ポイント
海外旅行保険	・キャッシュレスで利用が可能な場合有り ・高額な死亡保障を担保できる ・米国など医療費が高いエリアなら相対的に安上がりの可能性 ・保険治療の範疇内ならアシスタンスサービスの利用も可能	・キャッシュレス適用外の医療機関の場合、いったん立替、後ほど清算が必要／キャッシュレスで使い過ぎリスク ・年々値上がり傾向 ・持病や歯科治療は対象外 （旅行中の突発的な事故や病気に対応する） ・ドイツ等、赴任先の保険への加入が義務付けられている場合、海外旅行保険はその要件を満たせないため、現地医療保険加入が必要
グローバル医療保険	・エリアによる不公平感が小さくなる （世界を一つの契約でまとめる） ・海外拠点からの赴任者も存在する場合、日本からの赴任者と同様の補償が受けられる ・本社の手間が減るといわれている ・赴任先で現地医療保険制度に加入する必要がある場合も対応できる可能性有	・一般に死亡保障はついていない ・本当にコストメリットがあるか要検討 ・グローバル医療保険会社とネットワークを持たない医療機関であれば立替が発生する ・これまで旅行保険を利用していた場合、旅行保険にはついていたが、グローバル医療保険では何か利用できないのかについて要確認
健康保険の海外療養費請求	・海外療養費請求のために追加コストはかからない（赴任中も健康保険に加入しているため）	・手続きが面倒 ・日本の基準 ・医療費が高い国で治療を受けると、結果として自己負担が大きくなる ・立替代行や緊急搬送を使いたければ医療アシスタンスや立替代行業者との契約が必要
自家保険	・かかった医療費しか発生しない（保険料を払わなくてよい）	・直接本人が請求してくる場合、本社側の精算が手間 ・立替代行や緊急搬送を使いたければ医療アシスタンスや立替代行業者との契約が必要

労災保険の海外派遣者特別加入制度

海外勤務中も日本の労災保険に加入できる制度があると聞きました。この制度の概要と、この制度を利用するための手続き方法について教えてください。

A16-4

1．労災保険の海外派遣者特別加入制度とは
～現地採用者や留学する場合は対象外～

労災保険は、日本国内で行われる事業のみを対象としていますが、海外で行われる事業に従事する場合、【図表16-4-1】に該当する方に限り特別加入が認められています（労災保険法第33条第6号、7号）。

また、特別加入に当たっては、新たに海外に勤務する方に限らず、すでに海外に勤務している方も加入することができます。ただし、現地採用の方は、日本国内の事業から派遣されていないことから、特別加入することはできません（また、単なる留学を目的とした派遣の場合も、特別加入の対象外となります）。

通常、海外赴任者は、勤務地国の災害補償制度の対象となりますが、勤務地国の労災保険制度の適用範囲や給付内容が必ずしも十分でない場合もあるため、海外で勤務する方（海外の事業に出向や派遣で働く者）についても労災保険の給付が受けられる制度として「海外派遣者特別加入制度」が存在します。

【図表16－4－1】労災保険の「海外派遣者特別加入制度」の概要

特別加入対象者	① 日本国内で行われる事業（注1）から派遣されて、海外支店、工場、現場、現地法人、海外の提携先企業等、海外で行われる事業に従事する労働者 ② 日本国内で行われる事業（注1）から派遣されて、海外にある一定数（注2）以下の労働者を常時使用する中小事業に従事する事業主及びその他労働者以外の者 ③ 国際協力機構等開発途上地域に対する技術協力の実施に事業（注1）を行う団体から派遣されて、開発途上地域で行われている事業に従事する者 （注1）有期事業を除く （注2）中小事業と認められる規模は以下の通り 　　　　金融業・保険業・不動産業・小売業…50人以下 　　　　卸売・サービス業…100人以下 　　　　上記以外の業種…300人以下
年間保険料	3,831円〜27,375円（2023年度の場合）※年収に応じて金額が異なる
加入時期	海外勤務期間中からの加入も可能
補償対象となる範囲	国内労働者と同様、業務災害又は通勤災害を被った場合
備考	海外出張時は「特別加入」の必要はない （ただし、労災保険での「出張」の定義をよく確認すること）

社会保障協定締結の背景と、企業側のメリット

社会保障協定とは何でしょうか。制度等について教えてください。

たとえば日本から海外に赴任する際、その赴任期間が5年以内等、一定期間であれば、日本の年金制度等への加入を条件に、赴任先の年金制度等への加入が免除されます。

また、上記の「相手国での年金加入免除」に加え、「年金の通算措置」についても協定で定められている場合は、相手国での年金加入期間が、当該国での最低加入期間に満たない場合でも、加入していた期間相当分の年金を受け取ることができます。つまり社会保障協定は、「二国間での年金の二重払いの防止」と「年金の掛け捨ての防止（年金加入期間の通算措置）」を規定するものといえます（ただし、後者については一部の協定では対象外となっています）。

1．社会保障協定締結の背景
〜社会保険料の二重加入による負担を軽減する等で国際間の人的交流を促進〜

そもそも公的年金などの社会保険制度は、現在居住している国の制度に加入することが原則となっています。つまり海外に赴任すれば、自国の年金に加入しているか否かに関係なく、その国に居住する者として、その国の年金制度等に加入することが求められるケースがほとんどです。しかし、企業からの命令で海外勤務する場合、海外勤務中も出向元である日本本社との雇用関係が継続しているため、その間、日本と勤務地国の両方の社会保険制度に加入しているのが現状です（いわゆる「保険料の二重払い」）。

そして多くの場合、勤務地国での社会保険料は会社負担分はもちろん、個人負担分についても、会社が負担しているのが一般的です。つまり企業にとっては社員を海外に赴任させると、自国の社会保険料の会社負担分だけでなく、赴任国の社会保険料の会社負担分・個人負担分まで負担することになり、大きな負担になります。

さらに、せっかく赴任中に当該国の年金に加入していても、実際に当該国の年金を受給するには、ある一定期間以上の加入期間が必要です。そのため

数年程度で母国に帰国するケースが多い海外赴任者については、赴任国で払った保険料は結果的に掛け捨てになってしまいます。上記のような状況を解決するために、2国間で合意すれば、相手の国から赴任してきた者については、条件を満たせば保険料の二重払いや保険料の掛け捨てを防止しましょう、というのが、社会保障協定の趣旨となります。

日本の社会保障協定の締結・発効状況

海外赴任者にまつわる社会保障協定はどのようになっていますか。

現在、提携・発行済みの国

～欧州14か国、北米・南米３カ国、オセアニア１カ国、アジア４か国と発効～

エリア別にみると、以下の国々と社会保障協定が締結・発効しています。

【図表16－6－1】社会保障協定発効国

欧州	ドイツ、英国、ベルギー、フランス、オランダ、チェコ、スペイン、アイルランド、スイス、ハンガリー、ルクセンブルク、スロバキア、フィンランド、スウェーデン （イタリアとは協定締結は行っているが、発効していない（※）2024年春頃発効をめざして準備中）
北米・南米	米国、カナダ、ブラジル
アジア	韓国、インド、フィリピン、中国
オセアニア	オーストラリア

（※）イタリアとの協定は2024年春頃発効をめざして準備中。
　　・対象となる保険制度：日本側は年金雇用保険
　　　　　　　　　　　　　イタリア柄は年金・失業保険
　　・相手国加入免除期間：5年（延長は最大5年）
　　・年金通算措置　　　：なし
　　・協定発効前からイタリア赴任している場合は協定発効日から6か月以内に交付申請の提出を行うと発効日にさかのぼり免除が適用される。

今後、日本が社会保障協定を締結する見込みのある国

～政府間交渉中または予備協議中の国が合計4か国～

2023年9月現在、日本は以下の国との間で社会保障協定締結に向けた政府間協議などが行われています。

【図表16－6－2】社会保障協定締結協議中の国

政府間交渉中	トルコ（2022年11月　第8回政府間交渉）、オーストラリア（2023年3月第2回政府間交渉）
予備協議中	ポーランド、タイ、ベトナム

Q16-7

社会保障協定の適用対象となる保険制度

　社会保障協定の適用対象となっている保険制度について教えてください。

A16-7

1．年金、医療、雇用、労災などがある

　年金のみの協定や年金に加え、医療保険、雇用保険、労災保険なども対象となる協定あります。

　協定の二重加入防止の考え方においては、どちらの国の制度に加入するかを事業所や本人が自由に選択できるというわけではありません。日本の事業所から相手国の事業所に一時的（原則5年以内）に派遣される人は、引き続き日本の制度に加入して相手国制度への加入が免除されます。

　社会保障協定で年金・医療保険が協定の対象項目になっている場合、日本の年金・健康保険に加入し、相手国の年金・医療保険には加入しないことになります。そのため海外赴任中、年金は日本の制度に加入し、健康保険は相手国の制度に加入する、といったことはできません。また、日本側で年金制度のみが協定の対象の場合は、相手国側で免除になるのも同様に年金だけですが、たとえば、日本側で「年金、医療保険」の2つが協定対象項目であっても、相手国側では「年金、医療保険」に加えて「公的労災保険制度」や「雇用保険」まで対象になるケースもあります。これは国により、社会保障制度の組み立て方の違いによるものです。

　たとえば、ベルギーとの社会保障協定については、日本側の協定対象項目は「年金・医療保険」です、一方、ベルギー側は「年金・医療保険」に加えて「労災保険、雇用保険」も協定対象項目になっています。これは、ベルギーの社会保障制度においては、保険料徴収が一つの機関により一括で行われているため、これら制度が一体的に適用されており分割されていないことによります。

2．相手側の協定対象項目に「労災保険」が含まれている場合

　一部の協定においては、相手側の協定対象項目に「労災保険」が含まれている場合があります。相手国の社会保険制度の免除を受けることで、相手国の労災保険制度の適用は受けられなくなります。

つまり、相手国側で労災事故に遭った場合は、相手国の労災保険が下りないということになります。そのため、日本の労災保険制度の特別加入制度や民間の労働災害に関する保険制度に加入するなどして、労働災害に対する備えをすることも一案です。

　しかし、例外もあります。フランスとの協定においても、フランス側の労災保険への加入が免除になります。フランスについては労災保険が免除対象になっている他の協定とは少し違っており、「日本の労働者災害補償保険の海外派遣者の特別加入制度」または「これに準ずる保険」に加入していることが、フランスでの社会保障制度の免除が受けられる条件となっています。なお、「これに準ずる保険」とは「フランス国内における業務上または通勤中の負傷、疾病、障害、死亡を保険事故として、被災者本人または遺族に対して給付を行う保険」を指します。

　また「保険」とは、「偶然的に発生する事柄（保険事故）で生じる経済上の不安に対応するため、あらかじめ多数の者が金額を出し合い、そこから事故に遭遇した者に金銭を支払う制度」です。そのため、労災事故が生じた場合に会社が労災保険に準じた給付を行うことは、ここでいう「保険」には該当しないことになります）。

Q16-8

協定相手国滞在期間が5年以内と5年超の場合

　5年以下の予定で協定相手国に一時派遣する場合、事前に手続きは必要でしょうか。

A16-8

1．日本の年金事務所に社会保障協定適用証明書交付申請書」を提出

　日本の事業所から年金事務所に「社会保障協定適用証明書交付申請書」の手続きを行い、内容について問題なければ、年金事務所から交付される「社会保障協定適用証明書」を協定相手国の勤務先に提出することになります。相手国勤務先は、この「適用証明書」を確認することで、社会保障協定に基づき社会保険料の徴収を免除することになります。

2．5年超の予定で赴任する場合

　当初から5年超の予定で赴任することになっている場合は「一時派遣」といわれる「5年」を超えての赴任になります。この場合、派遣当初から赴任国の制度に加入することになるのかという点が気になります。これについては協定により異なります。ドイツ、中国、オーストラリア、スロバキアとの協定については、予定された一時派遣期間が赴任当初から5年を超えていたとしても、最初の5年は派遣元国の制度に加入することになります（ただし「日本の派遣元事業主のみと雇用契約を締結している場合」等の条件を満たす必要がある場合があります）。

　その他の国との協定については、派遣予定期間が当初から5年を超える場合は、「一時的な派遣」とはみなされないため、赴任当初、派遣先国の制度に加入し、日本の制度を脱退することになります。または協定の適用を受けて相手国の年金制度などを免除できるか否かは、相手国の担当機関との個別協議により合意を得ることが必要になります（ただし日本の厚生年金については特例加入が可能です）。

3．日本の会社から海外に赴任する方が日本国籍をもたない外国籍の方であっても、社会保障協定は適用される
〜国籍に関係なく適用される〜

　協定の一時派遣の考え方は、国籍によって取扱いが変わることはありません。その人の国籍にかかわらず、日本の事業所から5年以内の見込みで協定相手国に派遣される人は、一時派遣者として取り扱われます。

Q16-9

再び同じ国に一時派遣される場合

　1回目の一時派遣の後、再び同じ国に一時派遣される場合、1回目の一時派遣終了からどのくらいの期間が経過すれば、2回目の一時派遣に基づく相手国制度の適用が免除されますか。

A16-9

1．フランス、オランダ、ブラジルとの協定は1年以上の期間を空ける必要

　1回目の派遣期間終了後から2回目の派遣開始までに1年以上の期間が必要な場合があります。いわゆる「1年インターバルルール」の規定があるのが、フランス、オランダ、ブラジルとの協定です。それ以外の国との協定については特に明確なルールはありません。ただし、1回目の派遣と2回目の派遣が実質的に連続したものではないことが必要です。

社会保障協定における「5年間」の計算方法

　どの協定も「5年間（一時派遣期間）」は協定の適用が認められていると聞きました。5年間の計算方法について教えてください。

1．ドイツとの協定は暦月、その他の国との協定は日を単位に計算

　一時派遣とは、原則として「派遣期間が5年以内と見込まれること」とされています。この「5年」という期間を計算する際には、ドイツとの協定においては、「月」を単位として期間計算を行いますが、それ以外の国との協定は「日」単位として計算します。

【図表16-10-1】 5年間の計算方法

対象となる協定	「5年間」の計算方法 (2022年4月15日から派遣された場合)	
ドイツとの協定 （「月」を単位として期間計算）	60暦月	：2022年4月15日〜2027年3月31日まで
	61暦月	：2022年4月15日〜2027年4月14日まで
ドイツ以外との協定 （「日」を単位として期間計算）	5年以内：2022年4月15日〜2027年4月14日	
	5年超 ：2022年4月15日〜2027年4月15日	

Q16-11
社会保障協定の延長が認められる場合
　社会保障協定の延長が認められている期間

A16-11

１．協定により異なり、３年間の延長が最多、中には最大５年間とする協定も存在

　社会保障協定の延長については、協定により異なります。延長期間が最も長いのが中国との協定で最大５年ですが、最も多い延長期間が「３年」となっています。中には１年または期間について具体的な明示がされていない協定もあります。

　協定の適用延長期間は期間別にみると次の通りです。

【図表16-11-１】延長が認められる国

延長期間	相手国
１年	ベルギー（場合によっては２年）、フランス、オランダ、スイス、ハンガリー
３年	ドイツ、英国、韓国、アメリカ（場合によっては４年まで延長可）、カナダ、チェコ、スペイン、アイルランド、ブラジル、インド（場合によっては更に延長可能)、フィリピン、フィンランド、スロバキア
５年	中国
延長期間の明記無し	オーストラリア、ルクセンブルク、スウェーデン

　ただし、自動的に延長が認められるわけではなく、相応の理由が存在することが必要です。

２．社会保障協定の延長申請が認められる理由
　社会保障協定の適用期間が延長になりえる事項としては以下が一例として挙げられます。いずれも延長しないと業務や本人が深刻な状況に陥る場合等です。

【図表16−11−2】延長が認められる理由になり得る事項

~延長しないと業務や本人が深刻な状況に陥る場合について~

1. 業務に関して
   - 予見不可能なプロジェクト期間の延長が避けられない場合
   - 派遣者に余人をもって代えがたい技能・経験があり、プロジェクト遂行に不可欠な場合
   - 予定していた後任者が退職・死亡等のやむを得ない事情があり赴任できず、新たな赴任予定者が決定・またはその訓練が終わるまで滞在が必要な場合
   - 買収または再編により、その移行のために当該人員の滞在延長が不可欠な場合

2. 個人事情に関して
   - 就学年齢の子女が、就学年終了まで派遣先国にとどまらないと、進級に影響が出る場合
   - 予期しない本人または家族の病気により、派遣先国にとどまる必要がある場合

出所：日本年金機構ウェブサイトや筆者によるヒアリングに基づき作成

　上記の通り延長はあくまで特段の事情があり、かつそれについて両国間で個別に判断し合意した場合に限られるようです。そのため、すぐに結論が出るとは限らないことから、延長申請を認めてもらうためには早めの準備が不可欠です。

Q16-12

現地法人と一時派遣者の雇用関係

　赴任先の現地法人と一時派遣者が雇用関係を締結していることで、社会保障協定の適用に影響があることがあると聞きました。具体的にどのような場合でしょうか。

A16-12

1．日本企業との指揮命令関係が継続していることが条件の協定もある

　たとえば日本とベルギーの社会保障協定の場合、ベルギーの現地法人に勤務する際、ベルギーの会社との間で法定雇用契約を締結していると、協定発効後もベルギーの社会保障制度が適用される場合があるようです。そのため、日本企業との雇用関係に基づき、日本の社会保険制度が適用され、適用証明書が発給されれば、ベルギーの社会保障制度への加入が免除されます。ただしこの際、ベルギーの現地法人との法定雇用関係を破棄することが必要になっているとのことです。

　また、チェコとの社会保障協定においても、現地法人との雇用契約がある場合、多少留意が必要になります。チェコ現地法人と雇用関係を締結している方のうち、2018年8月1日以降は、「日本国内の事業所指揮命令の下にある」場合については、チェコ側に協議を行うことなく、日本年金機構から適用証明書が発給されることになります（逆に言うと、出向期間中、日本の事業所からの指揮命令関係がない場合については、協定の適用が受けられるか否かについては、チェコ側との協議が必要になります）。

　スロバキアとの協定においても、スロバキア国内の派遣先事業所と雇用契約を締結している場合も、日本の派遣元事業主の指揮のもとにある場合については、派遣を開始した日から5年間は、派遣元である日本の制度のみが適用されることになっています。

　このように、「海外赴任中も日本の事業所からの指揮命令関係がある」ことが、協定に基づき相手国年金制度等への加入を免除するための条件になっているケースもあります。

日本の年金額への影響

　社会保障協定の延長申請が認められない、または延長期間を満了したため、任地の社会保険制度に入る必要が生じた場合、将来の年金額をできるだけ減らしたくないので日本の年金も継続したいです。この場合どうすればよいでしょうか。

1．厚生年金の特例加入を行う

　通常、協定適用期間が終了した後は、任地の制度に加入し、社会保障協定の適用対象となっている日本の制度から脱退する必要があります。

　しかし「厚生年金保険特例加入被保険者資格取得申出書」を提出することで、厚生年金保険の被保険者資格を取得することは可能です。なお、資格取得日は以下の通りとなります。

【図表16-13-1】

保険料納付義務に関する相手国法令が適用されてから<u>1か月以内に本申出を提出</u>した場合	「特例該当日」＝資格取得日
保険料納付義務に関する相手国法令が適用されてから<u>1か月経過後に本申出を提出</u>した場合	「申し出が受理された日」＝資格取得日
協定相手国との延長等協議の結果、相手国年金制度のみ適用となった場合	相手国から通知を受けてから結果を回答した日から1か月以内に申し出ることで、相手国の年金制度の適用を受けるに至った日にさかのぼり、厚生年金保険被保険者の資格を取得することができる

　なお、特例加入している保険者は、いつでも日本年金機構に申し出て、被保険者資格を喪失することが可能です。

Q16-14

協定発効前から赴任している場合

協定発効前から相手国で就労している場合、「相手国での就労期間」はいつの時点から計算するのでしょうか。

A16-14

1. 協定発効日を起算日とする

協定発効以前から協定相手国に派遣されている場合、協定相手国での就労期間は、協定発効日を起算日とします。つまり協定発効以前5年間、その国に赴任し就労していたとしても、あくまで協定適用の開始日は、協定発効日が「5年間」をカウントする際の起算日となります。

社会保障協定発効に伴い相手国からの年金受取ができる場合

社会保障協定発効に伴い、「年金の通算措置」に基づき、相手国から年金を受け取れる元赴任者が存在します。しかし年金受給の起因となる保険料は会社負担分、個人負担分も含めて会社です。この場合、年金は会社が受け取るまたは本人から取り返すことは可能ですか。

1．名義が本人である以上、会社が強制的に回収することは困難

たとえ保険料を実質的には会社が払っていたとしても、年金を受け取る権利は個人に帰属します。そのため、その権利を個人から強制的に取り上げることはできません。

企業の中には、「会社負担で加入した保険や支払った所得税等に基づき受けられる社会保守給付や還付金などは会社に全額払い戻すこと」を規定し、事前に本人にも書面により同意させているケースもあります。この場合、この約束に基づいて赴任者が自主的に払い戻すことはあっても、「どうしても返したくない」といわれても、本人に権利が帰属する以上、会社が回収することは事実上困難です。

Q16-16

企業として、社会保障協定締結に向けて行うこと・社会保障協定一覧

社会保障協定締結に向けて企業が行うべきことを教えてください。

A16-16

1. 赴任国での社会保険料コストの認識や協定締結に向けて自らも動くこと

社会保障協定の締結により、海外赴任者の任地国の社会保険料の大部分を占める年金保険料を中心に免除されるため、海外赴任者にかかるコストの大幅削減につながります。このことは、任地における日本企業の国際競争力の強化に直接的に結びつくことから、協定の締結・発効の意義は極めて大きいといえます。企業のなかには、開発途上国は給与水準が低いため、社会保険料のコスト負担も低いことから、任地での保険料支払いについて問題意識を持っていないケースも少なくありません。しかし、日本企業の進出の多い国の給与水準は年々上がり続けています。それに伴い、社会保険料の算定対象となる給与額の上限額も上がることから、海外赴任者の社会保険料の負担額も急速に増加していく傾向にあります。

一般に社会保障協定は、予備協議から交渉、締結から実際の発効までには数年を要しています。そのため、保険料負担が重くなってから協定締結を要望していては、すでに当該国との間で社会保障協定が発効し、当該国で社会保険料の免除の恩恵を受けている他国の企業と比較し、コスト面で非常に不利な状況に陥ることになります。そのため、企業側は、社会保障協定の締結をただ待つだけという姿勢は得策ではないかもしれません。

任地で社会保険料負担がある国はもちろん、現時点においては社会保険料の徴収がされていない国についても将来、保険料徴収が始まることを想定し、早い段階から社会保障協定締結に向け、日本と相手国の当局が動いてくれるよう、問題意識を持ち、自ら当地の商工会などを通して働きかけを行う必要があります。

とはいえ、任地の税や社会保険料負担を含め、海外赴任者1名あたりにどれだけのコストがかかっているのかきちんと把握している日本企業は決して多くありません。このような状況では、コストを厳密に把握し、赴任者一名あたりの投資対効果を計算し、対応策を講じている企業との差は開くばかり

です。

　赴任者は任地での業務に忙しく、自らにかかる社会保険料の削減対策までは難しいですから、日本本社・地域本社の主導で、任地の社会保険料を含めた赴任者のコスト管理や、社会保障協定締結に向けた働きかけを関係各所に行うことが重要です。

２．日本が締結した社会保障協定

　以下の通り表にまとめました。詳細は年金機構ウェブサイトなどを通じて最新情報をご確認ください

【図表16－16－1】社会保障協定一覧表

(2023年9月現在)

相手国	協定発効年月	二重加入の対象となる制度		相手国加入免除期間（延長期間）	年金通算措置	その他
		日本側	相手国側			
ドイツ	2000/2	公的年金制度	公的年金制度	60暦月（36暦月）	あり	派遣先企業に出資比率要件あり
英国	2001/2	公的年金制度	公的年金制度	5年（3年）	なし	
韓国	2005/4	公的年金制度	公的年金制度	5年（3年）	なし	
米国	2005/10	公的年金制度／公的医療保険制度	公的年金制度（社会保障制度）公的医療保険制度（メディケア）	5年（4年）	あり	派遣直前6か月間、日本の年金に加入している要件あり
ベルギー	2007/1	公的年金制度／公的医療保険制度	公的年金制度／公的医療保険制度／公的労災保険制度／公的雇用保険制度	5年（1年）	あり	ベルギー現地法人との法定雇用契約に関する留意点あり

フランス	2007/6	公的年金制度/公的医療保険制度	公的年金制度/公的医療保険制度/公的労災保険制度	5年（1年）	あり	1年インターバルルールあり/海外派遣者特別加入制度またはこれに準ずる保険に加入していること
カナダ	2008/3	公的年金制度	公的年金制度※ケベック州年金制度を除く	5年（3年）	あり	派遣直前6か月間、日本の年金に加入している要件あり
オーストラリア	2009/1	公的年金制度	退職年金保障制度	5年（具体的に明記無し）	あり	
オランダ	2009/3	公的年金制度/公的医療保険制度	公的年金制度/公的医療保険制度/公的雇用保険制度	5年（1年）	あり	1年インターバルルールあり
チェコ	2009/6	公的年金制度/公的医療保険制度	公的年金制度/公的医療保険制度/公的雇用保険制度	5年（3年）	あり	チェコ現法と雇用関係を有している場合、協定による適用免除が受けられるのは、日本国内の事業所の指揮の下にあることが要件
スペイン	2010/12	公的年金制度	公的年金制度	5年（3年）	あり	
アイルランド	2010/12	公的年金制度	公的年金制度	5年（3年）	あり	
ブラジル	2012/3	公的年金制度	公的年金制度	5年（3年）	あり	1年インターバルルールあり
スイス	2012/3	公的年金制度/公的医療保険制度	公的年金制度/公的医療保険制度	5年（1年）	あり	
ハンガリー	2014/1	公的年金制度/公的医療保険制度	公的年金制度/公的医療保険制度/公的雇用保険制度	5年（1年）	あり	
インド	2016/1	公的年金制度	公的年金制度	5年（3年）	あり	

ルクセンブルク	2017/8	公的年金制度／公的医療保険制度	公的年金制度／公的医療保険制度／公的労災保険制度／公的雇用保険制度／公的介護保険／公的家族給付	5年（明記無し）	あり	
フィリピン	2018/8	公的年金制度	公的年金制度	5年（3年）	あり	
スロバキア	2019/7	公的年金制度	公的年金制度	5年（3年）	あり	スロバキア現法と雇用関係を有している場合、協定による適用免除が受けられるのは、日本国内の事業所の指揮の下にあることが要件
中国	2019/9	公的年金制度	公的年金制度（被用者基本老齢年金）	5年（5年）	なし	
フィンランド	2022/2	公的年金制度／公的雇用保険制度	公的年金制度／公的雇用保険制度	5年（3年）	あり	
スウェーデン	2022/6	公的年金制度	公的年金制度	5年（明記無し）	あり	

出所：日本年金機構「年金Q＆A」を基に作成

17

海外赴任者規程・
赴任者コスト管理・
ビザ

Q17-1

海外赴任者の給与についての考え方

海外赴任者の給与についての一般的考え方について教えてください。

A17-1

1．概念

日本勤務時の給与は「総額」が決定されており、その中から税金や社会保険料を支払いますが、日本の多くの企業における給与は、まず「手取り額」を設定し、その手取り額から税金、社会保険料を逆算し、「総額」を計算するのが一般的です。

通常、海外赴任者は海外勤務中も日本の社会保険に継続加入し、さらに勤務地国でのその国の社会保険制度に加入しなければならない場合が少なくありません。そのため、最初に総額を決めて給与を支給していたのでは、海外赴任者は日本での社会保険だけでなく、勤務地国の社会保険料も負担しなければならなくなります。つまり、日本と現地の両方の社会保険料を払うことになります。

また、給与にかかる税金も日本より海外の方が高いことも珍しくありません。このような観点からも、海外赴任者の給与は、まず「手取り額」を設定し、その手取り額を保証するには総額でいくら支払わなければならないのかを、勤務地国での税金や社会保険料などを加味して計算するのが一般的となっています。

2．「手取り補償」とはどこまで「補償」するのか？

上記の通り、海外給与は「手取りを補償する」という考え方に立つケースが多いのですが、この場合「手取り」とは何をもとに決定されるのでしょうか。

一般には「日本に勤務していた時の手取り」を補償するという意味ですが（もちろん、海外勤務中は、各種の手当が支給されるため、日本の手取り額よりは増えることが多いです）、この「日本に勤務していた時の手取り」の捉え方は会社によりかなり異なります。

たとえば可能な限り細かく計算する会社では、「完全に日本勤務時と同じ手取りを補償しなければならない」と、赴任者の給与について、日本にいた

のであれば発生する税金などもち密に計算、最終的には仮の年末調整まで行い、手取り額を計算し、日本の居住者であれば適用されたであろう住宅借入金等特別控除についても会社が計算を行い、控除相当額を赴任者に手当として支給している、という会社もあります。

　一方、もっと簡単な方法を使っておよその手取り額を補償する会社もあります。たとえば年収600万円で、所得税、住民税、社会保険料等を控除した額が480万円の場合、手取り率は480÷600＝80％となります。よって、本人が日本で勤務していたのであれば受け取るであろう給与にこの手取り率をかければ、日本勤務時の手取り額を補償している、と割り切って判断している会社もあります。

　このように一口に「手取り補償」といっても、会社によりその厳密さにはかなり差があるのが事実です。

　欧米のグローバル企業の場合、完全に TAX　Equalized するための細かい計算を行っているケースも多くみられます。

　日本の場合、日本を１年以上の予定で離れ、日本での勤務がない限り、たとえ日本人であっても日本では非居住者であり、国内源泉所得がないことから、日本で課税されません。

　一方で、日本以外の場合、母国を離れて海外勤務しても、母国での申告義務や、母国払い給与は海外に赴任中も課税されることも多いことから、そのような計算を行う必然性が高いといえます。

　そのため、日本企業においても、日本から海外だけではなく、海外から日本に赴任する場合、海外から海外に赴任する場合は、赴任国側だけでなく、母国側での納税義務や申告義務が生じる可能性があります。そのため、グループ間の人材異動を活発化するために、グループ全体で使える海外赴任者規程（Global Mobility Policy）を考えるうえでは、この「みなし税」の部分をどう考えるかについても非常に重要なポイントになります。

【図表17－1－1】 国内給与と海外給与の考え方の違い

★日本勤務時の給与（「総支給額」を保証）

① まず最初に「総支給額」を決定

③ 最終的な手取り額となる
（よって手取額は本人の家族構成、住宅ローン控除の有無等によって異なる。）

総支給額
（800）

② 所得税・住民税等差し引かれて…

税引後
（たとえば700）
※社保控除前

★海外勤務時の給与（「手取り額」を保証）

① まず最初に「手取り額」を決定

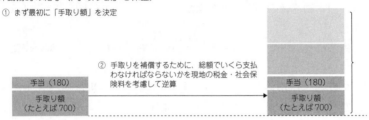

② 手取りを補償するために、総額でいくら支払わなければならないかを現地の税金・社会保険料を考慮して逆算

手当（180）

手取り額
（たとえば700）

手当（180）

手取り額
（たとえば700）

Q17-2

海外赴任者の基本給設定方法

海外赴任者の基本給設定方法について教えてください。

A17-2

海外赴任者の基本給決定方法については主として 3 パターンあります。
順番に説明していきます。

1．別建て方式

古くから海外赴任者の基本給決定方式として使われてきた方式です。購買
力補償方式が登場するまでは、この方式が一般的でした。しかし現在は、海
外赴任者規程を長期にわたり修正していない企業においてみられる程度でご
く少数です。

この方式では一般に、国内給与を基礎とせず、まったく別個に海外基本給
を設定することになります。ですが基準の置き方が難しいこともあり、本方
式を使う企業が現時点では非常に少なくなっています。そのため他社事例を
もとに決定することも難しく、今後も維持していくには課題の多い方式とい
えるかもしれません。

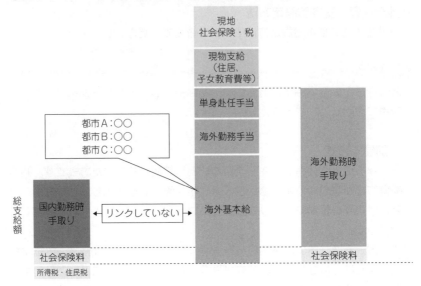

2．購買力補償方式

　人事コンサルティング会社等から年2回ほど発表される、都市別の「生計費指数」を購入し、日本にいればかかるであろう生計費に「生計費指数」を乗じて海外で日本と同じレベルの生活を維持するために必要な基本給を計算する方式です。

　日本で購入する指数は東京を「100」と設定されているため、たとえば指数が100を超える都市に赴任すれば、基本給は日本にいる時よりも上がります。一方、「100」を切る指数の都市に行けば、基本給は日本にいる時よりも下がります（ただし100を切る都市について、「指数を100とみなす」として計算しているケースもあります）

　なお、この「生計費」は東京とほぼ同様の生活、赴任地でも実現することを前提にして設定されているため、必ずしも「物価」とイコールではありません。なぜなら日本では国産品として購入できるものを、赴任地で入手しようとすると、「日本からの輸入品」となるため、当然その価格は日本にいる時よりも高くなるからです。

　よって、いわゆる給与水準が日本よりも低い国であっても、指数は100を

超えるといったことは発生しますし、指数は為替レートに影響されますから、円高の時は指数は低めに、円安の時は指数は高めに設定されます。

　また特に欧米等においては生計費指数は140、150等かなり高い数値になることも多く、この場合、仮に日本での手取り月給を「生計費」とみなしている場合は、単純に手取り額が40％、50％増となります。その分だけ生活コストが高いのであれば、特に赴任者が得をしているというわけではないですが、会社の支出としては基本給だけでもかなり大きなものになってきます。

　また、海外基本給のベースとなる「生計費」は「月給」をもとに算出する方法と、「年収」をもとに算出する方法の2通りがあります（以下図表は「月収ベース」のイメージです）。

【図表17－2－2】月給のうち「手取り給与」を生計費とみなし基本給を算出するケース

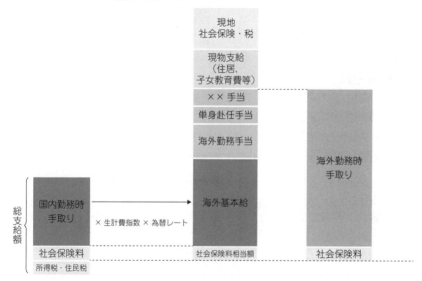

【図表17－2－3】国内勤務時年収から生計費を算出し、基本給を決定する ケース

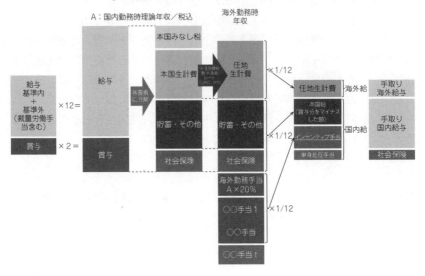

3．併用方式

　日本での給与（手取り金額）を海外基本給とし、海外赴任に伴う追加コストを手当の形で別途支給するという非常にわかりやすい方式です。そのため海外赴任者にも納得させやすいといえます。また、指数を取り入れて海外基本給を決定した場合、基本給決定方式を変えない限り、半永久的に指数を買い続ける必要があります。一方、こちらの方式では、そういった費用は特に発生しません。

　また購買力補償方式の場合、生計費指数が100を切る都市に赴任すると、日本勤務時より基本給が減ってしまいますが、この方式であれば基本給部分は増えることもなければ減ることもありません。

　ただし給与が円建てのため、毎年の為替レート次第で、現地通貨又はドル建てにした給与が為替レート見直しのたびに大きく変わることがあります。

　また、日本人が生活しようと思うと非常にコストの高い都市に赴任するときは、日本勤務時の基本給部分では生活できませんから、追加で物価手当を支給する必要があります（特に現在のように円安の場合はなおさらです）。

　このとき、どの程度の金額を設定するべきか検討が必要になります。

【図表17－2－4】海外基本給の決定方式：3．併用方式

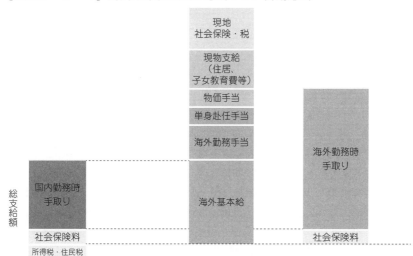

なお、それぞれの方式のメリット・デメリットは以下の通りです。

【図表17－2－5】海外基本給の決定方式の比較

	メリット	デメリット
別建方式	・本国勤務時の役職や年収にとらわれず、それぞれのエリアの役職に見合った基本給を設定できる	・各国の物価の変動などに配慮し、常に適正な水準に更新することが困難
購買力補償方式	・外部機関の「生計費指数」という客観的データを用いることで、基本給の根拠が説明しやすくなる ・生計費指数と為替レートは連動しているため、為替変動にも対応できるといわれている	・海外赴任者の生活実感に生計費指数の数値が沿わない場合、不公平感が生じやすい ・いったん導入すれば、生計費指数を毎年購入するコストがかかる
併用方式	・（どの勤務地でも）日本の基本給が保証されるためわかりやすい ・制度維持のためのコストがかからない	・給与を円建てで決めている場合、為替変動で現地通貨建給与が影響を受ける ・勤務地国による物価差が大きい場合、物価手当等を導入する必要がある

海外赴任者に支払う手当

海外赴任者に対しては一般的にどのような手当が支給されているのでしょうか。

1．海外勤務手当

(1) 概要

海外勤務手当とは、海外赴任に対する奨励金として支払われる手当です。

金額は会社それぞれであり、海外赴任も国内勤務の延長と考える企業では、当該手当は少額であったり、または支払われない場合もある一方、海外赴任がごく一部の社員に限られている場合は、それなりに手厚く処遇されている企業もあります。

要は、海外勤務手当の支給の有無は、「海外赴任者の需要と供給」に影響しているかもしれません。

(2) 他社事例

事例1：海外基本給（または国内基本給）や年収の一定割合を海外赴任手当
　　　　として支給する方法

「海外基本給の〇％を海外勤務手当とする」「国内標準年収の〇％を海外勤務手当とする」といった形で決定する方法です。

・メリットと課題

役職による金額の違いを自動的に織り込むことができます。その一方、非管理職で基本給が非常に低い場合、それに応じて海外勤務手当も低くなることから、日本での役職が管理職か非管理職かによって、手当の金額に大きな差が生じます。そのため、「赴任先での仕事の内容に大差はないのに、海外勤務手当の額が大きく違い過ぎる」と、国内での役職が非管理職の社員から不満が出ることが多くなります。また、年収の一定割合という形で海外赴任手当を設定する場合も同様の不満が出ることがあります。

たとえば不況等により年収の一定割合をカットする場合、年収に比例して海外勤務手当を支給していると、海外赴任者から「なぜ国内の不況の影響が

海外勤務手当にまで反映されるのか」という不満も生じることがあります。

<u>事例2：役職ごとに定額を支給する方法</u>
　「日本での部長職：〇万円」「課長職：〇万円」「非管理職：〇万円」といった形で定額を設定する方法です。

・メリットと課題
　金額が明示されているので、「〇万円もらっている」と実感でき、赴任者にとってわかりやすいといえます。その一方、各職位差をどのように金額の際に織り込むのか設定が難しく、「国内の役職よりも、現地での役職に応じて海外赴任手当を決めるべきでは」という不満が赴任者から出されることがあります。

<u>事例3：金額を一律とする方法</u>
　役職などに関係なく、「一律〇万円」という形で設定する方法です。

・メリットと課題
　上記同様、単純明快で分かりやすいといえます。その一方、たとえば同じ「10万円」でも、管理職と非管理職では、全体の給与に占める割合が異なってきます。そのため、国内勤務時と比べた手取り給与増加率が、上職者ほど低くなり、上位職者から不満が生じることもあります（ただし、当初よりこのような決め方であった場合、特に問題なく赴任者にも受けいれられている傾向です）。

(3)　参考（他社動向）
　「海外勤務手当の支給基準について教えてください」との質問に対する回答結果は以下の通りです。

【図表17－3－1】 海外勤務手当の支給基準

回答選択肢	回答数	比率
役職ごとに定額で支給 （例：部長クラス15万円／月、課長クラス10万円／月）	68	32%
月収の一定割合（例：月収×20%）	34	16%
年収の一定割合（例：年収×20%）	32	15%
支給していない	31	14%
役職や年収などに関わらず全員一律（例：10万円／月）	22	10%
上記以外の方法で決定	23	11%
不明	5	2％
合計	215	

出所：2022年4月「海外赴任者処遇・税務等実態調査結果
～第3回　海外赴任者の手当・給与・福利厚生・海外赴任者規程・二重課税～」
EY税理士法人・EY行政書士法人より引用

2．ハードシップ手当

(1)　概要

　日本と比較して、生活環境（治安、気候、年収、食生活、生活利便性）が非常に厳しい地域に赴任する社員に対して支給する手当です。ただし何をもってハードシップ手当を払う根拠とするかは会社により様々です（実際はそのような明確な基準を持ち合わせていない企業も少なくありません）。たとえば、「生活利便性」のみに注目している企業もあれば「様々な要素」をハードシップに組み込んでいる企業もあります。そのため、利便性は高いものの、政情不安であったり反日感情が強い都市の場合、前者の基準ではハードシップ手当の支給対象にはならないものの、後者の基準であれば手当の支給対象になります。どちらがよいかは会社の考え方次第ですが、「何を根拠に払っているか」は明確にしないと、赴任者から金額について不満が生じたり、新たな拠点が設立された際、その都市のハードシップをどう設定するかが明確でないため、説得力のある説明ができず、結果として赴任者の要求に従うか、明確な理由を説明できないまま支給しないことで、赴任者から不信感を持たれるリスクがあります。特にコロナ禍ではこれまでハードシップの対象とならないと認識されていた都市においても非常に生活自体が不便であったり安全面で不安を抱える場合もあり、ハードシップ手当の考え方の明確

化がより必要になるといえます。

　また、ハードシップ手当の主な支給対象地域は、開発途上国であることが多く、それらの地域の生活環境は毎年変化しています。

　それにも関わらず、5年もしくはそれ以上前に設定したハードシップ手当の額を支給している場合、現状ではかなり生活環境がよいにも関わらず、結果的に多額のハードシップ手当を支払うことになり、欧米地域の赴任者から「なぜ、〇〇国にハードシップ手当を支給するのか理解できない」といった不公平を生む要因にもなります。

　よって、ハードシップ手当の水準は、他の手当以上に頻繁に見直す方がよいでしょう。

　また、同一国内であっても、都心部と地方では生活環境は大きく異なることがあります。そのため、同一国内にいくつか拠点を保有し、各地に赴任者を送り出している場合、各地域の事情に応じてハードシップ手当額を設定しないと、不公平感が募る恐れがあります。

(2)　他社事例

事例1：調査機関が行う調査結果を参考に設定する方法

　人事労務専門雑誌等が行っている、「海外赴任者の給与」に関する調査結果を参照して設定する方法です。

・メリットと課題

　他社の支給金額の実額がでているので、ハードシップ手当としてどのくらい支払えばよいかといったイメージがしやすいのがメリットです。

　しかし、一般に調査に回答している企業は大手企業が中心です。そのため、中堅・中小企業の水準とはやや異なる点は否めません。また、給与水準は企業によりかなり差がある為、たとえば「ハードシップ手当が月に5万円」といっても、全体の給与に占めるインパクトがどれほどあるのか、その額が全体の給与から比較して多いのか少ないのかといった点まではこの資料からは判断できません。

事例2：生計費指数提供会社が販売している「ハードシップ指数」をもとに作成する方法

生計費指数提供会社が東京を基準として作成した、他都市のハードシップ指数を参考に設定する方法です。

・メリットと課題
　各都市間のハードシップの違いが治安や医療・文化・気候・教育・インフラ面等を勘案し、数値化されているので、都市による差が一目瞭然です。多数の海外拠点がある場合、地域によるハードシップ手当の違いを把握するのに便利です。ただし、ハードシップ指数を購入する必要があるため、毎年、必ず購入コストがかかります。

　また、あくまで「指数」ですから、「ハノイとニューデリーはどれだけ違うのか」といった差はみることはできますが、具体的に「〇〇円が妥当」といった指標はなく、実際の金額の設定は結局、自社で行わなければなりません。

事例３：赴任者および赴任経験者の声をもとに金額を設定する方法
　自社の赴任者からの不満や意見などをもとに金額を設定する方法です。

・メリットと課題
　赴任者の声を反映しているという点で、赴任者にとって「自分もハードシップ手当の決定に参画している」という意識が芽生え、赴任者にとって納得度が高いといえます。

　一方、赴任者が多数いる地域の場合、その分だけ発言力があるため、意見として通りやすくなりますが、赴任者が少数又は一人の場合、意見としてのインパクトが低くなり、赴任者の少ない地域は結果的に冷遇される傾向があります。

　また、赴任者の意見をうのみにしてしまうと、「多少誇張してでもハードシップの高さを訴えたほうが得」という現象を生み出すことにもなりかねません。

　よって、本方式を取り入れる場合は、赴任者の声だけでなく、客観的な立場にいる本社人事担当者が各地を回ることで、赴任者の意見に調整を加え、最終的にハードシップの手当の金額を設定することが重要です。先にも述べましたが、会社としての「ハードシップの定義」をしっかり定め、それに基

づき支給額を定めることが求められます。

(3)　参考（他社動向）

　「ハードシップ手当の支給対象都市・金額基準決定方法についてもっとも重要な決定要素を教えてください」との質問に対する回答結果は以下の通りです。

【図表17－3－2】ハードシップ手当の基準

回答選択肢	回答数	比率
コンサルティング会社や調査会社の発行する指数	108	50%
支給していない	51	24%
自社独自の基準や調査結果	31	14%
他社事例	7	3％
本社経営幹部等、上位役職者の意見	6	3％
赴任者の意見	1	1％
上記以外の決定要素	7	3％
不明	4	2％
合計	215	

出所：2022年4月「海外赴任者処遇・税務等実態調査結果
～第3回　海外赴任者の手当・給与・福利厚生・海外赴任者規程・二重課税～」
EY税理士法人・EY行政書士法人より引用

3．単身赴任手当

(1)　概要

　一部またはすべての家族が日本国内に残留した場合に支給する手当です。家族を残して赴任する社員に対し、ほぼすべての企業が当該手当を支給しています。

　ただし中には、「海外に赴任する場合は家族の帯同を前提とする」という確固としたポリシーがある会社も存在します。こういった会社においては単身赴任は会社の意向に沿っていないとみなされ、単身府に手当が支給されない場合もありますが、非常に少数な事例であるといえます。

　単身赴任手当の設定に当たっては、二重生活に伴うコスト増をどのように

捉えるか難しいところです。

(2) 他社事例
事例1：海外基本給（または国内基本給）の一定割合を単身赴任手当として支給
　「海外基本給の〇％を単身赴任手当とする」といった形で設定する方法です。

・メリットと課題
　役職による金額の差を自動的に織り込むことができます。一方、非管理職で、基本給が非常に低い場合、それに応じて単身赴任手当も低くなる為、国内の役職が管理職か非管理職かで金額に大きな差が出てしまいます。その結果、非管理職者から不満が出ることも多くなります。

事例2：役職ごとに定額を支給する方法
　「部長職〇万円、課長職△万円、非管理職×万円」といった形で定額で決定する方法です。

・メリットと課題
　金額が明示されているので、赴任者にとってわかりやすいといえますが、各職位差をどのように金額に織り込むかの設定が難しいといえます。

事例3：金額を一律とする方法

・メリットと課題
　単純明快で分かりやすいのが特徴ですが、たとえば同じ「10万円」でも、管理職と非管理職では、その金額の重みが違うため、上職者からは不満が出ることがあります。

(3) 参考（他社動向）
　「単身赴任手当の支給基準について教えてください」との質問に対する回答結果は以下の通りです。

【図表17－3－3】単身赴任手当の支給基準

回答選択肢	回答数	比率
役職や年収などに関わらず全員一律（例：10万円/月）	56	26%
支給していない	56	26%
役職ごとに定額で支給 （例：部長クラス15万円/月、課長クラス10万円/月）	28	13%
赴任者の家族状況（扶養家族数等）を元に決定	27	13%
月収の一定割合（例：月収×20%）	23	11%
年収の一定割合（例：年収×20%）	3	1%
上記以外の決定要素	15	7%
不明	7	3%
合計	215	

出所：2022年4月「海外赴任者処遇・税務等実態調査結果
～第3回　海外赴任者の手当・給与・福利厚生・海外赴任者規程・二重課税～」
EY税理士法人・EY行政書士法人より引用

4．現地役職手当

(1)　概要

　赴任先での職責に基づき支給される手当です。赴任先の職位は日本での職位より2ランクくらい上がることが多くなっています。そのため、相対的に高くなった職位に対して手当を支給することがあります。

(2)　他社事例

・メリットと課題

　たとえば日本での役職が全く同じでも、赴任先の職位が大きく変わることがあります。たとえば一方が社長職、もう一方が部長職、といった場合です。この場合、日本での役職や給与にひも付きの海外給与・手当制度の場合、この二人の海外勤務時の給与は全く同じになる可能性があります。

　そのため、任地での役職に見当った手当を設定すれば、この二人の任地での役割の大きさの違いは給与の一部として反映されます。ただし難しいのは、同じ「社長」であっても「規模の大きい現地法人」と「小さな現地法人」で同じ「社長としての手当」でよいのか、もし差をつけるならどういう方式が

望ましいか、等の設定が難しいといえます。ある企業では現地法人の売上により現地法人の「社格」が明確に決まっており、この「社格」と役職に応じて手当が設定されていました。

(3)　参考（他社動向）
　「海外勤務手当の支給基準について教えてください」との質問に対する回答結果は以下の通りです。

【図表17－3－4】海外勤務手当の基準

回答選択肢	回答数	比率
役職ごとに定額で支給 （例：部長クラス15万円／月、課長クラス10万円／月）	68	32%
月収の一定割合（例：月収×20%）	34	16%
年収の一定割合（例：年収×20%）	32	15%
支給していない	31	14%
役職や年収などに関わらず全員一律（例：10万円／月）	22	10%
上記以外の方法で決定	23	11%
不明	5	2 %
合計	215	

出所：2022年4月「海外赴任者処遇・税務等実態調査結果
～第3回　海外赴任者の手当・給与・福利厚生・海外赴任者規程・二重課税～」
EY 税理士法人・EY 行政書士法人より引用

Q17-4

海外赴任者への給与支給方法

海外赴任者の給与支給方法としてよくあるパターンや、パターン別で見た留意点について教えてください。

A17-4

1．海外赴任者規程で定めた給与・手当をどう分けるか

通常、海外赴任する社員の給与は出向元で定めた海外給与規程に沿って決定されます。

仮に海外勤務するA氏の海外赴任中の給与・手当の合計額が以下の通り合計73万円である場合、この金額をどのような配分で支給するのでしょうか（あくまで例であるため、社会保険料の控除などはここではあえて触れません）。

【図表17－4－1】給与・手当

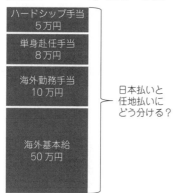

海外赴任者A氏に支払う給与内訳（例）
（手取り）

基本給：50万円
海外勤務手当：10万円
単身赴任手当：8万円
ハードシップ手当：5万円

2．給与の支給方法

海外赴任者に支払う給与の支給方法は大きく以下の3つのパターンに分かれます。

1つ目は、日本本社で定めた給与・手当（先の例でいうと73万円）を、日本と赴任先から分けて支給するパターン(1)です（例：日本43万、任地30万など）。

2つ目は、給与・手当全額を日本から全額支給するパターンです。

（このパターンのなかには、一見、(1)のように現地法人が本人の現地口座に給与を支払うものの、当該現地払いは何らかの方法で日本本社が回収、日本本社は自社の海外赴任者規程に沿って支払う給与と手当全額を赴任者に支払うという形もありますが、複雑かつ、お金の流れが不透明になりがちで推奨できないため、方向では割愛します。）

3つ目は(2)と逆で、出向元である日本から支給せず、すべて現地法人から支給する方法です。

【図表17－4－2】給与の支給方法

(1)　日本と赴任先から分けて支給するパターン
(2)　日本からのみ支給するパターン
(3)　現地法人からのみ支給するパターン

このうち、最も多いのが(1)、次が(2)、最も少ないのが(3)となります。

では、以下にそれぞれのパターンについて順番に説明していきます。

(1)　日本と赴任先の双方から分けて支給する場合

本社で定めた海外赴任者の給与・手当の合計額を、日本本社と現地法人の双方から支給する方法です。この方式を採用する企業が圧倒的に多いといえます。赴任者にとっても、現地での生活のため現地通貨は必要ですし、日本での各種引き落としや日本に残す家族の生活費および貯蓄のためにも、いずれ日本に戻ることを前提にしているなら、日本払いは必要になると考えられます。また、日本払い分を現地法人に請求しないと、日本の税務調査において「国外関連者への寄附金」とみなされるリスクがあります。

【図表17－4－3】 イメージ図⑴

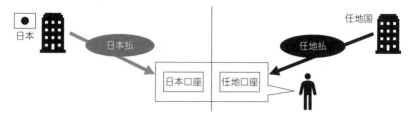

　A氏の場合、海外基本給、海外勤務手当、単身赴任手当、ハードシップ手当が支給されることになっており、その合計額は73万円です。ではこの73万円を本社と現地法人でどのように分けて支払うのでしょうか。一口に「日本と現地で分けて払う」といっても分け方は様々です。支給方法は【図表】のような形が考えられますが、それぞれについてみていきます。

【図表17－4－4】 日本と赴任地で給与を払う場合の給与支給方法

---

① 　現地給与水準までは赴任地の現地法人が支給、残りを本社が支給する場合

② 　現地法人が支給できる額を現地法人が支給、残りを本社負担する場合

③ 　本人の希望額を現地支給、残りを円で払う場合

④ 　基本給部分は現地法人から、手当は本社から支払う場合

　以下に順番に解説していきます。

①　現地給与水準までは現地法人が支給、残りを本社が支給する場合

　たとえばA氏の現地での役職に見合った現地法人での給与水準がUSD3,000だった場合、現地法人からはUSD3,000が支給、日本本社からは海外基本給と手当の合計額（73万円）からUSD3,000を控除した額が支給されます。

a) 為替レート変動による影響

　総支給額が73万円と、円建てで決まっているため、為替レートの変動が日

本払い給与に影響を与えることになります。つまり以下の通りです。

【図表17－4－5】計算式1

> 給与総額73万円、現地から3,000ドル相当が支払われる場合の日本払給与
>
> 日本からの支給額は73万円から3,000ドルを控除した額となる
> この場合、レートにより日本払いの金額が異なることになる
> 　1ドル80円の場合　：73万円－3,000ドル×　80円＝日本払い給与は49万円相当
> 　1ドル100円の場合：73万円－3,000ドル×100円＝日本払い給与は43万円相当
> 　1ドル140円の場合：73万円－3,000ドル×140円＝日本払い給与は31万円相当

　もちろん、為替レートを毎月見直すことは少数であり、1年固定のケースが多いことから毎月、手取り給与が変動するといったことはそれほど発生しないと思われます。ですが為替レートが変動すると、翌年からの給与が変動します。
　為替レートが円安方向に推移すれば、本人の手取りが減る場合があることから、赴任時点のレートを固定してしまう場合も少ないながら存在します。ではその場合、どのような課題があるのでしょうか。

b）赴任時点のレートで日本払い給与、任地払い給与を固定する方法
　具体的には、A氏の赴任時点の為替レートが1ドル100円の場合、A氏の赴任期間中の給与は「日本から43万円、現地法人から3,000ドル」と固定してしまう方法です。
　この場合、以下のような状況になりえます。

【図表17-4-6】計算式2

> 給与総額73万円を、赴任時レート（1ドル100円）で固定した場合
> A氏の給与は日本円で43万円、現地通貨3,000ドルとなる。
>
> この場合、赴任中に為替レートが変動した場合
> 1ドル100円が140円に推移（円安に）
> 為替レートを見直す場合、3,000ドルは42万円相当なので、
> 日本払いは73万円－42万円＝31万円になってしまう。
> →赴任者の立場では、
> 「毎年レートの見直しがあれば、自分の日本払い給与は31万円になって
> しまうので、為替レートは1ドル100円で固定されていて良かった」と
> 感じている
> ➡この場合、人事部門に対して何も言わない
>
> 1ドル100円が80円に推移
> 為替レートを見直す場合、3,000ドルは24万円相当なので、
> 日本払いは73万円－24万円＝49万円になる
> →赴任者の立場では、
> 「もしも毎年レートを見直してくれれば、自分の日本払い給与は49万円
> になったはず」と不満に感じる可能性
> ➡人事部門に対して、「為替レートは毎年見直すべきだ」という苦情が
> 届く

　このように a)であれ b)であれ、赴任者の立場に立てば、自分にとって不利になれば不満は生じます。b)については個人別に見れば、赴任中の手取り給与は固定されるので少なくとも目減りはしません。しかし円建てで決まった海外勤務中の給与と手当を赴任時点の為替レートで固定するということは、赴任時点のレートにより人により損得が生じてしまい公平とはいえません。

　このように為替レートについては公平性の追求が非常に難しいといえます。そのため、為替レートについては事前の説明と、急激な為替レートの変化へ

の対応方法については、「どこまで変動したら見直しをするのか」を事前に説明し、その見直しラインに達するまでは見直しは行わないなどを事前に説明しておくことが非常に重要です。

　そうでないと、その都度その都度の赴任者の不満に応えるべく、暫定的な見直しをした結果、対応がバラバラになったり、会社としての為替に関するポリシー自体が揺らぎ、そもそもどのレートが本来あるべきレートだったのかがわからなくなることがあります。

② 　現地法人が支給できる額を現地法人が支給、残りを本社負担する場合

　上記①と異なり、現地法人における海外赴任者の役職に見合った給与水準が決定されていないケースです。現地法人の財政事情やその時の事情に応じて、支給額を定め、その差額を日本から払うという支給方法です。

　この場合も現地通貨が円で、残りを日本円で払うことから上記①同様、日本払い給与は為替レートの影響を受けます。

③ 　本人の希望額を現地支給、残りを円で払う場合

　現地でかかる生活費は人によって異なることから、本人の希望額を現地生活費相当として現地から支払い、残りを日本から支給する方法です。こちらも為替レートの影響を受けることになりますが、本人が現地と日本での給与支給割合を選ぶことができる事から、上記①②よりは本人からの苦情は少なくあります。ただ、現地で生活する以上は現地通貨が必要になる為、円安になれば多少の不満は生じることになります。

④ 　基本給部分は現地法人から、手当は本社から支払う場合

　購買力補償方式を採用している企業の場合、「基本給は現地の生活費のため現地通貨、手当は日本での貯蓄相当なので日本から円で支給」という方法を取っていることも少なくありません。通常、購買力補償方式で使用する指数は為替レートと連動しているので、理論上は為替の調整は行われているはずです（実際にはそこまでタイムリーに現地物価に対応できているとは限らないかもしれませんが）。企業によっては本人の赴任形態等を考慮し、生計費指数や為替レートを乗じて算出する海外基本給のもととなる任地生計費相当額を調整できるようにして為替レートの影響を緩和する等の仕組みが導入

されていることもあります。

(2)　日本からのみ支給する場合

　本社で定めた海外赴任者の給与・手当の合計額を、全額、日本本社から支給する方法です。

【図表17－4－7】イメージ図(2)

日本の口座に全額支給・本人が適宜現地通貨で引き出し

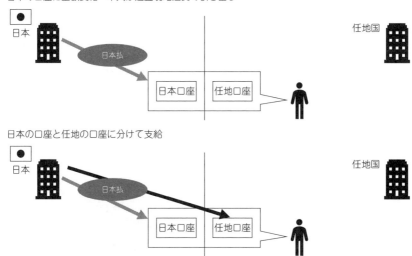

日本の口座と任地の口座に分けて支給

　この方式を採用する企業は「(1)日本と赴任先の双方から分けて支給する場合」よりは少ないもの、少なからず存在します。

　中には赴任者個人との金銭のやり取りは、現地側での法令上の制限がない限りは、赴任者の立替経費精算を含め、全て日本本社を通じて実施している企業もあります。この方式の場合、現地が直接家主等に支払っている費用以外はすべて本社が把握しているため、赴任者にかかっているコストは把握しやすい状態です。一方で、様々な請求がすべて本社に対して行われているため、精算作業だけでも年間数万件に上り、人事側の手間と時間が相当かかる状況です。

　なお、為替レートについては上記(1)同様、円建てで給与総額を決めている

以上、円安になると現地通貨に換算した額が小さくなり不満は生じます。また、日本払い分を現地法人に請求しないと、日本の税務調査において「国外関連者への寄附金」とみなされるリスクがある点も(1)と同様です。

(3)　現地法人からのみ支給する場合
　海外赴任中、給与は日本から支給せず、任地から全額支給するケースです。

【図表17－4－8】イメージ図(3)

任地の口座に全額支給・本人が適宜送金等

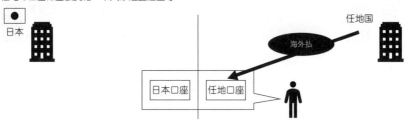

任地の口座と日本の口座に分けて支給

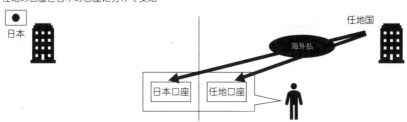

　海外赴任中も日本から報酬が支給されていることが、日本の社会保険継続には必要です。そのため、本ケースのように日本から給与が全く支給されない場合は、本来は社会保険の継続が難しくなるはずです。また、日本の口座に給与が振り込まれないと、日本に残した家族の生活費や住宅ローンの引き落とし等に影響するため、海外から日本の口座に送金することを検討されることもあります。さらに給与が全額現地通貨又はドルだと、給与全額が為替リスクにさらされますし、帰任時に現地口座に残った多額の現地通貨を簡単には持ち帰れない、という事態に遭遇することもあります。つまり赴任者にとっては決してありがたくない方法といえます。また、会社にとっても日本

払がないことで、赴任中、赴任者から徴収が必要な出費にも給与から天引き
することができません。そのためこの方法を採用する企業は従来、ほとんど
ありませんでしたが、最近、少しづつながら増えている印象です。

　では、赴任者・企業側にとって決して利便性が高くないこの方式はなぜ増
えているのでしょうか。外資系企業のように一部の役職者を除いては、出向
したら出向先の法人の給与体系に沿うことが出向時のルールになっている企
業というのはまだ少ないと思われます。そのような中、この方式が少しづつ
増えている理由としては税務リスク低減の観点が挙げられると考えられます。

【図表17－4－9】日本から報酬を支給しないことのメリット

> 1．日本に一時帰国し、非居住者の国内源泉所得が生じても、日本払い
> 　給与がないため、日本で源泉徴収を行う必要がない
> 　➡コロナ禍の一時帰国時のように、日本払い給与について源泉税を
> 　払う必要がなくなる（ただし一時帰国中、その帰国期間が長期にな
> 　り、日本と赴任国間の租税条約に基づく短期滞在者免税の規定を満
> 　たさない場合や、赴任国と日本の間に短期滞在者免税の適用がない
> 　場合は任地報酬は、日本で確定申告が必要になる）
>
> 2．出向者コストを日本本社が支払わず、負担もしないので日本の税務
> 　上、寄附金として課税されるリスクを排除できる
>
> 3．日本本社と現地法人間で出向者コストの請求等は生じないので、現
> 　地税務リスクが請求がある場合に比べて生じにくい

グローバルなモビリティポリシーの必要性

　最近、日本から海外に赴任する社員以外に、海外から日本本社に赴任するケースや、海外子会社の社員が別の子会社に赴任するケースが増えています。数年前にグループ全体のモビリティポリシーは作成したのですが、漠然とした内容で実用性に欠けていると感じています。比較的規模の大きい海外子会社から、「本社でグローバルなポリシーを作る予定がないなら、こちら主導でグループ全体のものを作ることを検討してよいか」という問い合わせも受けています。とはいえ、今後もおそらく日本から海外に赴任する社員が、グループ全体の赴任者の大半を占めていると考えられます。このような状況ですが、今後どのように進めるべきでしょうか。

1．日本の海外赴任者規程をもとに作成する場合

　日本の規程をもとにグローバルなポリシーを作るという方法です。

　基本的にグローバルモビリティポリシーは海外赴任する際の処遇の考え方を決めるものなので、そこで規定される事項は日本の海外赴任者規程と大きく異なるものではありません。

　一般に日本の海外赴任者規程は、「海外勤務の考え方」等はあまり記載されておらず、海外赴任前、赴任中の給与や手当、福利厚生についてその水準が淡々と記載されているだけです。

　そのため、「Aという考え方に沿って、この手当はこのくらい払う」という形で物事が決まっているわけではない場合が多いようです。

　また、自社のポリシーに沿った処遇を提供することよりも他社比較した際の水準が処遇を検討する上で重要になりがちです。そのため、同業他社の人事担当者との公式・非公式な会合の場において、情報交換が行われ、「Ｘ社がこの水準なら、うちもこのくらいにしようかな」という発想になりがちです。つまり会社の方針に照らして物事を決めるというよりも、「〇社が△△だから、当社もこうしようと思う」という形が経営者を説得しやすいという点が日本の企業の特徴の一つともいえます。

　確かに他社と比べて見劣りする内容では海外赴任したい社員が現れないですし、他社比較することは、競争力ある処遇を考えるうえで非常に有効で

す。

　しかしそれにフォーカスしすぎると、「芯のとおった会社の考え方」がないため、それを単に英語に翻訳しただけでは、「ポリシー」といえるものができません。

　また、日本の規程は役員クラスも一般社員も、赴任した以上は同じ待遇の福利厚生を提供されるケースも少なくありません。（家賃や航空機座席などは多少違う面もありますが）。

　日本ではそれが当たり前で、役職により差をつけるとかえって批判が生じることもあるので日本の中では違和感ないものであるとも考えます。

　しかしそのような規定をそのまま海外に当てはめると、海外の基準からすると高職位者には若干もの足りないものになり、役職が低い場合は、かなり過分な処遇になることもあり得ます。

　また、日本からの赴任者については多くの場合、「手取り補償」方式が採用されています。

　そのため、日本で発生するであろう所得税等は日本の給与から、「みなし税」として控除する代わりに現地の所得税などは会社が負担するのが一般的です。また、日本の所得税法では、1年以上の予定で日本を離れる人は、出国翌日から日本の非居住者になります。非居住者は日本国内源泉所得しか課税対象になりません。

　そのため日本本社で従業員の場合は、日本の地で業務を行わない限りは日本からいくら給与を支払っても日本で課税されることはありません。そのため、給与の支払い方によって、日本の所得税額が変わることはないのが通常です（日本払いは赴任先で、赴任先払い給与と合わせて申告・納税することになります）。

　一方、所得税法は国により異なります。そのため、国によっては、仮にその国を出国して海外で勤務を行っていても、出向元の国で払った給与は出向元の国で源泉徴収が必要になる場合もあります。そのため、これらの課税が生じないよう、出向元払い給与を支払わないケースも見られます。

　このように、海外赴任に際して検討が必要な出向元の所得税の考え方が違うため、その点も考慮が必要ですが、日本からの規程をそのまま翻訳して使うと、かならず出向元払いがある建付けになることもあります。

　つまり、日本の規程をそのまま翻訳するだけでは、世界各国で利用できる

モビリティポリシーにならないことがあります。

2．具体的なことを定めず方針の記載にとどまる場合

　上記「1」の指摘事項に配慮し、細かな処遇は記載せず、「○○についての支給は行う（行わない）」といった各項目の大枠だけ記載されたポリシーもあります。また、ポリシーといっても、基本的には項目の羅列にすぎない場合もあります。しかしこれだと、結局、各現地法人で制度を考えるうえで、「これをもとに何をどう決めるか」はすべて現地にゆだねられることになり、項目の並び順が同じであるだけで、「グローバルな処遇とその方針を定めた内容」という観点では物足りない場合もあります。そのため、結果として活用されず、後年、「そういえばこんなポリシーを作っていました」と過去の遺物に化してしまうこともあります。

3．日本の規程を全く考慮せず、新たなポリシーを作る場合

　日本からの赴任者がグローバルレベルで見た赴任者の大勢を占めており、今後は現地法人間での赴任者数が増えるとはいえ、依然として日本からの赴任者が半数以上を占めるにもかかわらず、日本の海外赴任者規程を考慮せずポリシーを作成する場合があります。モビリティポリシーを作成しようという機運が海外から挙がる場合がこの例です。「当社はグローバル企業なのだから、海外赴任者の規程もグローバルであるべきだ」という発想が経営者や人事部門に背景にありますが、その考え方が日本からの赴任者に受け入れられるとは限りません。

　たとえば、日本企業が買収した海外の企業がいわゆるグローバル企業であり、すでにグローバルなモビリティポリシーを持っているケースなどです。

　一方、買収した日本企業側は、日本からの海外赴任だけを前提とした海外赴任者規程しか持っていません。日本の人事担当者側も忙しく、海外現地法人にそういった知見を保有してる人がいて、「こちらで作ります」というのなら、現地に任せることになる場合があります。

　このケースの場合、海外子会社とその会社が契約したコンサルティング会社との間でポリシー作成のミーティングが進みます。当然、彼らは日本の処遇や考え方は知りませんから、日本の税務や社会保険の取扱いを把握していない可能性があります。そのような状況で日本側が特段、関与しないまま任

せていると、日本からの赴任者には受け入れがたいものになっている場合も
あります。前述の通り、日本の海外赴任者規程については、海外赴任時の処
遇は、給与や手当等が一部異なる場合があっても福利厚生などについては、
役職にかかわらず同レベルの場合も多く、それについて上位職者も特に違和
感を抱いていないケースも少なくありません。つまり役職にかかわらずフル
サポートのパッケージが付与されているとも言えます。

　ところが海外のポリシーの場合、役職や赴任目的により、処遇にメリハリ
がついています。

　そのため、そのメリハリがついた規程をそのまま日本からの赴任者にあて
はめると、職位が高くない人にとってはかなり厳しい処遇になる可能性があ
ります。

　また、出向元払いがない給与体系の場合、海外赴任中、日本の社会保険が
継続できなくなるなど、日本からの赴任者にそぐわないものになります。そ
のため、ポリシーを作ったのはよいものの、機能せずお蔵入りになってしま
うリスクがあります。

　また、「せっかく作成したのだから」となんとか使おうとすると、そのま
までは使えないので、日本オリジナルの例外ルールが大量にできて、かえっ
て複雑な状況になります。結果、「このポリシーは日本では使えないから」、
と再び日本用に規程を作り、グローバルモビリティポリシーは日本以外の現
地法人が適用、日本は再び独自のものを作り、結局グローバルな規定は作っ
たが、日本は適用しないという状況に陥る可能性もあります。

　「既存の日本の規程に縛られないで新たなポリシーを作成する」として、
新しい考えを取り入れるのは非常に良いことですが、大半の赴任者にとって
違和感のある規定だと長続きしません。

　冒頭にも書きましたが「当社はグローバル企業であるから、規程もグロー
バルであるべき」と、既存の海外赴任者に押し付けると機能しない可能性が
あります。

　つまり、この方式を取る場合、海外にお任せにせず、検討の初期段階で定
めるであろう「海外赴任時の処遇」や「育成の考え方」等の部分から現在の
日本の海外赴任者制度をよく理解している人が関与し、日本から赴任する場
合の考え方や課題になっていることも、モビリティポリシーのプロジェクト
チームにインプットする必要があります。

英語で議論が進むとなかなか理解できない場合、定期的に報告会を設けて
もらって、軌道修正が必要かどうかについて、都度確認する必要があります。

4．日本からの赴任者にも海外現地法人からの赴任者にも通用する複線型の制度を作成

　上記の通り、「1．日本の規程をそのまま翻訳して使う」形だと、日本以
外の国からの赴任にそぐわない面が出てきます。一方で、「2．具体的なこ
とを定めず方針の記載にとどまる場合」も、結局何も決まっていないも同然
です。さらに「3．日本の制度を考慮せず、グローバルなものを作ると、今
後は赴任者の大半である日本人の考え方にそぐわないものになる」というリ
スクがあります。

　そのため、その中間として、新たな考えは取り入れつつも、日本人にもな
じむものにする必要があります。また、これまでの「生え抜きの日本人男性
の管理職」だけだった時代から変化し、女性や外国人、役員など、様々な属
性の方が海外赴任するようになっています。つまり、日本からの赴任者だけ
みても、多様化しています。そのため、単一の処遇を設定するのではなく、
「海外赴任時の処遇に関するポリシー」を設定しつつも、赴任目的、赴任期
間、業務内容等に応じた処遇を検討する必要があります。

　よって、「日本人だからこの枠組みを適用する」のではなく、それぞれの
状況に応じて当てはまる処遇制度を用意することが、様々なケースに対応す
るには有効です。この方式で進める場合、まずは過去にどんな赴任者がいた
のか、今後発生する赴任者としてはどのようなケースがありえるのか、日本
からの赴任者はもちろん、海外現地法人からの赴任者のケースもヒアリング
してみるとよいでしょう。

　そのうえで、どんなケースがあり得るのかを整理し、それぞれにおいてふ
さわしい処遇をディスカッションし、当社グループにおいてはどのくらいの
パターンの処遇が考えられるかを、整理していきます。考え方としては、
「給与・手当」「福利厚生」「税・社会保険料」の3つに分けて考えていくこ
とをお勧めします。

　中には、「複線型の処遇を考えると一つのポリシーになりえないのではな
いか」という不安をお持ちの方がいるかもしれません。

　しかし、「当社の海外赴任の考え方は〇〇である」という大枠のポリシー

を定めた上でそのポリシーに照らして処遇を考えた場合、「給与については
△△と考える。そのため、赴任目的や業務内容・赴任期間を考慮すると、給
与タイプとしてはA〜Dまでの4タイプに分けられる。基本となるポリシー
に照らしと処遇Aであれば手当はこのくらい、処遇Bであれば手当はこのく
らい、処遇Cでは手当は払わない・・・」といった形で整理していきます。

　そうやって考えていく中で、いろいろな矛盾に気が付いたり、考え方がさ
らに整理されることになります。

　また、国をまたぐ移動において、税金や社会保険の取扱いは国によって大
きく異なります。そのため、この点を考慮せずモビリティポリシーを作って
しまうと、様々な矛盾や解決しない事態が生じ、機能しないものになります。

　最近話題になっている海外リモートワークを考えるうえでも税務の観点の
検討は非常に重要です。仮に立派なポリシーを作成しても、思わぬ課税を
様々な国からされて非常にコストがかかってしまったり、申告漏れを起こし
てしまった、では意味がありません。

　一方、税務面のリスクを気にしすぎてそればかりに気を取られると、「あ
れもやってはダメ、これもやってはダメ」と赴任先で意義ある活動ができな
くなり、赴任する意義が薄れる可能性があります。

　そのため、ポリシーを考える際には、どんな赴任形態が考えられるかを整
理しつつ、税務や社会保険に関する重要ポイントを処遇と税務を並行して検
討しながら制度設計を行うことが必要になります。

5．参考（他社動向）

(1)　海外赴任者規程の抜本的な見直し時期

　「前回、海外赴任者規程の抜本的な見直しや新規作成を行ったのはいつで
すか」との質問に対する回答結果は以下の通りです。

【図表17－5－1】規程の見直し

回答選択肢	比率
過去1年以内	16%
過去3年以内	16%
過去5年以内	14%
過去10年以内	20%
10年以上前	14%
その他	1%
不明	19%
合計	

出所：2022年4月「海外赴任者処遇・税務等実態調査結果
～第3回 海外赴任者の手当・給与・福利厚生・海外赴任者規程・二重課税～」
EY税理士法人・EY行政書士法人より引用

(2) 海外赴任者規程見直し・新規作成時の課題

「海外赴任者規程の見直しや新規作成を実施するにあたり、対応が最も難しいと感じる要素を教えてください」との質問に対する回答結果は以下の通りです。

【図表17－5－2】対応が悪い点

回答選択肢	回答数	比率
世間相場の把握（手当・給与・福利厚生等）	93	43%
グローバル共通で利用できる規定作成のためのノウハウの習得	37	17%
赴任者コストの削減	30	14%
税務リスク（日本・海外）低減	27	13%
特になし	4	2%
その他	7	3%
不明	17	8%
合計	215	

出所：2022年4月「海外赴任者処遇・税務等実態調査結果
～第3回 海外赴任者の手当・給与・福利厚生・海外赴任者規程・二重課税～」
EY税理士法人・EY行政書士法人より引用

Q17-6

海外赴任者コスト管理の必要性

　海外赴任者にかかるコストの管理が重要であることは理解できますが、より具体的に教えてください。

A17-6

　総コスト管理は次の2つの観点から非常に重要です。にもかかわらず、多くの企業においては、赴任者1名あたりにかかる総コストを正確に把握していないのが現状です。

　たとえばある企業では、海外事業を加速させるために本社から大量に赴任者を送り込んだ結果、海外の売上は増加したのですが、その分だけ本社と現地法人のコストは増えたことから、グループ全体で考えると、増えた利益より赴任者にかかった費用の方が多かったことが後になって判明しました。このようなケースは決して珍しいことではなく、たまたまこの会社についてはきちんとコスト分析を行ったことで判明しただけであり、多くの企業においても似たような現象が起きている可能性は十分にあります。

　では、コスト管理を行っていないと、どのような問題が発生するのでしょうか。

1．海外赴任中の処遇制度の見直しを総額コストを考えずに行ってしまう

　赴任者1人当たりの年間総報酬額を念頭に置いていないと、給与や手当、福利厚生等わかりやすい項目だけで物事を判断しがちです。特に赴任者の給与改定の際には、改定前と改定後でコスト比較するのは基本給や手当が中心で、福利厚生制度の見直しを行う場合も、その見直し結果が赴任者にかかる総コストまで細かくは考えていないケースが少なくありません。

　本社側は「赴任者の要望に応じて、規程を変更し給与と手当にかかる総コストを大きく変えず、待遇の公平化が実現できた」と喜んでいても、そこにかかる所得税の試算や福利厚生にかかるコストを考えていないため、赴任者にかかるコストはさらに増加してしまい、赴任者コストを負担している現地法人側に大きな負担が発生していることもあります。そのため、現地の経営を担っている赴任者から、「本社が勝手に海外赴任者の規程を変えたことで、

一部の赴任者は手取りが増えたと喜んでいるようだが、現地法人の負担が増えてしまい、現地の利益が減り、かえって迷惑している。赴任者の総人件費も考えずに一部だけをみて規程を改定するのはやめてほしい」といった声すら聞かれることがあります。

2．海外赴任時の総コストを考えずに海外赴任者を選任してしまう

　日本勤務時の報酬は低くても、海外に赴任させると途端に総コストが大きくなるケースがあります。一例としては通学可能エリアに日本人学校や適切な現地校がなく、帯同子女の通学できる学校がインターナショナルスクールしかない地域に、複数の子女を帯同して赴任するケースです。この場合、日本の主任クラスで家族帯同する人材が、部長クラスで単身赴任する人材よりも年間コストは高くなることも稀ではありません。

　インターナショナルスクールの学費は、日本人学校と比べて通常、非常に高額で、子女1人当たり、年間2万〜3.5万ドル程度かかります。仮に子女を3人帯同してインターナショナルスクールに通わせれば、学費だけで年間1,000万円以上かかります。5年の赴任期間なら学費だけで5,000万円以上の支出です。もちろんインターナショナルスクールの学費全額を会社負担する企業ばかりではありません。

　しかし、会社の都合で海外赴任してもらうのであれば、そういった費用を会社負担しなければ、本人は単身赴任するしか選択肢がなくなってしまいます。会社の都合で海外赴任しているわけですから費用がかかるのは本人の責任ではありませんが、帯同家族が多いと医療費や一時帰国費もその分多くなるのは間違いない事実です。さらに家族が多い分、住居についても広いところが必要になりますから、それだけ家賃も高くなります。もちろん、会社側がこの方を赴任させることでかかる総合的なコスト理解し、将来的なリターンまで見越して海外赴任を命じており、また本人もこの海外赴任を前向きにとらえているなら、問題ないのかもしれません。

　つまり、仮にこの方を海外赴任させることでかかる総コストが、この方が海外赴任することで生み出される利益よりも大きくても会社にとって投資であるので問題ない、または他に誰も適任者がいないので選択肢がないためやむを得ない、という前提であればそういった選択も十分にあり得ます。

　なお、ここでは赴任コストを考えるうえで、帯同子女が多いケースを例と

して挙げましたが、決して「家族を帯同させない方がよい」と言っているわけではありません（個人的には赴任者の心身の健康のためにも家族帯同が望ましく、単身での赴任を前提とした規程しか用意しないのは問題だと考えています）。そういった総合的な費用まで考えて、赴任者を選任しているのか、という点です。もしも海外赴任者のコストについてよく理解している人事担当者が赴任者を選ぶ権限を持っていたら、赴任に際して会社が求める要件を満たす人材が3名いれば、そのうち総コストが最も低い人を選ぶのではないでしょうか。しかし、海外赴任者を選定するのは、人事部門の方ではなく各本部の本部長等、海外赴任者に支払われる給与や手当・福利厚生など、赴任者の総報酬についてあまり詳しくない人であることが多いのが現実です。特にその傾向は大企業で顕著です。

　一方、中堅・中小企業は、社員一人一人の家族環境なども経営者が把握していることが少なくありません。そのため、「AさんとBさんなら、Aさんは単身での赴任に対し、Bさんは家族での赴任になるからAさんを選択しよう」といった形で、総コストを考慮して赴任者の選任が行われています。そういった意味で、こういった点への意識の高い経営者のいる中堅・中小企業においては、情報の中央集権化（セントラリゼーション）が進み、大企業よりもはるかにグループ全体でみた利益を見渡した赴任者の人選や報酬管理、税務リスクのコントロールが行われています。

3．赴任地の所得税納税が正しく行われず罰金を払うリスクがある

　海外赴任者の総報酬が把握できていないということは、赴任地の個人所得税が正しく申告されているかどうかも確認できていない可能性が十分にあります。

　実際、海外の年金制度から多額の払戻しを受けられると、本社主導で任地で払い込んだ保険料の還付請求手続きをした結果、本来、日本払いと現地払いの両方について払うべき保険料を、実は現地法人側が現地払い給与に見合った額しか払っていないことが判明、かえって調査の対象になってしまうケースなどは、日本払い給与について正しく申告が行われていなかったことを本社側が全く把握していなかった例の典型的なものといえます。

　よく、本社の人事担当者は「会計事務所に頼んでいるから赴任者の所得税計算は正しく行われているはず。だから当社は何も問題ない」と考えている

ケースがありますが、それは必ずしもそうとは言えません。

　確かに会計事務所は、与えられた条件に基づいた計算を正しく行うことはできますが、会社側から報告を受けていない報酬、赴任者のために会社が業者に払った各種の費用についてまで申告の対象に含めることができないからです。つまり、会社側が申告に必要な情報を適切なタイミングで会計事務所側に提供していなければ、会計事務所が行う税額計算も正しく行うことはできません。その結果、意図せず、所得税や社会保険料の過少申告などが起きることがあります（現地法人に海外赴任者の所得税計算を依頼すると、手取り補償するための計算方法が理解できていないため、計算自体が間違っている、ということも多いので、それよりは手取り補償の計算方法になれた会計事務所を使った方が大いに安全ではありますが）。

　よって、正しい情報の提供が不可欠なのですが、本社側で負担しながら、うっかり申告漏れになりがちなのが、次の【図表17－6－1】のような項目です（日本払給与、賞与、手当等の申告が必要なのは言うまでもありません）。

【図表17－6－1】申告内容

申告を忘れがちな項目（国によっては非課税・免税になる場合もあります）

・社会保険料会社負担分
・一時帰国費用
・海外旅行保険などの医療保険料
・会社が家主に直接支払った赴任者の住居費
・会社が学校に直接支払った帯同子女の学費
・会社が支払った本人及び帯同家族の医療費
・赴任者にかかった所得税を会社が負担した場合
・海外赴任者のために払った倉庫代等
・海外赴任者規程外で払った各種費用（食料送付制度に基づき会社負担
　した送料等）
・海外赴任者の個人的収入（日本での家賃収入など）

　なお、所得税の申告漏れがあると、赴任国で過年度にさかのぼって罰金等

が課されます。

　自ら誤りに気付いて修正申告すれば、最低限の罰金で済みますが、税務当局に指摘されると、その追徴税額も大きくなり、会社にとっての痛手は大きくなります。会社の中には「（法人税ではなく）個人の所得税の問題だから、会社には関係ないだろう」と考えている場合もありますが、日本払いの報酬も含めて、支払者側に源泉徴収義務がある場合、源泉徴収を怠った会社側の責任が問われます。

　また、申告漏れになるのは会社が払った報酬だけとは限りません。海外赴任者本人に個人的収入（日本での家賃収入や譲渡に伴う収入など）がある場合、赴任国が、税務上の居住者には全世界所得課税を課している場合、これら個人的収入を含めて現地で申告・納税を行う必要があります（通常、数年単位で赴任国に滞在していれば、その国の税務上の居住者になります）。

　それだけではありません。会社が本人の個人所得税にかかる罰金を払った場合、それらは本来、個人が払うべき所得税です。そのため会社が負担した税額相当を給与とみなしてさらに課税される可能性もあります。これら罰金相当額等を現地法人が負担できなければ、海外赴任者の給与等について手取り補償方式を採用している以上、最終的には本社が負担せざるを得ません。しかし海外出向している社員にかかるコストは本来、海外子会社が負担すべきですから、これらの追徴税額や罰金相当額を会社が負担すると、今度は日本の税務調査において「寄附金」とされ、日本でも課税されるリスクがあります。さらに、すでに日本に帰国した社員の任地での納税漏れが見つかり、それを本社が負担すると、今度は本人の所得税にも影響します。

　このように、赴任国での所得税の申告漏れは、一度間違った形で申告や源泉徴収が行われると、それがルーティンワーク化して常に間違った税額の計算が行われてしまうため、非常に危険です。こういった間違いが起きていないか、赴任者を数人ピックアップし、正しく計算されているかを過年度の申告書と赴任者への支払明細などと突合せしながらチェックされることをお勧めします。

　赴任者一人ひとりにかかっているコストが明確でないと、会社は後日、大きなダメージを受けることになります。給与や手当、賞与等だけでなく、会社が負担した住居費や教育費、医療費等もすべて給与として課税対象になる国が多いと思った方がよいでしょう。

Q17-7

社員を海外赴任させるとなぜコストが莫大に増えるのか

　海外赴任者の報酬制度及び待遇を語る際によく聞かれるのが「社員を海外に赴任させると日本にいる時と比べて2～3倍のコストがかかる」という声です。

　海外に赴任すると、後述するような手当等の支給がある為、日本勤務時に比べて手取り給与が増えることが一般的です。ですが基準となる国内勤務時の手取り給与にもよりますが、海外赴任することで2～3倍にまで増えているという印象はありません。

　では何がコストを大きく引き上げているのでしょうか。

A17-7

　給与・手当以外に福利厚生と任地での税・社会保険料が赴任者総コストの相当の部分を占めています。

1．福利厚生関連コスト

　福利厚生として出費が大きいのは家賃、子女教育費、医療費です。これらの費用は赴任形態や赴任国によっても異なりますが、配偶者と複数の子女を連れて、家賃水準が高い国に赴任すると、家賃が50万円以上（年間600万円以上）がかかることもめずらしくありません。

　さらに学費もかかります。日本人学校であれば一人当たり年間50・60万円～200万円程度が多いようですが、インターナショナルスクールですとその数倍はかかると考えたほうがよいでしょう。つまり、家賃と学費だけで年間1,000万円以上かかることもあるわけです。これに加えて医療保険や様々なコストを追加すればさらに会社の出費は増えます（会社都合の赴任である以上、これらの費用の大半は会社が負担するケースがほとんどです）。

　このように福利厚生関連の費用は、海外赴任者規程の文面からだけでは想像もつかないほど、大きな負担になることを認識する必要があります。

2．任地税・社会保険関連コスト

　海外赴任に伴い、赴任者には外国人として任地で生活することを前提とした物価に配慮した基本給や各種手当が支払われます。つまり日本にいる時よ

りも給与は多くなっているケースがほとんどです。さらに、上記に記載した通り、海外赴任の場合、会社が家賃や子女教育費の大部分を負担することが一般的です。一方、これらは会社が海外赴任者に支払った「給与」とみなされ「現物給与」として、赴任国で所得税や社会保険料の課税対象になってしまうことが一般的です（国によっては現物給与については非課税または免税の場合もありますが、課税になる国の方が多いと考えていた方がよいでしょう）。

つまり、日本勤務時よりも高くなった給与に加え、多額の福利厚生関連コストが任地で課税の対象になってしまうわけです。さらにこれら税金が会社負担の場合、手取り給与と福利厚生関連を現物給与として受け取った場合にかかる所得税等をグロスアップ計算（手取りから総額を税・社会保険料負担を加味して逆算する計算）をする必要が生じます。

そうすると、海外赴任者にかかる総コストのうち、その3分の1が税金、3分の1が福利厚生、そして給与・手取り部分は実は総コストの3分の1に過ぎない、といったことにもなりえます。ところが本社側が海外赴任者給与改定などの際に注目するのは、総コストの3分の1に過ぎない「給与・手当」の部分だけであることも少なくありません。ここだけ注目して「増えた」「減った」と議論しているのでは、総コストを考慮した判断とは到底言えません。

本社側からは「赴任先の家賃や税金は（本社負担ではなく）現地法人負担だから、本社側では特にそのコストについて管理していない」というコメントを聞くことがよくあります。

しかし福利厚生や税金部分を本社側で管理していないというのは、赴任者総コストのうち、その3分の2の管理を自ら放棄してしまっているのと同じことです。

本社の人事担当者が赴任者の待遇改善のため本社役員を説得し、海外赴任者規程を変え、福利厚生を改善し、手当をアップするという活動を赴任者からの声に基づき実施することがよくあります。赴任者もさぞかし喜んでいるだろう、と思っていたら、現地の責任者である赴任者から、「現地法人側の費用負担も考えず、どうしてこんなにフルコースの処遇制度に変えたのか」と苦情が入ったという事例もあります。

つまり、赴任者総コストを考えるに際しては、給与や手当だけでなく、福

利厚生や税・社会保険部分も本社側で情報を把握し、総合的に検討しないと、赴任先で驚くほどの税負担を強いられる、といった事態も起きます。さらに悪意はないものの、申告漏れが生じた場合の、罰金等も高い額に上ることがあります。日本側でこの部分に関するコストを認識していれば、「どうやったらコストを下げられるだろうか」「利用できる優遇税制等はないだろうか」「どの位の期間の赴任や赴任目的であれば優遇税制が適用されるのか」等も総合的に考えて赴任者選びを行うことも可能です。ですが本社側でトータルコスト管理を行っていなければ、そういった問題意識を持つことはなく、必然的にコスト面は全く配慮しない人選となり、本来であれば避けられたであろうコストまで払う羽目になります。

　（その点、初めて海外に人を送る中堅企業などにおいては、赴任者コストにも非常に敏感です。どうすれば最も効率的に赴任させられるか、を様々な試算に基づき赴任者選びの段階から経営者も含めて時間をかけて検討されているケースも見られます。つまり海外赴任者の送り出しを、単なる「事務作業」ではなく「経営戦略の一環」としてとらえています。）

【図表17－7－1】赴任者コストの内訳

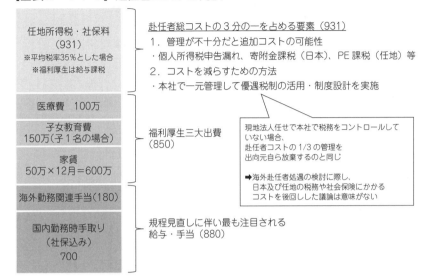

なお、日本から海外に赴任する方の処遇については、手当に多寡はあるものの、基本的な考え方は役職にかかわらず全員同じ企業が多いようです。一方、外資系企業などでは、本国から海外への一方通行ではなく、世界各国から人の移動が発生しています。

そのため、基本となる海外赴任に関するポリシー（Global Mobility Policy）は共通にしながらも、それぞれの赴任目的や赴任期間に応じて、待遇等が少しづつ違うなど、メリハリの利いた処遇にすることで、全体のコストを抑えているケースが見られます。

18

帯同配偶者の就労

Q18-1

海外から日本の業務をリモートワークで実施する場合

当社の社員が「配偶者の海外勤務に帯同したいが、会社は辞めずに赴任先で当社の業務を継続したい」といっています。これまでもリモート勤務していたので特に問題ないと思いますが何か留意点はあるでしょうか。

A18-1

転勤先が国内であれば特段大きな問題はないかもしれません。しかし異動先が海外だと話は異なり、いろいろと検討しなければならない問題があります。

本件は、通常の海外勤務者の場合の説明より若干ややこしいため、以下の前提を置いたうえで解説します。

前提条件

A社：社員であるa氏を会社都合で3年間の予定でX国に赴任させる
B社：a氏の配偶者であるb氏を雇用している。このたび、b氏の配偶
　　　者a氏の海外勤務に伴い、b氏は帯同家族としてX国に滞在。X
　　　国滞在中もB社を退職または休職することなく、X国でB社業務
　　　を継続することを希望、
　　　B社としてもできるだけこれを実現させたいと考えている
➡主としてB社の立場でまとめています

上記前提において検討すべき点は以下の通りです。

検討すべき留意点

1．日本の所得税
2．帯同先のビザ
3．帯同先の所得税
4．帯同先の法人税

1．X国でのb氏のビザ

　b氏はa氏の「配偶者」としてX国に滞在します。そのため、「配偶者としてのビザ」を取得することが考えられます。

　配偶者としてのビザでの就労を認めている国と認めていない国がありますが、「日本の仕事をX国に持ち込んで働くこと」は赴任国側でどのようにとらえられるのでしょうか。一般的に海外赴任の場合、海外現地法人や支店・駐在員事務所で勤務することになりますから、滞在先に「受け入れ企業」があり、その企業がスポンサーとなり就労ビザが発給されることになります。それに対し、今回のケースは雇用主や受け入れ企業は滞在国にはおらず、日本にいます。そのため、就労に関するビザが必要な場合、スポンサーが赴任国にいないことになってしまいます。つまり「就労＝滞在先の企業に雇用されている」という前提ですと、この件のような働き方についてどう考えればよいのでしょうか。

　一般に外国人が自国で就労することは、自国民の就労機会を減らすことにもなる為、警戒されることもありますが、今回のように海外の企業に対して業務を行うリモートワークの場合は、特段、自国民の就労機会を減らすことには必ずしも直結しません。また、このようなケース自体がこれほど顕在化していなかったこともあり具体的な取扱いが決まっておらず、「合法化といわれると何とも言えないが、違法とも言えない」という状況のケースもあるようです。しかし、そのような場合でも、今後、このように就労の資格を保有していない配偶者ビザ保有者がリモート勤務が増えていることについて、何らかの基準や制約がされる場合もありえます。そのため、このような働き方を行う場合は、事前に関係当局に対し、書面による確認を行ってから進めることをお勧めします。また仮に滞在中に、そのような働き方が認められないとなった場合は速やかに帰国する、または現地で業務することをストップすることに同意することを本人（b氏）との間で約束しておくことも重要になります。

　なお、このようなリモートワーク体制に先駆けて、たとえばUAE（アラブ首長国連邦）ではリモートワークビザの取得が可能です。

【図表18－1－1】 リモートワークビザ（UAE）

> アラブ首長国連邦ではリモートワークビザが認められています。
> 　有効期間が6か月以上のパスポート、UAEで利用可能な医療保険、従業員の場合は最低1年間の雇用が有効であること、月給5,000ドル以上であること、前月3か月間の銀行取引明細書を含む現在の雇用主からの雇用の証明等を用意できる場合は、1年間、UAEでリモートワークが可能になります（また、UAE居住者として政府のプログラムに沿って、COVID-19ワクチン接種を受けることが可能です）。

2．日本の所得税

　1年以上の予定で日本を離れる場合、b氏は出国の翌日から日本の非居住者になります。

　非居住者については、日本では「国内源泉所得」しか課税されません。

　そのため、B社がb氏について日本から給与を払う場合、その仕事の内容がB社のためであったとしても、働いている場所は日本ではなく海外になることから、当該給与は「国外源泉所得」に該当します。そのため、支払い時にB社は源泉徴収をする必要はなくなります。その点が日本国内で日本本社の仕事をしている人への取扱いとは大きく変わります（ただしb氏が日本本社の役員に該当する場合はこの限りではありません）。

　つまり、状況としてはB社が会社命令で赴任させる「海外赴任者」と同じで、出国する前のb氏の給与等について年末調整が必要になります。

　一方、b氏が業務や本人の都合で日本に一時的に戻り、日本で勤務することもあるでしょう。この場合、B社はその間の給与については非居住者の国内源泉所得として20.42％の税率で源泉徴収が必要です。この点も会社命令で赴任した社員と同じです。

　ただしコロナ禍のように、会社命令で一時帰国しているという状況とは異なります。そのため、一時帰国中にB社から支払う給与について発生する日本での所得税は、b氏が本人負担するかどうかは、そのような事態になることも備えて、事前に決めておくことをお勧めします。

　一方、日本に一時帰国している期間に相当する賞与についても、日本で源

泉徴収が必要です。

　このように、海外でリモート勤務する社員についても、海外赴任者同様、いつ日本に帰国しているかについて、会社側がタイムリーに把握することが必要になります。

3．帯同先の所得税

　上記の通り、配偶者の海外勤務先（X国）に長期で滞在することになるため、X国の居住者になると考えられます。X国の居住者であれば、（X国における居住者の課税所得の範囲次第ですが）全世界所得課税、または国内源泉所得が課税対象になります。

　X国で働いていれば、日本から支払う給与もX国にとっては「国内源泉所得」として課税対象になると考えられます。つまり、X国で個人所得税がかかることになります。この場合、税率や課税方法は日本と異なる為、本人の手取り所得は日本にいる時より多くなる、または少なくなる可能性があります。この点についても、事前にきちんと伝えておく必要があります（「会社からの海外勤務ではないから会社は関与しない」としても本人がきちんと納税していなければ、コンプライアンス違反になります）。仮に先にご説明したビザに関して、配偶者としてのビザの保有者について、リモートワークすることは問題ないと判断されても、B国での申告・納税漏れが発生すれば現地での法令違反として、配偶者ビザに紐づいている本人のビザにも影響するかもしれません。

　また、配偶者であるa氏の勤務先は、X国でのa氏にかかる所得税については会社が全額負担すると考えていると思われます。仮にX国が夫婦合算で申告する方式を採用をとっている場合、A社はa氏にかかる所得税だけを会社が負担するため、タックスアロケーションを行わなければなりません。このアロケーションを行うための追加コストは、誰が負担すべきか、といった議論も生じる可能性があります。

4．帯同先での PE リスク

　b氏が日本本社の業務をB国で行う場合、B社がX国内にPEを保有しているとみなされる可能性もゼロではありません。b氏がX国で行う業務の内容次第では、B社がb氏を通じてX国から所得を得ているとみなされるリス

クもありえます。この点についても一度検討する必要があるでしょう。

5．最後に

　b氏は会社命令で海外赴任する社員ではありません。しかし海外に勤務しているという点で税務上の取扱いは海外駐在員のような位置づけにもみえます。

　このようなケースについては、会社命令での赴任ではないため、海外勤務手当等海外給与体系に基づく報酬支給の対象にはならないものの、海外に居住するという点で、ある意味海外赴任者と同じです。

　海外赴任者であれば労災保険の特別加入制度などに加入していますが、b氏についても何らかの保険に加入を検討する必要があるかもしれません。また、介護保険についても海外に一年以上居住する場合は通常、除外になります。そのためには介護保険適用除外届を提出する必要があるなど、海外赴任者と同様の手続きが必要になります。

　さらに海外でリモートワーク中の労働時間や休日の取扱いなども明確にする必要があるでしょう。

　このように「海外で日本本社の仕事をリモートワークで実施する」という体制は、国内勤務者と海外勤務者のミックスのような取扱いが必要です。そのため、まずはこのような選択肢を取るに際して、本人としっかりと決めごとをする必要があります。

　具体的には、「会社としては（このような働き方をせず）、日本に残って勤務するか、または海外についていきたいなら、退職や休職をしてもらった方が助かるが、本人の強い希望でこのような勤務を行うことを『認める』」形をとるのか、「どうしても退職、休職してほしくないので、会社から『お願い』してこのような勤務の仕方を取ってもらうのか」、で対応が異なる面も多々出てきます。前者であれば、会社が提示する条件を記載し、それに応じられる場合はこのような勤務を認め、応じられないなら認めないというだけのことになります。

　一方、本人は休職してもよいと思っているものの、会社側の意向で勤務継続を望んでいる場合は、海外赴任者とまではいかないまでも、会社側が前者のケースよりも譲歩したり、検討しなければならない点が多く出てくるのではないかと考えられます。

　また前者、後者いずれのケースであっても、ｂ氏がどこの国に滞在するかによって、現地の所得税、ビザ、法人税のリスク等の有無や度合いは異なります。

　必ず各国ごとに検討する必要があり、「前回、〇〇さんがＸ国に滞在するために調べた場合は特段問題なかったから、同じような理由で××さんがＹ国に滞在する場合も特段問題ないだろう」という考え方はリスクが高いといえるため、都度、最新情報をもとに、検討が必要です。

　ここでは、自社の社員が配偶者に帯同して海外で業務を行うことを想定しましたが、逆のケースも十分に考えられるうえ、そのようなリクエストはある日突然やってきます。そのため、現在、このような問題が生じていなくても近々相談が来る可能性があることから、会社として考え方を整理されることをお勧めします。

Q18-2

配偶者が任地で就労を希望した場合の留意点

A氏の帯同配偶者は任地で就労を希望しているようです。

具体的な就労形態はわかりませんが、これまで当社では海外赴任者の配偶者が任地で働くケースは存在していませんでした。就労するか否かは本人の権利なので会社として反対する理由はありませんが、帯同配偶者が働くことについて当社が留意すべきことがあれば教えてください。

A18-2

かつては海外赴任に帯同する配偶者は、任地で就労することを認められていないのが一般的でした。この背景には、配偶者としてのビザでは現地就労ができないことはもとより、配偶者が働いているケース自体が少なく、現地での就労を希望することも珍しかったことといえるでしょう。また、会社としても「海外赴任時には十分な手当や福利厚生が提供されているのだから、働いてもらう必要性がない」という大前提があったのかもしれません。

しかし最近では、配偶者が日本にいるときからフルタイムで勤務している場合などは顕著に、任地での就労を勤務するケースも増えてきました。

1．配偶者の任地就労に関する考え方

配偶者の任地就労に関して、本社として明確な考え方を保有する日本企業はまだそれほど多くないのが現状です。国内ではダイバーシティ推進のための活動が進み、各種制度も充実させている企業が多い中、海外赴任者に関する処遇については相変わらず、「男性社員が配偶者を連れて海外に赴任し、赴任中、配偶者は海外赴任者を支える」という以前からの考え方を潜在的に前提とした制度を維持している企業が多いようです。そのため、帯同配偶者の就労について明確な基準がある企業は少数派といえますが、配偶者の任地就労についての考え方は、以下の3つのいずれかに当てはまる企業が多いようです。

【図表18－2－1】配偶者の就労

方針		具体例	根底にある考え方
反対しない	積極的に協力する	・ビザ取得に関する手続きに協力する（業者の紹介、手続き費用の支払い） ・職探しに協力する（紹介会社をあっせんする、現地法人で空きポジションがないか確認する等）	・会社が家族帯同を推奨している以上、できるだけ本人の要望には沿いたい ・「配偶者の就労についてもサポートしてもらう」ことを海外赴任の条件として赴任してもらったため、サポートせざるを得ない（配偶者を現地法人で採用する、働き口を探すなど） ・赴任者が依頼してきたことは特に断らずに実施している（依頼されたことはよほど多額の費用や時間が掛かること以外は、基本的になんでも受けている）
	特段の協力はしない	・特に何のサポートもしない	・配偶者の就労を制限するのは時代遅れであり、社会に受け入れられないため、反対する理由がない ・国内勤務者と平仄を合わせる必要がある（国内においても配偶者が働くことについて制限していないし、特に何のサポートもしていない） ・以前と比べて、会社が赴任者の生活を丸抱えできなくなり、地域や暮らし方によっては赴任者の給与・手当だけでは厳しいので配偶者が就労することも必要になるだろうと認識している（処遇レベルの低下、海外赴任自体が特別扱いでなくなりつつある）
反対する		・配偶者の任地での就労は不可	・配偶者は家族として帯同しているため、帯同家族としてのビザを取得しているため、就労はできないはずである ・配偶者に赴任者のサポートをしてほしいので、仕事をしてもらうことは好ましくない ・配偶者が働かなくてよいだけの給与や手当・福利厚生は支給している ・配偶者が働くと、会社として安全管理上、心配事が増える

　なお、以前であれば海外赴任者規程等に明確に「配偶者の就労は禁止」しているケースも見られましたが、最近はそのような文言を見ることはほとんどなくなっているように感じます。この点からもわかるように最近では配偶

者の任地での就労を、日本本社として明確に「反対する」という姿勢を打ち出しているケースは減っています。実態としては「反対もしないが積極的にサポートも行わない」とする企業が多いようです。

2．帯同配偶者が任地で就労する場合の類型

一口に「帯同配偶者が任地で就労する」といってもそのパターンは様々ですが、少ないながらも従来から存在していたのが「赴任先にある現地の会社（日系企業、外資系企業の子会社など）で働く」ケースです。

一方、最近は女性の赴任者も増えていることから、赴任者同士で結婚され、引き続き海外赴任者として勤務するケースも少数ながら存在します。

さらに、コロナ禍でにわかに脚光を浴びてきたのが、「帯同配偶者として海外に滞在しながら、日本の会社での勤務をリモートで行う」というケースです。

帯同配偶者の就労パターン
(1) 現地採用で働く
(2) 自社又は他社の赴任者として働く
(3) 海外で日本の会社の社員として働く
(4) 個人事業主として働く

---

(1) 現地採用で働くケース

前述の通り、このケースが帯同配偶者として勤務する上で最も多いパターンと考えられます。赴任先にある日系企業で勤務する、外資系企業で勤務する等です。

具体的事例1

日本にいるときは、フルタイムで勤務していたが、配偶者の海外赴任に伴い退職して海外に「帯同配偶者」として滞在することになった。しかし生活スタイルの激変からストレスを感じることになり、任地で外資系企業で職を見つけて勤務。配偶者としてのビザから就労ビザへの切り替えも配偶者本人が現地勤務先と共に行った。本社としては任地で生活

するうえで十分な手当や福利厚生を払っているが、配偶者がストレスを感じる状況はよくないし、ビザなども自己手配で会社として何ら手間が発生することもなく、反対する理由もないので実質的に認めている（反対していない）。

具体的事例 2

　赴任者Ａ氏は、任地に帯同する子を日本人学校ではなく、インターナショナルスクールに通学させている。年間 2 万ドル以上かかる学費のうち、一部は会社が負担するが、残りは自己負担となっている。そのため、自己負担部分の学費の補塡のためにも配偶者が日系企業で勤務していると聞いている。

(2)　海外赴任者として働く

　独身の赴任者が結婚する際、その相手が同僚の赴任者である、というケースも存在します。また、同僚ではなく他社の赴任者であるケースも存在します。

　中には同一の会社から夫婦そろって海外赴任というケースもありました。

　このような場合、海外赴任時の手当等はどう考えたらよいのでしょうか。

　前述の通り、海外赴任時の手当や福利厚生は、本人のみが海外赴任しているという前提で作られています。そのため、手当の定義次第によっては、夫婦で海外赴任している場合、どちらか一方だけに払えばよい手当や福利厚生も存在するかもしれません。

　具体的には次のようなポイントについて検討が必要になります。

【図表18－2－2】手当と支給

配偶者	結婚に際して課題となる制度	出産に際して課題となる制度	ポイント
同僚赴任者	・海外勤務手当 ・帯同家族手当 ・ハードシップ手当 ・一時帰国　等	・一時帰国制度 ・産休／育休 ・復帰後の子の養育体制　等	・それぞれを独立した社員とみなすのか、一方がどちらかの「配偶者」扱いとなるのか（手当の支給意義により異なる）
他社赴任者	・海外赴任手当 ・帯同家族手当 ・住居費 ・ハードシップ手当 ・一時帰国　等	・一時帰国制度 ・産休／育休 ・復帰後の子の養育体制　等	・住居や子女教育、一時帰国制度などはどちらの会社の制度を利用するのか ・他社で赴任者として勤務している配偶者を自社の海外赴任者規程に照らし、どのように扱うのか

具体的事例1

　当社の赴任者Ｂ氏は独身者として海外赴任後、同僚の赴任者であるＣ氏と結婚することになった。これまでそれぞれに対し各種手当や福利厚生を支払ってきたが、今後は一世帯として扱うべきか、あくまで2人の赴任者として扱うべきか取扱いを検討している（月額家賃は独身者の場合は2,500ドル、家族帯同者の場合は3,500ドルまで支給されるが、本人たちは、自分たちは海外赴任者であるし、これまで同様の2,500ドル×2人分の家賃を支給してほしいと言っている）。

具体的事例2

　当社の社員Ｄ氏が他社の赴任者Ｅ氏と結婚することになった。結婚後もそれぞれ海外赴任は継続するが、これまでの独身者としての取扱いから海外帯同者として扱うべきか、住居費や一時帰国費用等は、どちらの会社の規程に沿うか（どちらの会社が費用負担するか）といった議論が生じている。本人たちはそれぞれの規程の良いところを使用したいと考えている（家賃はＸ社の帯同家族、一時帰国制度はＹ社の帯同家族として扱ってほしい等）。

(3) 日本の会社の社員として海外でリモートで働く

　これまでは配偶者が海外赴任する場合は、勤務先の会社を退職又は休職して帯同するか、配偶者には単身赴任してもらい、自分は日本に残り勤務するかのいずれかの選択をすることになりました。しかしコロナ禍でリモートワークが当たり前になったことで、「配偶者に帯同しながら、日本の会社を退職することなく、赴任先で日本の会社の業務を継続したい」という希望も増えつつあります。国を超えたリモートワークは税務上もいろいろと問題が生じる可能性があるため避けたいところですが、有能な社員の流出を防ぐため、対応せざるを得ない状況も増えているようです。

具体的事例1

　当社の社員A氏が、現在、単身でX国に赴任している配偶者に帯同し、現在の日本本社での業務をX国からリモートで勤務したいと言っている。国内も今後もリモート勤務が継続するため、業務上はリモートワークでも何ら支障は出ることはないと考えているため、認めても問題ないか検討している。

具体的事例2

　社内結婚しているG氏をY国に海外赴任させることになった。G氏の配偶者のH氏は日本に残り、本社勤務を継続するだろうと思っていたら、「退職して帯同家族として一緒にY国に行く」ことを希望した。ところがH氏の上司が人事部に対し「今、H氏に退職されたら非常に困る。どうしてこちらに相談もなくG氏に辞令を出したのか。リモートワークも普及しているし、Y国からG氏がリモートで勤務できるように準備を整えてほしい」と苦情を言ってきた。G氏も「リモートで勤務できるなら退職しないで勤務継続する」と言っている。G氏はいったん退職したら戻ってこない可能性があり、対応が必要である。

3. 帯同配偶者が就労する上で会社が留意すべきこと

　上記の通り、配偶者が任地で何らかの形で就労するケースは今後も出てく

ると考えられます。その場合、留意すべき点は以下3点です。

(1) 任地のビザ

「現地採用で働くケース」については、おそらく就労ビザ取得は現地企業側が対応してくれると思われます。しかし勤務先がその点の認識が低い場合、配偶者としてのビザのまま、就労させる可能性もあります。国によっては配偶者としてのビザでの就労が認められているケースもありますが、そうではない場合に、就労ビザの取得無しで、配偶者としてのビザのまま勤務を行うと、「不法就労」に該当する可能性があります。そうなると本人のビザにまで影響する可能性があります。

一方「海外赴任者として働くケース」については、おそらく赴任時点で適切なビザを赴任元または赴任先が協力して取得または取得予定と考えられます。そのため、双方が保有しているビザでそのまま勤務を行うことで特に問題はないと考えられます（ただしこの場合も確認は必要です）。

また、「日本の会社の社員として海外でリモート勤務を行うケース」については、日本の仕事をX国に持ち込んで働く、ことになります。このような働き方を滞在国側ではどのように捉えるのでしょうか。一般に海外赴任や現地企業に勤務の場合、滞在先に「受け入れ企業」があり、その企業がスポンサーとなり就労ビザが発給されることになると考えられます。

それに対し、このケースは雇用主や受入れ企業が滞在国に存在しません。そのため、就労可能なビザが必要な場合、スポンサーが赴任国にいない状態になります。

一般に外国人が自国で就労することは、自国民の就労機会を減らすことにもなるため、警戒されることもありますが、今回のように海外の企業に対して業務を行うリモートワークの場合は、自国民の就労機会を減らすことには直結しません。また、このようなケース自体がこれほど顕在化していなかったこともあり、具体的な取扱いが決まっておらず、「合法かといわれると何ともいえないが、違法ともいえない」という状況であることも多いようです。

しかし今後、このようなケースが増えてくれば、国ごとに何らかの基準や制約がなされる場合もありえます。そのため、このような働き方をする場合は、事前に関係当局に対し、書面による確認を行ってから進めることをお勧めします。仮に滞在中に、そのような働き方が認められなくなった場合はリ

モートワークを行っている配偶者は速やかに帰国する、または現地で業務することをストップすることに同意することを本人との間で約束しておくことも重要になります。

⑵ 任地の所得税

通常、海外赴任者の任地の所得税は会社が負担することが一般的です。

米国のように夫婦合算課税の国の場合、配偶者に所得がある場合、夫婦合算課税を行い、会社が当該所得税を負担すると、自社の社員ではない配偶者の所得にかかる税金も会社が負担することになります。そのため、夫婦合算課税制度を取る国で、配偶者が就労する場合は、夫婦合算課税制度を取らない方法で申告することを検討する、または合算課税は行うが、会社が負担する所得税等の範囲を明確にする等の検討が事前に必要になります。

⑶ 日本の所得税

通常、1年以上の予定で日本を離れる場合、出国の翌日から日本の非居住者になります。非居住者については、日本では「国内源泉所得」しか課税されません。「現地採用で働くケース」においては、日本で勤務を行うという状況は想定しにくいですが、「海外赴任者として働く」「日本の会社の社員として海外でリモート勤務を行う」場合については、給与の全部または一部が日本から支給される場合が考えられます。海外赴任者として働く場合は、働く場所が海外なので国内源泉所得は生じませんが、日本に一時帰国して勤務すれば、たとえその勤務の内容が現地法人のためであっても「国内源泉所得」とみなされるため、日本で非居住者の国内源泉所得として20.42％の税率で課税されることになります。

また、「日本の会社の社員として海外でリモートワークを行う」際も、海外でリモートワークしている社員（非居住者）に対し日本から給与を払う場合、その仕事の内容が日本の会社のためであったとしても、働いている場所は日本ではなく海外になることから、当該給与は「国外源泉所得」に該当し、非課税となります。一方、日本に一時帰国して日本で勤務する場合は、前述の通り「非居住者の国内源泉所得」として20.42％の税率で課税されることになります。

仮に本人の都合で日本に戻り日本で勤務を行った場合も同様に日本で課税

されますが、この場合の日本で生じる所得税は自己負担してもらうのか、会社都合で帰国した時と同様に会社負担するのか等もあらかじめ決めておくことが望ましいといえます。

(3)　危機管理体制

　通常、日本本社は海外安全対策においては、赴任者本人だけでなくその帯同家族も守るべき範囲として定義しています。その背景には、「配偶者と帯同する子は赴任者本人の生活圏内で生活すること」が前提になっていると思われます。

　しかし配偶者が任地での就労を通じて、赴任国内外を出張し、危険なエリアに行く可能性も出てくるかもしれません。そのような場合も赴任者の「帯同配偶者」として会社が保護すべき対象とするのか否か、会社のサポートの範囲をどこまでにするのか等、検討の余地があるかもしれません。

4．その他の留意点

　任地で帯同配偶者が働く理由としては人それぞれではありますが、「これまで日本でバリバリ働いていたので、海外でも同様に働き続けたい」「任地で知り合いもほとんどいないし、刺激が少ないので、社会とつながりたい」というケースもある一方、「任地での生活にはコストがかかるので、生活費を補うために働く必要がある」というケースもあります。

　特にお子さんをインターナショナルスクールや幼稚園などに入れている場合、会社が学費全額を負担してくれるケースばかりではありません。そのため少なからず自己負担が生じる上、最近は円安も進行していることから、ドルや現地通貨で一部または全部自己負担している学費は、円建てで決まっている給与や手当を勘案すると、これまで以上に負担感が大きくなります。

　そのため、現在の生活を維持するためには、やむにやまれず帯同配偶者にも働いてもらわないといけないケースも生じています。「任地で生活のために帯同配偶者にも働いてもらう必要がある」という状況が発生するのも、かつての海外赴任ではなかった現象ではないでしょうか。

　冒頭にも記載しましたが、「帯同家族が任地で就労する」ことも考慮して海外赴任時の諸制度を検討している会社は少ないと思われます。

　そのため、帯同家族が任地で何らかの形で働く場合は必ず事前に会社に届

け出してもらい、それに伴いビザや所得税、海外安全管理体制に何らかの変更が必要になるかを事前に確認できる体制が必要です。中には「配偶者が就労することに対し、なぜ会社に都度報告が必要なのか」と反発される可能性もあります。この点については、できれば赴任前に、既に赴任している人については赴任者本人のビザ、所得税、安全管理体制にも変更が生じることがあるため、この点について説明しておく必要があるでしょう。

III

海外リモートワーク編

19

海外からの
リモートワーク

海外リモートワークの形態

　最近、海外リモートワーク等、国をまたぐリモートワークに関する話題を聞くことが増えました。

　海外リモートワークとして考えられるのはどのような形態があるでしょうか。

　一口に「国をまたいで仕事をする」といっても色々な形態が考えられます。目的や業務内容に応じてどういった方式が最も適切か検討する必要があります。

　海外リモートワークの形態としては、「A国の会社 a 社に直接雇用された状態でX氏がA国で仕事をする場合」「A国の会社 a 社とX氏（個人）の間で業務委託契約を締結し、A国で仕事をする場合」「A国の会社 a 社とA国 b 社が会社間で業務委託契約を締結し、当該契約に基づき、b 社社員のX氏が当該業務を行う場合」等が考えられます。以下、検討ポイントを記載します。

【図表19－1－1】海外リモートワークの形態別の検討ポイント

	主な検討ポイント
1．A国の会社 a 社に直接雇用された状態でX氏がB国で a 社の仕事をする場合	・B国、B国の所得税、社会保険、労務の取扱い ・X氏がB国に a 社 PE とみなされるリスクの検討 ・X氏がB国に滞在し、a 社業務を実施する場合の取扱い
2．A国の会社 a 社とX氏（個人）の間で業務委託契約を締結し、B国で仕事をする場合	・B国、B国の所得税、社会保険、労務の取扱い ・個人と業務委託を締結する際のリスク（指揮命令関係が発生しないか等）
3．A国の会社 a 社とB国 b 社が会社間で業務委託契約を締結し、当該契約に基づき、b 社社員のX氏が当該業務を行う場合	・業務委託契約で定める業務内容の設定 ・業務委託契約の対価の設定 ・仕事の依頼の仕方によっては a 社とX氏の間に事実上の指揮命令関係が発生しないか

　それぞれ、様々な検討ポイントがありますが、次頁以降のQでは、この図表の1の形態である、「日本の会社（ a 社）がB国のX氏（B国籍）を雇用し、B国でa社の仕事をしてもらう」ことを前提に説明していきます。

日本の会社との雇用関係の可否、日本のビザ・在留資格

　日本本社（a社）はB国籍の外国人X氏を直接雇用し、B国からリモートワークの形態でa社の業務を行ってもらおうと考えています。その場合の留意点を教えてください。

A19-2

1．海外（B国）に居住したままの状態の外国人が、日本の社員になることはできるか

　日本本社（a社）の社員になるには、その方が物理的に日本に居住することは、必ずしも必要ではありません。そのため、「海外にいながら日本の企業と雇用契約を締結する」こと自体に問題はないと考えられます。日本の法人に直接雇用されているので、日本にいる場合の労働条件が一定程度適用されると考えられます（一方、B国で働いているため、B国側の労働法が適用されるか否かについても確認する必要があります）。

2．日本本社の社員になる為には、日本のビザや在留資格の取得は必要か

　日本の会社に雇用されたとしても、来日して日本で業務を行わない限りは、日本のビザや在留資格の取得は必要ありません。ただしQ19-3で説明する通り、出張等で日本に来る際は注意が必要です。

3．日本の厚生年金・健康保険への加入

　日本に居住する予定も、老後、日本に居住する予定もない場合でも、日本の適用事業所に雇用される以上、日本国内で勤務する人と基本的に同様の条件で、日本の社会保険に加入する必要があります。日本にいないから加入しなくてよい、というわけではありません。

Q19-3
社会保障協定の適用可否

　B国と日本の間に社会保障協定がある場合、社会保障協定の適用を受けて、日本の功績年金制度等への加入を免除してもらうことは可能でしょうか。

A19-3

　協定により加入免除してもらうことは本ケースについては難しいと考えられます。

１．２国間における二重加入の防止

　社会保障協定は２国間における社会保険の二重加入を防止することをその目的の一つとしています。そのため、Ｘ氏がＢ国の社会保険に加入している場合、日本の社会保険が免除されるのではないか、と考える人もいるかもしれません。ですが国によってはその国で就労していない限り、その国の年金制度に加入しなくても問題ないケースもあるようです。この場合、その国の年金に加入していないので、日本の厚生年金に加入しても、二重加入という状態は発生しません。

　一方、その国が「就労」を要件とした年金だけでなく、「居住」を要件とした年金制度（日本の国民年金に近いイメージ）を保有しており、Ｂ国の企業で「就労」はしていないがＢ国に「居住」はしているため、Ｂ国の年金制度に加入している、という場合もありえるかもしれません。しかし社会保障協定で二重加入の調整がされるのは「就労を要件とした年金制度等」であることが一般的です。今回のケースの場合、日本側で加入すべきは「就労」を要件とした厚生年金です。そのため居住を要件として加入したＢ国の年金制度等と、就労を要件として加入した日本の厚生年金の二重加入調整は行われないと考えられます。そのため、「Ｂ国の企業等から日本に赴任している」という状況でない限りは、仮にＢ国と日本の間で社会保障協定が締結されていたとしても、日本の年金制度等への加入は免除されないと考えられます。実務的にも、Ｂ国側で「社会保障協定適用証明書」が発行されませんので、日本側で厚生年金等への加入を免除する根拠となる資料がないと判断されるかもしれません。

　いずれにせよ社会保障協定は、本人の居住地を、本人が勤務する企業の所

在地に移動することを前提としていることもある為、今回のような海外からのリモートワークは想定されていないと考えられます。悩ましいケースは個別に照会が必要になると考えられます。

Q19-4

日本の社会保険への加入と日本の所得税の取扱い

　海外からのリモートワークでも日本の会社（社会保険の適用事業所）に雇用される限り、厚生年金に加入する必要があることは理解しました。しかし掛け捨てになる保険制度に加入したくない、とＸ氏が難色を示しています。Ｘ氏の当社での勤務期間は長くても５〜６年程度だそうです。

　また、介護保険や労災保険は適用されるのでしょうか。また、日本の所得税はどうなるのでしょうか。

A19-4

　Ｘ氏が日本国籍を保有されていない場合、退職時には脱退一時金としてこれまで支払った厚生年金保険料の一部を受け取ることが可能です。

　所得税については日本の非居住者であれば、国内源泉所得が発生しない限り、日本では課税されません。

１．公的年金の脱退一時金

　脱退一時金とは、日本の年金制度から脱退したときに支給される一時金のことを言います。年金受給に必要な勤務期間が不足し、年金受給資格を得られない場合は、退職時に年金の代わりに一時金を受け取ることが一般的です。つまりごく短期間日本の会社で勤務を行い、今後、日本の会社で働く予定がない外国人は、退職時に脱退一時金を受け取ることができます。

　具体的には６か月以上勤務していた外国人が、その会社を退職し、日本に居住しない限りは、日本年金機構に請求すれば、厚生年金の脱退一時金を請求できます。

　なお、厚生年金保険の脱退一時金の支給額の計算式等はＱ23-３に詳しく掲載しております。支給額上限は2021年４月より、最終月（資格喪失した日の属する月の前月）が2021年（令和３年）４月以降の方については、支給額計算に用いる月数の上限が60月（５年）となりました（以前は支給額計算に基づく月数の上限が36月（３年）でした）。

【図表19－4－1】厚生年金保険の要件

厚生年金保険の脱退一時金の支給要件	・日本国籍を有していない ・公的年金制度（厚生年金保険または国民年金）の被保険者でない 　厚生年金保険（共済組合等を含む）の加入期間の合計が6月以上 ・老齢年金の受給資格期間（10年間）を満たしていない ・障害厚生年金（障害手当金を含む）などの年金を受ける権利を有したことがない ・日本国内に住所を有していない ・最後に公的年金制度の被保険者資格を喪失した日から2年以上経過していない（資格喪失日に日本国内に住所を有していた場合は、同日後に初めて、日本国内に住所を有しなくなった日から2年以上経過していない）

出所：日本年金機構

2．介護保険

　日本国内に居住していれば住民票がありますので介護保険に加入する必要があります。しかしX氏は日本に住民票がないので、仮に40歳以上でも介護保険の適用対象外になると考えられます。「介護保険適用除外届」を提出することで介護保険料の支払いが免除されます。

3．日本の労災保険

　日本本社の社員が、海外出張でもなく、常時海外で勤務するという状況は労災保険の制度上、あまり想定されていないと思われますが、実務上は「国内でリモートワークしている」のと同じ位置づけで、海外で居住する社員も加入対象になるようです。

　一方、B国側ではどのように考えるのかについては、個別の状況を説明の上、日本およびB国側で確認されることをお勧めします。

4．日本の所得税の取扱い

　過去に日本に来ていないということなので、日本の非居住者であると考えられます。

　非居住者は「国内源泉所得」のみ日本で課税されます。

　X氏はB国で日本本社のための業務を行いますが、それに伴い生じる所得は、「日本の地で働いたことによる所得」ではないことから、「国内源泉所得」には該当しません。

　つまり、X氏が実際に来日して勤務等を行わない限り、国内源泉所得は生じません。つまり、国内勤務者に対して毎月の給与から行う所得税等の源泉徴収は必要ないということになります（ただしX氏が日本の役員である場合は、「役員報酬」は国内源泉所得と定義されていますので、非居住者としての源泉徴収が必要です）。

日本に来て業務を行う場合の留意点

X氏には業務報告のため、日本に短期間ではあるものの、定期的に出張してもらおうと考えています。この場合、気を付けることはあるでしょうか。

A19-5

主な留意点としては「在留資格」と「所得税」の観点があります。

1．ビザ／在留資格

X氏の来日目的は日本で何らかの業務を行うことになります。そのため、「就労」が可能な在留資格が必要です。仮に日本政府がB国民に対して観光等での来日の際にはビザなし渡航を認めていたとしても、あくまでX氏の来日目的は日本本社のための就労であれば、不法就労となってしまいます。海外子会社の外国人社員等が挨拶や会議などで日本に来ることもあるでしょうが、この場合は日本から給与も支給されていないですし、単なる会議や挨拶で「就労」の範疇に含まれていなければ、事実上問題になることは少ないかもしれません。しかしX氏は日本の会社から給与を受け取っています。つまり、日本で就労していることは明白です。そのため、X氏を自社の仕事で呼び寄せる場合は、在留資格について事前に検討が必要です。在留資格の取得には会社側が準備するべき事項も多くあります。「国内で勤務している外国人社員は、在留資格関連は本人が適宜対応しているから、X氏も同様に対応してもらえばよいだろう」と考えるのは望ましくありません。日本に長く居住している方は、日本の在留資格の仕組みを知っていても、海外に居住し、日本国内で働いたことがなければ、そういった知識はありません。本人任せにしている場合、本人が観光旅行と同じような位置づけで日本に出入りし日本で就労してしまうと、あとから大変な事態になる可能性もあり得ます。

2．所得税と税務調査

「Q19-4」では「X氏が実際に来日して勤務等を行わない限り、国内源泉所得は生じない。つまり、国内勤務者に対して毎月の給与から行う所得税の源泉徴収は必要ない」と書きました。つまり逆に言うと、「X氏が実際に来日して勤務等を行うと、国内源泉所得が生じる。つまりこの場合、非居住

者の国内源泉所得として源泉徴収が必要になる」ことになります。

　原則的には１日でも日本で勤務する場合はその期間に相当する日本払い給与については源泉徴収が必要です。一方、「所得税基本通達161－41：勤務等が国内及び国外の双方にわたって行われた場合の国内源泉所得の計算」もありますので、日本での勤務日数が数日程度等の場合は、その間の国内源泉所得に該当する部分は「その給与又は報酬の総額に対する金額が著しく少額」であるとも考えられ、非課税になる可能性もあります。しかし同通達の言う「著しく少額」がどの程度の金額や期間が想定されているかは定かではないため、基本的には「日本に出張して勤務した場合はその間に相当する給与については日本で源泉徴収する」旨を雇用契約締結時等に事前にＸ氏に伝えておく必要があります。もしも日本に出張した期間相当分の日本の所得税は会社が負担する、とした場合は、グロスアップ計算を行う必要があります。源泉徴収は翌月に行う必要があることから、Ｘ氏の日本出張のタイミングを事前に把握するなどして、タイムリーに源泉徴収を行う体制を構築しておくことが必要になります。

　なお、源泉所得税の実地調査においては、外国人社員に関する情報を求められることも少なくありません。具体的には「採用元（現地法人か日本本社か）」、「居住ステイタス（居住者か非居住者か）」「雇用形態（役員か使用人か）」「日本への入出国日」等です。これらの調査は海外から「赴任」している外国人に対してだけ行われるわけではなく、本社採用の外国人もターゲットにされていますので注意が必要です。

Q19-6

Ｂ国側の個人所得税

　Ｂ国の個人所得税はどのように考えたらよいでしょうか。Ｂ国でのＸ氏の所得税納付等に関し、当社は何らかの責任を負うことになるのでしょうか。

A19-6

　日本本社（ａ社）からの給与はＢ国で課税されることになります。場合によっては、雇用主として貴社（ａ社）がＢ国の所得税の源泉徴収義務等を追う可能性もあるため、確認が必要です。

1．国外源泉所得税の徴収にも注意

　Ｂ国の税法次第ではありますが、その国に長く居住しているのであれば、Ｂ国の居住者と思われます。居住者であれば国内源泉所得だけでなく国外源泉所得も課税されることもあります。また仮にＸ氏がＢ国の非居住者であったとしても、非居住者も「Ｂ国国内源泉所得」は課税対象になるのが一般的です。

　今回のケースのように、Ｘ氏が日本の会社のための業務をＢ国で実施することで、日本の会社から得られる所得は、Ｂ国側では「国内源泉所得」に該当する可能性が高いといえます。つまり、Ｂ国で課税対象となります。また日本に長期で出張した場合、日本滞在期間相当分の所得については、Q19-5で記載の通り、日本でも課税されますが、同時にＢ国でも課税対象になる可能性があります（この点についてはＢ国の所得税関連法規を確認する必要があります）。

2．雇用主の責任になることも

　Ｘ氏が日本の会社から得る所得はＢ国で課税対象になりますので、正しく申告することが必要です。Ｘ氏が日本の会社からの所得を、Ｂ国で正しく申告しなかった場合の責任は、当該所得について、Ｘ氏が確定申告すべきものであれば、本人の責任になるでしょう。一方、Ｂ国の税法において、Ｂ国居住者Ｘ氏がＢ国で納付しなければならない所得税は、雇用主である貴社がＢ国に代わって源泉徴収を行い、Ｂ国に納めなければならないというルールがある場合、当該源泉徴収を怠った場合に、貴社の責任になる可能性はありま

す。

　つまり、「所得税だから仮に申告漏れが発生していても会社には関係ない」と言い切れない可能性があります。そのため、この点については各国のルールを確認する必要があります。

日本本社（a社）のB国でのPEリスク

　X氏が日本の仕事をB国において長期にわたって行うことのPEリスクはありますか。

１．PEがB国にあるとみなされるかもしれない理由

　B国でX氏が行う業務内容や業務期間によっては、日本本社のPEがB国内に存在するとみられる可能性があります。

　仮にPEがあるとみなされた場合、PE（本件では当該社員）に帰属する所得について、日本本社が当該国で法人税の課税対象となります。一般論ではありますが、X氏がa社の代理人としてB国で承認が署名を行う業務を実施したり、貴社の事業の根幹となる業務を行ったり、重要な意思決定を行うと、貴社のPEがB国にあるとみなされる可能性が高まります。

　まずは日本とB国の租税条約において、どのような活動内容がPEに該当するのか確認する必要があります。租税条約は国際法ですので各国のルールに優先して適用されることにはなりますが、実際の執行はB国税法の考え方に基づき行われる可能性も否定できません。そのため、B国税法の確認および、B国におけるPE課税に対する姿勢も把握しておく必要があります。PE課税のアグレッシブさは国により大きく異なります。

　また、今回のような海外からのリモートワーク、という働き方自体が比較的新しいため、各国の税法で明確な定めがないことも多いことから、既存の枠組みにおいて、このような働き方をどう考えるか、という形での検討にならざるを得ません。つまり不確定要素が大きいため、事前に確認し、どのようなリスクがあるのか、仮にX氏の活動内容が貴社がB国内に保有するPEであると認定された場合、貴社はどのような手続きや納税が必要になるのかも事前に確認しておいた方がよいでしょう。

２．事前の確認事項

　確認に際しては、「X氏が具体的にどのような業務を行うのか」「その期間がどのくらいなのか（数か月なのか半年なのか、それとも期間の定めがないのか等）」「X氏のB国での活動の結果、貴社がB国内で得られる所得として

具体的にどのようなものが考えられるのか」等を検討する必要があります。つまり雇用開始前に具体的な活動内容をある程度定め、それに関するリスク分析をすることをお勧めします。また、X氏の業務内容を職務記述書に整理し、当該業務のみを行うことを明確にするなど、PEリスクの低減には事前の準備が不可欠です。

リモートワーク対象者に対する就業ルールや、リモートワーク希望者が増えた場合

　X氏に海外リモートワークを導入を認める場合、どのような就業ルールが必要になるでしょうか。

　また、X氏のリモートワークを見て、他の社員もリモートワークを希望した場合の留意点について教えてください。

　日本や滞在国の労働法の検討はもちろんですが、自分の国籍国以外からリモートワークを希望する場合、滞在する国でのビザの問題も検討が必要です。

1．リモートワークの就業規則

　日本国内のリモート勤務であれば、定期的に出社することや、通常の勤務と同じスケジュールでの勤務をリモート勤務でも課すことができます。しかし海外であれば時差もありますし、祝祭日も違います。「日本国内のルールをそのまま当てはめた時、B国側の労働法などに抵触することがないのか」等も調べておく必要があります。ただ、その点がクリアできれば、時差を活用し、日本で就労ができない時間帯にB国で作業してもらうなど、作業を仕上げるためのトータル時間を減らすことができるなどメリットも多いかもしれません。

　一方で、社員として当然守らなければならないルールはリモートワーク勤務者にも当然当てはまります。国内で完全リモートの場合でも様々な問題がある中、日本のルール等を知らない人にリモート勤務の状態だけで、これらのルールや考え方を肌で理解してもらうためには、相当の準備や仕掛けが必要になると思われます。

2．自分の国籍国以外からのリモートワークを希望する場合

　外国人に対して母国からのリモートワークを認めた結果、日本人からも「自分も（自費でよいので）B国に一定期間滞在してB国からリモートワークしたい」等のリクエストが出るかもしれません。

　B国籍以外の方が、B国から日本本社のためのリモートワークを行う場合、

まずはそれを行うことが可能なＢ国のビザや滞在許可を取ることができるのか、という点も確認が必要です。Ｘ氏はＢ国国籍がありますから、Ｂ国での活動内容に何ら制限はないと考えられます。一方、日本人のｂ氏がＢ国に滞在する場合は、Ｂ国で行う活動内容に沿ったビザ等が必要になります。そもそもそのような活動を行うことを認めるビザを取得できるのかという点の確認はもちろん、ビザ取得にかかる費用などは誰が負担するのかも定めておく必要があります。

　また、Ｘ氏の場合は、日本には滞在歴はなく、日本に来たとしても短期間の出張のみです。そのため、「日本の非居住者」という前提で日本の税務について解説を行いました。もし、Ｘ氏とは別のＹ氏がもともと日本に居住しており、「１年のうちの数か月だけＢ国に滞在したい」と望んでいる場合、Ｂ国滞在中も日本の居住者になると考えられますので、Ｂ国滞在期間中も日本の居住者として、日本から払う給与について源泉徴収が必要です。加えて、Ｂ国滞在期間やＢ国と日本の租税条約の有無によっては、たとえＢ国での滞在期間が短期間であっても、Ｂ国でも課税される可能性もあります。つまりＸ氏の場合とは異なる点の確認が必要になる可能性もあります。

海外リモートワーク導入時の留意点

海外リモートワークを会社の制度として導入を検討する場合、気を付けるべき点を教えてください。

税務、社会保険、労務、ビザなど様々な面での考慮が必要となるため、最初は実験的に導入し、そこで生じた課題に対応したうえで、全社的な制度として導入する等、段階的に進めるのがよいでしょう。

1．PE リスク

これまで見てきた通り、海外からのリモートワークは、検討すべき点が多々あります。

このような勤務を認める必要が出ている時は、おそらくどうしても採用したい人がこのような勤務を望んでいること、などかなり慌てて導入を検討しなければならない状況も考えられます。

税務面等については、PE リスクなどについては、きちんと状況を整理した上で、調査を行うことである程度のリスクや対応策が講じられると考えられます。また、任地の所得税、日本の所得税などはそれ以上に整理はしやすいと思われますが、「発生した税金を誰が負担するのか」という点は本人と会社側の事前の取り決めが非常に重要です。

また、「正しく納付するためにどうすればよいのか」については、日本およびB国での所得税の納付のタイミングや納付の方法等を確認して、事前に取り決めを行うことが必要です。

2．問題点を明確にしておく

労務面についても不透明なことが多いですが、税務と同様に調査を行い、「現在の法律で明確になっていること」「明確でないこと」を整理し、法律で明確な事項についてはそれを遵守するとともに、そうではないことは、事前に本人と会社で文書で取り決めを交わすことが重要になると考えられます。

よくあるのが、「今回のようなケースは今後発生しないから、イレギュラー対応として、問題が発生した都度考えればよい」と見切り発車してしまう

ケースです。その結果、日本及び対象者の居住する国の税法や社会保険を十分に確認せず始めてしまい、数か月後、または数年後に何らかのミスが見つかると、その対応のやり直しだけでも時間がかかってしまいます。

　また、「初めてのケースだからできるだけ本人の意向に沿おう」と本人の希望に最大限配慮した結果、その方法だと会社側に大きなリスクがあること等が発覚し、当該制度の継続が難しくなることがあります。制度の内容次第ではそれが既得権益化してしまい、本人がそれを失うことに抵抗し、本人と会社の間の関係がうまくいかなくなり、最終的には退職されてしまう（ライバル会社に転職してしまう）というケースも考えられます。また、B国からのリモートワークについては調査を行い懸念点を確認できたので、C国からのリモートワークも同様だろうと、国（制度）が違うにもかかわらず同じ考えを当てはめて物事を判断するのも危険です。

3．段階的に実施国を広げる

　海外からのリモートワークを検討する場合は、いきなり世界各国に広げず、まずは対象者が発生する可能性のある国を調査し、リスクをある程度コントロールできることを確認できた時点で、その国に限定してリモートワークを認め、調査で問題ないことが分かった国を追加していくという方法が、会社にとってのリスクを小さくとどめることができると考えられます。

　海外からのリモートワークという働き方自体が新しいため、海外リモートワークを前提とした明確な法令等は存在しません。逆にリモートワークする人を積極的に受け入れようとする国も存在します。

　そのため、海外からのリモートワークについては既存の仕組みに基づきその対応を検討するとともに、常に最新の情報を入手しながら、確認ができた国から順次取り入れるのがよいと思われます。

　税務や労務の観点等を考慮すると、積極的には導入したくない勤務制度ではないかと思われます。しかしIT関連企業などを中心に、有能人材を採用・引き留めるために、このような勤務形態を検討せざるを得なくなっている実情もあります。そのような状況下、こういったケースが発生する都度、検討に時間を要していては、事前に当該制度について十分な検討を行っていたライバル企業に貴重な人材を取られてしまう可能性もあります。少しでも導入の可能性があるなら早めの準備や調査をお勧めします。

IV

外国人の受け入れ編

20

在留資格等

外国人と日本人の雇用管理上の相違点

　外国人が日本に赴任して働く場合、雇用管理上、日本人労働者とどのような違いがあるのでしょうか。

　外国人を雇用する場合、日本人と大きく異なるのは、以下の3点です。

・行政に届出が必要になる書類が日本人と比べて格段に多いこと（それらを忘れると入国管理法違反で処罰の対象になることもあり得ること）
・従業員に説明したり、理解してもらわないといけないことが多いこと
・日本人と同じように接するとうまくいかないことも多々あること

　これらを理解しておく必要があります。
　具体例としては【図表20－1－1】の通りです。

【図表20－1－1】外国人従業員と日本人従業員の相違点

	外国人	日本人
採用する時	・適法に労働できる資格（就労が可能な在留資格）を持っているか確認が必要（違法就労させると会社側も入国管理法違反で罰せられる）	・日本国籍があればそのような確認は不要
雇用中	・就労が可能な在留資格の期限が過ぎている、または就労資格に応じた活動を行っていないにもかかわらず雇用していると入国管理法違反で罰せられる →定期的な在留カードの確認が必要	・日本国籍があればそのような確認は不要
雇用中の留意点	・自分のキャリアにとってあまりプラスがない（給与、業務内容、先行き展望）と判断するとすぐに見切りをつけて転職する傾向がある ・外国人社員が非常に少数の場合かつ、日本の生活に慣れていない場合、会社側が必要なケアをしないと孤立したりメンタル面にトラブルが生じることがある	
社会保険や税務の取扱い	・外国人も日本人も基本的には同じ ※ただし社会保障協定や租税条約によって、一部異なる場合もある	
給与・労働条件	・外国人も日本人も能力や経験が同じであれば給与・労働条件も等しくしなければならない	

外国人を採用できる企業の条件

外国人を日本の会社が受け入れるときには条件があるのでしょうか。

1．受入機関を状況に応じて4つに区分

〜カテゴリーごとに必要となる書類が異なる

就労可能な在留資格の申請に際しては、受け入れ機関（企業等）を4分類（カテゴリー1〜4）しており、その区分ごとに提出すべき書類が異なります。

【図表20-2-1】の通り、カテゴリー1から4の順に受け入れ機関の信頼度が高いとみなされ、提出する書類も少なく、審査の手順も相対的に簡単になります。

【図表20-2-1】受け入れ機関の区分（カテゴリー1〜カテゴリー4）

カテゴリー1	カテゴリー2	カテゴリー3	カテゴリー4
次のいずれかに該当する機関 (1)日本の証券取引所に上場している企業 (2)保険業を営む相互会社 (3)日本又は外国の国・地方公共団体 (4)独立行政法人 (5)特殊法人・認可法人 (6)日本の国・地方公共団体認可の公益法人 (7)法人税法別表第1に掲げる公共法人 (8)高度専門職省令第1条第1項各号の表の特別加算の項の中欄イ又はロの対象企業（イノベーション	次のいずれかに該当する機関 (1)前年分の給与所得の源泉徴収票等の法定調書合計表中、給与所得の源泉徴収票合計表の源泉徴収税額が1,000万円以上ある団体・個人 (2)在留申請オンラインシステムの利用申出の承認を受けている機関（カテゴリー1及び4の機関を除く）	前年分の職員の給与所得の源泉徴収票等の法定調書合計表が提出された団体・個人（カテゴリー2を除く）	カテゴリー1〜3のいずれにも該当しない団体・個人

創出企業) (9)一定の条件を満た す企業等 (下表参照)			

一定の条件を満たす企業等について（カテゴリー１(9)関係）
1　次のいずれかに該当する企業等を対象とします。   (1)厚生労働省が所管する「ユースエール認定制度」において、都道府県労働 局長から「ユースエール認定企業」として認定を受けているもの。   (2)厚生労働省が所管する「くるみん認定制度」、「プラチナくるみん認定制度」において、都道府県労働局長から「くるみん認定企業」、「プラチナくるみん認定企業」として認定を受けているもの。   (3)厚生労働省が所管する「えるぼし認定制度」、「プラチナえるぼし認定制度 令和２年６月施行)」において、都道府県労働局長から「えるぼし認定企業」、「プラチナえるぼし認定企業」として認定を受けているもの。   (4)厚生労働省が所管する「安全衛生優良企業公表制度」において、都道府県労働局長から「安全衛生優良企業」として認定を受けているもの。   (5)厚生労働省が所管する「職業紹介優良事業者認定制度」において、指定審査認定機関から「職業紹介優良事業者」として認定を受けているもの。   (6)厚生労働省が所管する「製造請負優良適正事業者認定制度（ＧＪ認定）」において、指定審査機関から「製造請負優良適正事業者」として認定を受けているもの。   (7)厚生労働省が所管する「優良派遣事業者認定制度」において、指定審査認定機関から「優良派遣事業者」として認定を受けているもの。   (8)経済産業省が所管する「健康経営優良法人認定制度」において、日本健康会議から「健康経営優良法人」として認定を受けているもの。   (9)経済産業省が所管する「地域未来牽引企業制度」において、経済産業大臣から「地域未来牽引企業」として選定を受けているもの。   (10)国土交通省が所管する「空港における構内の営業承認制度」において、地方航空局長又は空港事務所長から「空港管理規則上の第一類構内営業者又は第二類構内営業者」として承認を受けているもの。   (11)消費者庁が所管する「内部通報制度認証（自己適合宣言登録制度)」において、内部通報制度認証事務局（※）から「内部通報制度認証（自己適合宣言登録制度）登録事業者」として登録を受けているもの。   ※消費者庁指定登録機関（公益財団法人商事法務研究会）内におかれるもの。   2　立証資料について 上記認定を受けていることを証明する認定証等の写しを提出してください。

出所：出入国在留管理庁

2．カテゴリーごとに必要となる書類の違い

～「技術・人文知識・国際業務」の場合

　では受け入れる企業（機関）のカテゴリーが異なることで、必要となる書類がどれほど違うのでしょうか。

　就労できる在留資格のうち、最も多い「技術・人文知識・国際業務」の在留資格を例に挙げて比べてみました（海外にいる外国人を日本に呼びよせる場合）。

⑴　全てのカテゴリーの企業（機関）において共通して必要な書類

　全てのカテゴリーの企業において必要な書類は【図表20－2－2】です。

　カテゴリー1、2に属する企業（機関）については【図表20－2－2】の資料のみ提出が義務付けられています。

【図表20－2－2】「技術・人文知識・国際業務」の在留資格取得に当たり全ての企業（機関）が提出する書類

> 1　在留資格認定証明書交付申請書　1通
> ※地方入国管理官署において、用紙を用意している。また、法務省のホームページから取得することもできる。
> 2　写真（縦4cm×横3cm）　1葉
> ※申請前3か月以内に正面から撮影された無帽、無背景で鮮明なもの。
> ※写真の裏面に申請人の氏名を記載し、申請書の写真欄に貼付。
> 3　返信用封筒（定型封筒に宛先を明記の上、404円分の切手（簡易書留用）を貼付したもの）　1通
> 4　下記カテゴリーのいずれかに該当することを証明する文書　適宜
> 　カテゴリー1：四季報の写し又は日本の証券取引所に上場していることを証明する文書（写し）
> 　　主務官庁から設立の許可を受けたことを証明する文書（写し）
> 　　高度専門職省令第1条第1項各号の表の特別加算の項の中欄イ又はロの対象企業（イノベーション創出企業）であることを証明する文書（例えば、補助金交付決定通知書の写し）
> 　　上記「一定の条件を満たす企業等」であることを証明する文書（例えば、認定証等の写し）
> 　カテゴリー2：前年分の職員の給与所得の源泉徴収票等の法定調書合計表（受付印のあるものの写し）
> 　　在留申請オンラインシステムに係る利用申出の承認を受けていることを証明する文書（利用申出に係る承認のお知らせメール等）
> 　カテゴリー3：前年分の職員の給与所得の源泉徴収票等の法定調書合計表（受付印

のあるものの写し)
5　専門学校を卒業し、専門士又は高度専門士の称号を付与された者については、専門士又は高度専門士の称号を付与されたことを証明する文書　1通
6　派遣契約に基づいて就労する場合(申請人が被派遣者の場合)
　申請人の派遣先での活動内容を明らかにする資料(労働条件通知書(雇用契約書)等)　1通

出所:出入国在留管理庁

(2)　一部のカテゴリーの企業(機関)に必要になる書類

　カテゴリー3、4に属する企業(機関)については【図表20−2−3】の資料も必要です(なお、カテゴリー1、2の企業(機関)においても審査の過程において、これらの資料を要求されることがあります)。

【図表20−2−3】カテゴリー3、4の企業のみ提出が求められる書類

7　申請人の活動の内容等を明らかにする次のいずれかの資料
(1)　労働契約を締結する場合
労働基準法第15条第1項及び同法施行規則第5条に基づき、労働者に交付される労働条件を明示する文書　1通
(2)　日本法人である会社の役員に就任する場合
役員報酬を定める定款の写し又は役員報酬を決議した株主総会の議事録(報酬委員会が設置されている会社にあっては同委員会の議事録)の写し　1通
(3)　外国法人内の日本支店に転勤する場合及び会社以外の団体の役員に就任する場合
地位(担当業務)、期間及び支払われる報酬額を明らかにする所属団体の文書　1通
8　申請人の学歴及び職歴その他経歴等を証明する文書
(1)　申請に係る技術又は知識を要する職務に従事した機関及び内容並びに期間を明示した履歴書　1通
(2)　学歴又は職歴等を証明する次のいずれかの文書
a　大学等の卒業証明書又はこれと同等以上の教育を受けたことを証明する文書。なお、DOEACC制度の資格保有者の場合は、DOEACC資格の認定証(レベル「A」、「B」又は「C」に限る。)　1通
b　在職証明書等で、関連する業務に従事した期間を証明する文書(大学、高等専門学校、高等学校又は専修学校の専門課程において当該技術又は知識に係る科目を専攻した期間の記載された当該学校からの証明書を含む。)　1通
c　IT技術者については、法務大臣が特例告示をもって定める「情報処理技術」に関する試験又は資格の合格証書又は資格証書　1通

※【共通】5の資料を提出している場合は不要

　d　外国の文化に基盤を有する思考又は感受性を必要とする業務に従事する場合（大学を卒業した者が翻訳・通訳又は語学の指導に従事する場合を除く。）は、関連する業務について3年以上の実務経験を証明する文書　1通

9　登記事項証明書　1通

10　事業内容を明らかにする次のいずれかの資料

　⑴　勤務先等の沿革、役員、組織、事業内容（主要取引先と取引実績を含む。）等が詳細に記載された案内書　1通

　⑵　その他の勤務先等の作成した上記⑴に準ずる文書　1通

11　【カテゴリー3】

　直近の年度の決算文書の写し　1通

　新規事業の場合は事業計画書　1通

　　【カテゴリー4】

　直近の年度の決算文書の写し　1通

　新規事業の場合は事業計画書　1通

12　前年分の職員の給与所得の源泉徴収票等の法定調書合計表を提出できない理由を明らかにする次のいずれかの資料

　⑴　源泉徴収の免除を受ける機関の場合

　外国法人の源泉徴収に対する免除証明書その他の源泉徴収を要しないことを明らかにする資料　1通

　⑵　上記⑴を除く機関の場合

　a　給与支払事務所等の開設届出書の写し　1通

　b　次のいずれかの資料

　㋐　直近3か月分の給与所得・退職所得等の所得税徴収高計算書（領収日付印のあるものの写し）　1通

　㋑　納期の特例を受けている場合は、その承認を受けていることを明らかにする資料　1通

出所：出入国管理庁

Q20-3
外国人を受け入れる際に必要となる在留資格
　外国人を受け入れる際に考えられる在留資格の種類を教えてください。

A20-3
1．在留資格とは
〜特定の就労が認められる資格、制限なく就労が認められる資格など様々
　2023年9月現在、在留資格は全部で29種類あります。
　このうち企業で受け入れるケースとしては「技能実習」「技術・人文知識・国際業務」が圧倒的に多くなっています。

【図表20-3-1】在留資格

	在留資格	該当例	在留期間	人数
就労が認められる在留資格（18種類）	外交	外国政府の大使、公使等及びその家族	外交活動を行う機関	—
	公用	外交政府等の公務に従事する者及びその家族	5年、3年、1年、3月、30日、15日	—
	教授	大学教授等	5年、3年、1年、3月	7,343人
	芸術	作曲家、画家、作家等	5年、3年、1年、3月	502人
	宗教	外国の宗教団体から派遣される宣教師等	5年、3年、1年、3月	3,964人
	報道	外国の報道機関の記者、カメラマン等	5年、3年、1年、3月	210人
	高度専門職	ポイント制による高度人材	1号：5年、2号：無期限	18,315人
	経営・管理	企業等の経営者、管理者等	5年、3年、1年、4月、6月または3月	31,808人
	法律・会計業務	弁護士、公認会計士等	5年、3年、1年、3月	151人
	医療	医師、歯科医師、看護師等	5年、3年、1年、3月	2,467人
	研究	政府関係機関や企業等の研究者等	5年、3年、1年、3月	1,314人
	教育	高等学校、中学校等の語学教師等	5年、3年、1年、3月	13,413人
	技術・人文知識・国際業務	機械工学等の技術者等、通訳、デザイナー、語学講師等	5年、3年、1年、3月	311,961人

	企業内転勤		外国の事務所からの転勤者	5年、3年、1年、3月	13,011人
	介護		介護福祉士	5年、3年、1年、3月	6,284人
	興行		俳優、歌手、プロスポーツ選手等	3年、1年、3月、15日	2,214人
	技能		外国料理の調理師、スポーツ指導者等	5年、3年、1年、3月	39,775人
	特定技能		特定産業分野の各事業従事者	1年、6月または4月	130,923人
	技能実習	1号イ		1年	3,310人
		ロ	技能実習生		161,683人
		2号イ		2年	878人
		ロ			83,508人
		3号イ		2年	1,206人
		ロ			74,355人
就労が認められない（資格外活動の許可を受ければ一定の制限内で就労可能）（5種類）	文化活動		日本文化の研究者等	3年、1年、6月、3月	2,400人
	短期滞在		観光客、会議参加者等	90日、30日、15日、15日以内	—
	留学		大学、専門学校、日本語学校の学生	4年3月、4〜1年、6月、3月	300,638人
	研修		研修生	1年、6月、3月	497人
	家族滞在		就労資格等で在留する外国人の配偶者・子	5年、4年3ヵ月〜1年、6月、3月	227,857人
就労の可否は指定される活動によるもの	特定活動		外交官等の家事使用人、ワーキングホリデー等	5年〜3月、指定期間（5年を超えない範囲）	83,380人
身分に基づく資格（活動制限なし）（4種類）	永住者		永住許可を受けた者	無期限	863,936人
	日本人の配偶者等		日本人の配偶者・実子・特別養子	5年、3年、1年、6月	144,993人
	永住者の配偶者等		永住者・特別永住者の配偶者、わが国で出生し引き続き在留している実子	5年、3年、1年、6月	46,999人
	定住者		日系3世、外国人配偶者の連れ子等	5年、3年、1年、6月、指定期間	206,938人

出所：e-STAT「国籍・地域別　在留資格（在留目的）別　在留外国人」（2022年12月）

2．在留カードとは

　在留カードは中長期間（3ヵ月超）在留の外国人に対して交付されます。
よって、「短期滞在」の在留資格を保有する外国人や、3ヵ月以下の在留

期間の外国人には在留カードは交付されず、代わりにパスポートに在留資格の証印が張られることになります（不法滞在者には当然ながら在留カードもなく、パスポートへの証印もありません）。

（※）特別永住者は在留カードではなく「特別永住者証明書」が発行されます。

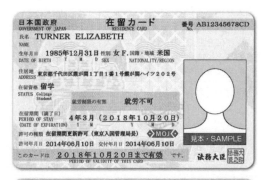

出所：出入国在留管理庁

3．ビザと在留資格の違い

　ビザは外国人が入国するために必要となる海外の日本大使館、領事館からの推薦状のようなものです（この人を日本に入れても問題ない、ということを示す書類です）。一方、在留資格は外国人が日本に滞在して何らかの活動をするために必要な許可証です。

　よって、在留資格とビザは同じではありません。俗に「労働ビザ」等といいますが、正確には「就労できる"在留資格"」のことを指していることが

多いです。

【図表20－3－2】「ビザ」と「在留資格」の相違点

	ビザ	在留資格
管轄	外務省（在外公館）	出入国在留管理庁
目的	在外公館で発行されるもので、その外国人が持っている旅券（パスポート）が有効であるという「確認」と、ビザに記載された条件により入国することに支障がないという「推薦」の意味を持つ	外国人が日本に入国・在留して従事することができる活動又は入国・在留できる身分又は地位について類型化し、法律上明らかにしたもの、現在28種類存在する
取得していることを示す書類	パスポートに貼付されているシール	・中長期在留者 →在留カード ・中長期在留者以外 →パスポートに貼付される証印（許可年月日・在留期限・在留資格・在留期間及び上陸空港名が記載）

出所：出入国在留管理庁

Q20-4

在留資格「高度専門職」とは

高度専門職という在留資格が数年前に設けられたと聞きました。
この在留資格の概要について教えてください。

A20-4

1.「高度外国人材」の活動累計と優遇措置
～最短1年で「永住」の在留資格申請可

平成21年5月29日高度人材受入推進会議報告書によりますと、高度外国人材とは「国内の資本・労働とは補完関係にあり、代替することが出来ない良質な人材」であり、「我が国の産業にイノベーションをもたらすとともに、日本人との切磋琢磨を通じて専門的・技術的な労働市場の発展を促し、我が国労働市場の効率性を高めることが期待される人材」とされています。

なお、高度専門職1号（イ）は既存の在留資格では「教授」、（ロ）は「技術・人文知識・国際業務」、（ハ）は「経営・管理」に相当する条件を満たしており、かつ必要なポイントを有していれば「高度専門職」に該当することになります。

【図表20-4-1】高度外国人材の類型と優遇措置

	活動類型	入国管理法上の優遇措置
1号	高度学術研究活動「高度専門職1号（イ）」本邦の公私の機関との契約に基づいて行う研究、研究の指導又は教育をする活動	1. 複合的な在留活動の許容 通常、許可された1つの在留資格で認められている活動しかできないが、大学での研究活動と併せて関連する事業を経営する活動を行うなど複数の在留資格にまたがるような活動が可能 2. 在留期間「5年」の付与 高度外国人材に対しては、法律上の最長の在留期間である「5年」が一律に付与。※期間は更新可能 3. 在留歴に係る永住許可要件の緩和 永住許可には原則として引き続き10年以上日本に在留していることが必要だが、高度外国人材としての活動を引き続き3年間行っている場合や、高度外国人材の中でも特に高度と認められる場合（80点以上の方）は、高度外国人材としての活動を引き続き1年間行っている場合に永住許可の対象となる。
	高度専門・技術活動「高度専門職1号（ロ）」本邦の公私の機関との契約に基づいて行う自然科学又は人文科学の分野に属する知識又は技術を要する業務に従事する活動	

	高度経営・管理活動「高度専門職1号（ハ）」 本邦の公私の機関において事業の経営を行い又は管理に従事する活動	4．配偶者の就労 　高度外国人材の配偶者の場合は、学歴・職歴などの要件を満たさない場合でも、「技術・人文知識・国際業務」の在留資格に該当する活動が可能 5．一定の条件の下での親の帯同 　就労目的の在留資格で親の受入れは認められないが、①高度外国人材又はその配偶者の7歳未満の子（養子を含みます。）を養育する場合 　②高度外国人材の妊娠中の配偶者又は妊娠中の高度外国人材本人の介助等を行う場合については、一定の要件下で、高度外国人材又はその配偶者の親（養親を含みます。）の入国・在留が可能。 6．一定の条件の下での家事使用人の帯同 　「経営・管理」、「法律・会計業務」等で在留する一部の外国人に対してのみ認められるところ、高度外国人材については、一定要件下で、外国人の家事使用人を帯同することが認められる。 7．入国・在留手続きの優先処理 　入国事前審査に係る申請については申請受理から10日以内を目途、在留審査に係る申請については申請受理から5日以内を目途
2号	高度学術研究活動「高度専門職2号（イ）」 本邦の公私の機関との契約に基づいて行う研究、研究の指導又は教育をする活動	a．「高度専門職1号」の活動と併せてほぼ全ての就労資格の活動を行うことができる b．在留期間が無期限となる c．上記3から6までの優遇措置が受けられる ※「高度専門職2号」は「高度専門職1号」で3年以上活動を行っていた方が対象
	高度専門・技術活動「高度専門職2号（ロ）」 本邦の公私の機関との契約に基づいて行う自然科学又は人文科学の分野に属する知識又は技術を要する業務に従事する活動	
	高度経営・管理活動「高度専門職2号（ハ）」 本邦の公私の機関において事業の経営を行い又は管理に従事する活動	

高度専門職2号（ニ）2号（イ）から（ハ）までのいずれかの活動と併せて行う教授、芸術、宗教、報道などの活動	

出所：出入国在留管理庁

2．高度外国人材に該当するためのポイント制度

　ポイント制における評価項目と配点は、法務省令で規定されており、【図表20－4－2】の通りです。具体的には就労の在留資格に関する要件（在留資格該当性・上陸許可基準適合性）を満たす者の中から高度外国人材を認定する仕組みとし、それら人材に対して在留資格「高度専門職」が付与されます。

　なお、「永住」の在留資格の申請が認められるのは

　①高度人材としての在留歴が3年以上で70ポイント以上

　②高度人材としての在留歴が1年以上で80ポイント以上

の人材です。上記①または②いずれかの条件を満たせば「**永住許可申請書**」の提出が可能になります。

　永住の在留資格を保有していれば、日本人と同様に本人の専門性や業務内容に関係なく基本的に好きな仕事につくことができるため、当該外国人にとって日本国内での活動の幅が広がります。

【図表20－4－2】高度外国人材のポイント計算表

《ポイント計算表》

項目	高度学術研究分野	高度専門・技術分野	高度経営・管理分野
学歴	博士号（専門職に係る学位を除く。）取得者 30	博士号又は修士号取得者(注7) 20	
	修士号（専門職に係る博士号を含む。）取得者 20	修士号（専門職に係る博士士号を含む。）取得者(注7) 20	20
	大学を卒業し又はこれと同等以上の教育を受けた者（博士号又は修士号取得者を除く。） 10		
	複数の分野において、博士号、修士号又は専門職学位を複数有している者 5		
職歴（実務経験）(注1)	7年～ 15	10年～ 20	10年～ 25
	5年～ 10	7年～ 15	7年～ 20
	3年～ 5	5年～ 10	5年～ 15
		3年～ 5	3年～ 10
年収(注2)	年齢区分に応じ、ポイントが付与される年収の下限を異なるものとする。詳細は②参照 40～10	40～10	3,000万～ 50
			2,500万～ 40
			2,000万～ 30
			1,500万～ 20
			1,000万～ 10
年齢	～29歳 15	～29歳 15	
	～34歳 10	～34歳 10	
	～39歳 5	～39歳 5	
ボーナス①〔研究実績〕	詳細は③参照 25～20	詳細は③参照 15	
ボーナス②〔地位〕			代表取締役、代表執行役 10
			取締役、執行役 5
ボーナス③		職務に関連する日本の国家資格の保有（1つ5点） 10	
ボーナス④	イノベーションを促進するための支援措置（法務大臣が告示で定めるもの）を受けている機関における就労(注3) 10		
ボーナス⑤	試験研究費等比率が3%超の中小企業における就労 5		
ボーナス⑥	職務に関連する外国の資格等 5		
ボーナス⑦	本邦の高等教育機関において学位を取得 10		
ボーナス⑧	日本語能力試験N1取得者(注4)又は外国の大学において日本語を専攻して卒業した者 15		
ボーナス⑨	日本語能力試験N2取得者(注5)（ボーナス⑦又は⑧のポイントを獲得したものを除く。） 10		
ボーナス⑩	成長分野における先端的事業に従事する者（法務大臣が認める事業に限る。） 10		
ボーナス⑪	法務大臣が告示で定める大学を卒業した者 10		
ボーナス⑫	法務大臣が告示で定める研修を修了した者(注6) 5		
ボーナス⑬			経営する事業に1億円以上の投資を行っている者 5
ボーナス⑭			投資運用業等に係る業務に従事 10
ボーナス⑮	産業の国際競争力の強化及び国際的な経済活動の拠点の形成を図るため、地方公共団体における高度人材外国人の受入れを促進するための支援措置（法務大臣が認めるもの）を受けている機関における就労 10		
合格点	70		

①最低年収基準

高度専門・技術分野及び高度経営・管理分野においては、年収300万円以上であることが必要

②年収配点表

	～29歳	～34歳	～39歳	40歳～
1,000万	40	40	40	40
900万	35	35	35	35
800万	30	30	30	30
700万	25	25	25	—
600万	20	20	20	—
500万	15	15	—	—
400万	10	—	—	—

③研究実績

	高度学術研究分野	高度専門・技術分野
特許の発明 1件～	20	15
入国前に公的機関からグラントを受けた研究に従事した実績 3件～	20	15
研究論文の実績については、我が国の国の機関において利用されている学術論文データベースに登録されている学術雑誌に掲載されている論文（申請人が責任著者であるものに限る。） 3本～	20	15
上記の項目以外で、上記項目における者の同等の研究実績があると申請人がアピールする場合（著名な賞の受賞歴等）、関係行政機関の長の意見を聴いた上で法務大臣が個別にポイントの付与の適否を判断	20	15

※高度学術研究分野については、2つ以上に該当する場合は25点

(注1)従事しようとする業務に係る実務経験に限る
(注2)※1 主たる受入機関から受ける報酬の年額
※2 海外の機関からの転勤の場合には、当該機関から受ける報酬の年額を算入
※3 賞与（ボーナス）も年収に含まれる
(注3)就労する機関が中小企業である場合には、別途10点の加点
(注4)同等以上の能力を試験（例えば、BJTビジネス日本語能力テストにおける480点以上の得点）により認められている者も含む
(注5)同等以上の能力を試験（例えば、BJTビジネス日本語能力テストにおける400点以上の得点）により認められている者も含む
(注6)本邦の高等教育機関における研修については、ボーナス⑦のポイントを獲得した者を除く
(注7)経営管理に関する専門職学位（MBA、MOT）を有している場合には、別途5点の加点

出所：出入国在留管理庁

Q20-5
住民票とマイナンバー登録・社会保険の手続き

　外国人の住民登録と社会保険はどのようになりますか？　聞かれた場合に教えられるように知っておきたいのですが。

A20-5
１．住民登録
～住民登録をすれば自動的にマイナンバー登録も行われる

　住民登録を行うと、住所登録した住所宛に、およそ３週間でマイナンバーの通知が届きます。なお、在留資格が「短期滞在」の場合は、在留カードは交付されませんし、住民登録はできません。また、住民登録の手続きの際に、必要に応じて児童手当や印鑑証明の届出も行うことになります（厚生年金や健康保険に加入しない場合は、住民登録の際に国民年金、健康保険の手続きも行うことになります。なお社会保障協定の適用を受けている場合はこの限りではありません（詳細はQ21-5））。

２．社会保険の手続きは？

　外国人社員は、日本人と同様に社会保険への加入が必要です。ただし海外の会社などから日本に赴任している場合等で、出向元の国と日本の間に社会保障協定が発効している場合は、この限りではありません。

　また、本人から「社会保険料を払いたくないから雇用契約ではなく業務委託契約にしてほしい」といわれた場合でも、依頼している業務の実態次第では、「労働契約がある」とみなされますので注意が必要です。

外国人社員が海外出張した際の再入国許可の留意点

外国人社員を海外に出張させますが、出張を終え、日本に帰国する際に備えて何らかの書類を揃えておく必要はあるのでしょうか。

1．1年以内の海外出張の場合

1年以内の出入国であれば、この再入国許可を取得しなくても、特に手続きの必要はなく、日本に帰国することができます。日本出国時にパスポートとあわせて在留カードを提示していれば再入国が可能です。在留カードを忘れて出国してしまうとみなし再入国許可の処理ができません。出入国時に再入国許可の手続きが必要になります。

2．1年を超える海外出張（海外赴任）の場合

1年を超える予定で海外出張（海外赴任）する場合は、出国前に出入国在留管理庁で「再入国許可」の申請を行う必要があります。

再入国許可の有効期限は最大5年（特別永住者は6年）となっています。

【図表20-6-1】 みなし再入国許可と再入国許可の違い

	みなし再入国許可	再入国許可
期間	最長1年	最長5年 （特別永住者は6年）
提出書類	出国する際に、必ず在留カードを提示すると共に、再入国出国用EDカードのみなし再入国許可による出国の意図表明欄にレ（チェック）をつける	再入国許可申請書
申請先	空港	出入国在留管理庁
手数料	なし	シングル：3,000円 マルチ：6,000円
対象者	・「3月」以下の在留資格を決定された方および「短期滞在」の在留資格をもって在留する方以外	

Q20-7

外国人社員を配置転換する際の在留資格

　当社では幹部候補生である従業員には様々な仕事に関わってほしいと考えています。そのため、外国人社員にも、日本人社員と同様、様々な部署や仕事に携わってもらうつもりですが、気を付けることがあれば教えてください。

A20-7

1．同一の在留資格の中での業務の変更

　たとえば理系の大学を出た外国人が「技術・人文知識・国際業務」の在留資格を保有して、技術系の仕事をしていたところ、配置転換により、国際関連部門に異動になったとします。

　この場合、本人の業務内容は変わりますが、技術系の仕事も、国際関連部門の仕事もいずれも「技術・人文知識・国際業務」の在留資格で業務が可能です。そのため、配置転換に伴い、出入国在留管理庁に届出は必要ありませんが、次回の更新時にはその旨の説明が必要になります。

2．ローテーション等により、本来の活動内容とは異なる業務を実施させる場合

　たとえば「技術・人文知識・国際業務」の在留資格をもつ外国人社員に、当該活動で認められていない活動（業務研修の一環として工場の流れ作業やレストランのホールスタッフ等を行う等）に従事させる場合は、在留資格で認められていない活動に従事しているとみなされる可能性もありますので、事前に出入国在留管理庁に相談するなどを検討したほうがよいでしょう。

税務上の居住者・非居住者の判定方法

　日本の所得税を考える上で、その外国人が居住者か非居住者かで取扱いが大きく異なると聞きました。居住者、非居住者の判定方法を教えてください。

　また、在留資格の種類や期間は居住者・非居住者の判断基準に関係するのでしょうか。

A20-8

1．居住者・非居住者の区分

　日本で働く外国人社員の税務を考える上で重要なことは、その外国人社員が所得税法上、日本の居住者なのか、非居住者なのかを確認することです。

　また居住者に該当する場合は、その外国人社員が「永住居住者」に該当するのか「非永住居住者」に該当するのかを確認することも必要です。

　これについてまとめたのが【図表20－8－1】です。

【図表20－8－1】外国人における居住者・非居住者の区分

		定義	国内源泉所得	国外源泉所得
居住者	非永住者以外の居住者	次のいずれかに該当する個人のうち非永住者以外の者 ・日本国内に住所を有する者 ・日本国内に現在まで引き続き1年以上居所を有する者	課税	課税
	非永住者	居住者のうち、次のいずれにも該当する者 ・日本国籍を有していない者 ・過去10年以内において、日本国内に住所又は居所を有していた期限の合計が5年以内である者	課税	国内で支払われたもの及び国内に送金されたもののみ課税
非居住者		居住者以外の個人（1年以上の予定で日本を離れる人は非居住者に該当）	課税	非課税

(1)　居住者に該当する場合

　日本人については、居住者か非居住者のいずれかに分類され、それ以上に細かい分類はありません。しかし、外国人については、居住者に該当する場合は、日本での滞在年数に応じて「永住居住者」と「非永住居住者」に分けられます。では永住居住者と非永住居住者では、税務上の取扱いがどのように異なるのでしょうか。

　永住居住者は【図表20－8－1】の通り、国内源泉所得、国外源泉所得共に課税されます。その意味で、居住者である日本人と税務上の取扱いになんら違いはありません。一方、非永住居住者は【図表20－8－2】の通り、国内源泉所得及び、国外源泉所得のうち、日本国内で支払われたものまたは日本に送金されたものが課税されます（つまり、永住居住者よりも課税される範囲は狭くなります）。

　なお、ここでいう「国外源泉所得のうち、日本国内で支払われたもの又は日本に送金されたもの」については【図表20－8－2】の通り所得税基本通達に記載がされていますので、具体例を挙げてみました。

【図表20－8－2】「国外源泉所得のうち、日本国内で支払われたもの又は日本に送金されたもの」

所得税基本通達7-6（送金の範囲）
　7－6　法第7条第1項第2号に規定する送金には、国内への通貨の持込み又は小切手、為替手形、信用状その他の支払手段による通常の送金のほか、次に掲げるような行為が含まれる。（平19課法9－16、課個2－27、課審4－40、平29課個2－13、課資3－3、課審5－5改正）
(1)　貴金属、公社債券、株券その他の物を国内に携行し又は送付する行為で、通常の送金に代えて行われたと認められるもの
(2)　<u>国内において借入れをし又は立替払を受け、国外にある自己の預金等によりその債務を弁済することとするなどの行為で、通常の送金に代えて行われたと認められるもの</u>
→この(2)については具体的には、以下のようなケースが含まれる
　　海外での家賃収入、譲渡所得等が入金される海外の口座を引き落とし口座として作ったクレジットカード等で日本国内で買い物した場合
　　（日本国内で買い物した金額相当が「国外源泉所得のうち、日本国内で支払われたもの又は日本に送金されたもの」に該当するため、日本で課税対象になる。

出所：国税庁

ただし、永住居住者であっても、非永住居住者であっても、居住者であることには変わりありませんから、通常の日本人社員と同様、年末調整は必要ですし、給与収入が2,000万円を超える場合や、給与以外の所得がある場合は確定申告が必要になります。

　よって、居住者である外国人の税務上の取扱いは、日本人社員と同様ですが、本章では、外国人社員の税務を考える上で、把握しておいたほうがよい点を中心にまとめています。

(2)　非居住者の場合

　日本での滞在予定期間が1年未満の場合は、日本の非居住者に該当します。

　上述の通り、居住者の場合は「永住居住者」と「非永住居住者」に分かれますが、非居住者については外国人と日本人で取扱いに差はありません。

２．在留資格と居住者・非居住者の区分の仕方
～在留資格と居住者・非居住者の区分は直接的には関係ない～

　所得税法では、居住者・非居住者の区分は「1年以上の予定で日本に滞在するか」という点で判断されます。よって、たとえば在留期間が半年間の在留資格を持っていても、在留期間が到来する際に更新申請を行うなどして、1年以上の予定で日本に滞在することが見込まれるのであれば、日本に入国後、直ちに日本の居住者に該当します。

　このように、在留資格の内容と、居住者・非居住者の判定は直接関係はしませんが、居住者か非居住者かの判断がつきかねる時は、在留資格をはじめとした本人の諸条件から総合的に判断し、居住者に該当するか、非居住者に該当するかの判断がされることになります。

３．5年超居住の判断

　たとえば、2023年10月16日に、ある人物の過去10年間の滞在期間が5年以内か5年を超えるか計算してみましょう。まず計算する場合、今日（10月16日）から10年前までを計算期間としてとらえます。つまり、計算の起算日は2013年10月16日となります。よって、2013年10月16日から2023年10月15日までの期間に5年以上日本に滞在していたか否かを計算します。この人物は月の間に滞在していた日としていなかった日もありますし、1年間ずっと日本

に滞在していた年もあれば、そうでなかった年もあります。その場合、「5年」のカウント方法は【図表20－8－3】の通りになります。

【図表20－8－3】永住者・非永住者の判断基準となる「5年」の計算方法

> ①　一月のうち、日本に滞在していなかった日がある月
> 例：1月5日～25日に日本滞在、2月5日～20日まで日本滞在の場合
> 1月分は21日、2月分は16日、合計35日なので「1ヵ月と5日」滞在したという計算になる。
>
> ②　一年のうち、日本に滞在していなかった月がある年
> 例：一年のうち、2014年は11ヵ月、2015年は8ヵ月滞在した場合
> 2014年と2015年で合計19ヵ月なので、「1年と7ヵ月」滞在したという計算になる。

出所：所得税基本通達2-4-2、2-4-3を基に作成

外国人社員の国外にいる扶養家族の取扱い

　外国人社員の国外にいる扶養家族は、扶養控除の対象になるのでしょうか。税務上、社会保険について、それぞれ教えてください

1．税務上、外国人社員の国外に居住する扶養家族が扶養控除の対象になるための要件

　国外居住親族について配偶者控除、配偶者特別控除または障害者控除の適用を受けようとする居住者は、該当する全ての確認書類を、給与または公的年金等の支払者に提出または提示する必要があります。なお、国外居住親族の対象となる親族の範囲は、6親等内の血族、配偶者、3親等内の姻族とされています。

【図表20-9-1】国外にいる家族が、所得税法上の扶養家族に該当するための条件

		給与等の受給者		公的年金等の受給者
		扶養控除等申告書等(注)の提出時に必要な確認書類	年末調整時に必要な確認書類	扶養親族等申告書の提出時に必要な確認書類
16歳以上30歳未満又は70歳以上		「親族関係書類」	「送金関係書類」	「親族関係書類」
30歳以上70歳未満	①留学により国内に住所及び居所を有しなくなった者	「親族関係書類」及び「留学ビザ等書類」	「送金関係書類」	「親族関係書類」及び「留学ビザ等書類」
	②障害者	「親族関係書類」	「送金関係書類」	「親族関係書類」
	③その居住者からその年において生活費又は教育費に充てるための支払を38万円以上受けている者	「親族関係書類」	「38万円送金書類」	「親族関係書類」
	(上記①〜③以外の者)	(扶養控除の対象外)		

出所：国税庁「令和5年1月からの国外居住親族に係る扶養控除等Q&A（源泉所得税関係）（令和4年10月）」

2．社会保険上の被扶養者の範囲

　外国人の扶養認定基準は、続柄や収入等日本人の場合と基本的に同様です。ただし、被扶養者が国内に居住して住民登録をしている、短期滞在等でない方であることが要件です。

　一部の例外を除き、海外に居住している家族は原則として扶養に入れることはできません。

　2020年4月1日以降は、被扶養者認定の際に、国内居住要件を満たしていることの確認が必要になります。つまり、海外に居住している扶養家族は、原則として健康保険の被保険者に該当しないことになります。

　ただし以下の者等については、国内居住要件の例外が認められています。
①外国に留学している学生
②外国に赴任する被保険者に同行する者
③観光、保養、ボランティアなど一時的に海外に渡航する者
④被保険者が外国に赴任している間に、被保険者との身分関係が生じたもの

　つまり、外国人社員だけでなく、日本人についても海外にいる扶養家族は上記の例外が認められない限り、被保険者認定されなくなる可能性がありますのでご注意ください。

外国人社員の所得控除（生命保険料等の控除・医療費控除）

外国人社員は、外国の生命保険会社に保険料を支払っていたり、海外での医療費の支払いがありますが、この保険料は所得控除の対象になるのでしょうか。

1．外国の生命保険会社への支払い

外国生命保険会社等または外国損害保険会社等と国外において締結した契約に基づく保険料は、所得控除の対象になりません。ですので、外国の生命保険会社に支払った分があっても、生命保険料控除の対象にはなりません。

2．医療費控除の基本的な考え方

【図表20-10-1】にある通り、医療費控除対象となる医療費は、日本国内で支払った医療費に限定されていません。よって、国外で支払った医療費も医療費控除の対象にすることが可能です。

【図表20-10-1】医療費控除の対象者と対象となる金額

◆医療費控除の対象者
・自己または自己と生計を一にする配偶者やその他の親族のために支払った医療費であること。
◆医療費控除の対象となる金額
・その年の1月1日から12月31日までの間に支払った医療費であること。
医療費控除の対象となる金額は、次の式で計算した金額（最高で200万円）。
医療費控除対象額＝（実際に支払った医療費合計額（※1）－保険等での補填額）－
　　　　　　　　10万円（※2）
（※1）保険金などで補てんされる金額
（例）生命保険契約などで支給される入院費給付金や健康保険などで支給される高額
　　　療養費・家族療養費・出産育児一時金など
　　　（保険金等での補てん金額は、その給付の目的となった医療費の金額を限度とし
　　　て差し引くので、引ききれない金額が生じた場合であっても他の医療費からは
　　　差し引きません）
（※2）その年の総所得金額等が200万円未満の人は、総所得金額等5％の金額

出所：国税庁ウェブサイトを基に作成

　また、医療費控除は居住者に対して適用される制度ですので、日本に赴任する前（非居住者期間）に払った医療費は医療費控除の対象外になります。

３．海外に滞在する本人の税法上の扶養家族が海外で支払った医療費

　その方の家族が海外に居住していても、日本の税法上の扶養家族と認定されていれば、その家族が海外で使った医療費も医療費控除の対象になります。なお、年の途中で赴任した場合は、本人が日本に来てからの期間に発生した医療費に限定されます。

21

海外からの赴任者
受け入れの留意点

日本企業が海外から赴任者を受け入れる際に知っておきたいこと

この度、海外子会社から日本の本社に初めて赴任者を受け入れます。受け入れに際して知っておくべきことがあれば教えてください。

1．日本企業が日本から海外に人材を送り込む際と様々な点で異なることを理解する

海外からの人材受け入れに関して日本企業が直面する課題は大きく分けて2つあります。

(1) グローバル展開する外資系企業と比べた日本企業における受入態勢の違い

以下の点で外国人を赴任者として受け入れることに慣れている外資系企業と、そうでない日本企業とでは、海外からの赴任者の受け入れ態勢は大きく異なります。

【図表21－1－1】外資系企業と比べた日本企業の受け入れ体制の違い

・海外からの人材受け入れの経験の差
　　外資系企業：海外からの赴任者の受け入れから帰任までの手続きに慣れている
　　日本企業　：経験が少なく全体的に不慣れ、手続きが正しいか自信がない

・税務等についても赴任元と統一感ある対応ができていない
　　外資系企業：本社が世界中に拠点のある会計事務所とグローバル契約している
　　日本企業　：それぞれの拠点任せ、連携が必要な場合は本社が介入する必要がある

・有効に機能している統一的なモビリティポリシーが存在しない
　　外資系企業：世界共通の海外赴任時の異動ポリシーが存在

> 日本企業　：都度条件を決めているに等しく、処遇が赴任元によりバラ
> 　　　　　　バラ

(2)　日本企業における外国からの赴任者と日本から海外への赴任者の違い
　　組織体制だけでなく、赴任する社員の考え方も大きく異なります。

【図表21－1－2】海外から受け入れる人材と日本からの赴任者の違い

> ①　本社の意向で日本に赴任してもらうケースも多く、条件交渉が必要
> 　　日本から赴任させる場合：基本的に会社の定めた処遇に従い赴任
> 　　海外から日本に赴任してもらう場合
> 　➡本人意向について最大限に配慮することが多い
>
> ②　日本から海外に赴任するより赴任元での税務の取扱いが複雑になる
> 　　こと
> 　　日本から赴任させる場合
> 　➡海外赴任中、日本で所得税が発生することは限定的
> 　　海外から日本に赴任してもらう場合
> 　➡日本赴任中も赴任元国で課税が継続することも多い
>
> ③　トラブルが発生すると、訴訟などに発展するリスクがある
> 　　日本から赴任させる場合
> 　➡本社や赴任先、赴任者との間でトラブルはほとんどない
> 　　海外から日本に赴任させる場合
> 　➡説明不足、理解不足によりトラブルになることも

２．海外からの人材受け入れに際して把握すべき項目は多数ある

　　海外からの人材を受け入れるにあたっては、様々な項目について把握して
おくことが重要です。具体的には以下の項目について配慮が必要です。

【図表21−1−3】　人材受け入れの際に把握すべき項目

- ・日本のイミグレーション
- ・日本及び赴任元国の所得税等
- ・日本及び赴任元国の社会保険
- ・日本赴任中の給与、手当、福利厚生
- ・主として日本の労務、法務
- ・その他

「海外子会社等から人材を受け入れる」ことが決まったことを人事の方が経営者から聞かされるのが、入国予定の１か月前など、比較的直前であることも少なくありません。

そのため、受け入れの際の諸条件を定めた規程などもないため、慌てて赴任条件を記載した書面を作るという都度対応を繰り返す傾向があります。

海外からの人材受け入れに際して事前に作成が必要な書面は一般的に以下の通りです。

【図表21−1−4】海外からの赴任者受け入れに際して用意しておくべき書類

- ・Global Mobility Policy（グローバルモビリティポリシー）
  海外勤務中の条件などを定めた書面。いわゆる「海外赴任者規程」。
  日本から海外に赴任する際の規定を逆にして使用するケースもあるが、そのまま利用し難い場合も多い。「海外から日本への赴任者用の規程」を作るのも一つだが、日本から海外だけでなく、海外から日本、海外から海外への異動にも耐えうる規程やガイドラインを用意しておくのが今後の人材異動に際しても望ましい

- ・TEQ ポリシー
  海外赴任社員に関する個人所得税精算のための規程。日本企業の海外赴任者規程における「海外赴任中の公租公課」に関する項目をより詳細に記載したもの

・アサインメントレター

　海外赴任時の処遇に関する具体的内容について会社が本人に交付する、赴任条件をまとめた書面。本人がサインすることで条件に納得して赴任したことの証になる。

・出向契約書

　出向者コスト等や出向期間中の両社の責任範囲について出向元と出向先が合意した旨を示す文書。

　両者間でもめ事を発生させないためにも重要だが、税務リスク対策や、立替金の送金時等に必要になる場合もある。

3．それぞれの段階で対応すべきことも異なる

　海外からの赴任者の受け入れを決定してから、受け入れを行い、さらに任期を終えて帰任するまで、大きく分けて「赴任前・赴任時」「赴任中」「帰任時・帰任後」の3つの段階に分けられます。それぞれの段階で実施すべきことや配慮する点は異なります。

受け入れから帰任まで段階別で見たすべきこと一覧

赴任者受け入れから帰任するまでの流れについて教えてください。

1．項目別・段階別で見た実施すべきことの一覧

　項目ごとや段階別で見た、海外からの赴任者の受け入れから帰任までに実施すべき事項の主なポイントは以下の通りです（赴任元国側で実施することが一般的な項目も含まれています）。

【図表21-2-1】

	赴任前・赴任時	赴任中	帰任時・帰任後
Immigration（イミグレーション）	・ビザ取得が可能かどうかの事前確認（本人・帯同家族） ・ビザ申請 ・入国前の注意事項説明	・在留資格更新、各種変更手続き ・在留資格の切替等	・別の赴任先国で勤務する場合のビザ申請 ・所属機関、契約期間の終了届出（本人が実施）
税務	・赴任元での赴任者への出国時の税務処理 ・赴任元および日本の税務に関する赴任者への説明（ブリーフィング） ・赴任時コスト試算 ・赴任元国で勤務していたら発生するであろう税額の計算 ・税務面等も配慮した出向契約書の作成／レビュー ・日本国内、国外支給給与の課税、非課税判定	・必要に応じ日本および赴任元での源泉徴収、確定申告 ・扶養家族関係情報収集 ・本人の個人的事情に関する税務相談（相続・贈与・株式報酬・永住居住者への切り替え等） ・人件費に関する赴任元国との精算 ・TEQ（税調整計算）実施	・日本出国時の税務申告（選択課税手続き含む） ・住民税支払い ・納税管理人設定（所得税・住民税） ・赴任元と日本に関する税務の説明（ブリーフィング） ・TEQ（税調整計算）実施

社会保険	・社会保障協定適用証明書申請（必要な国のみ） ・日本の社会保険加入、労働保険加入手続き	・社会保障協定延長申請（必要な場合のみ）	・脱退一時金請求手続き（日本の年金加入時のみ）
給与	・アサインメントレター作成 ・給与支給方法の決定 ・赴任時の処遇説明 ・モビリティ＆TEQポリシー作成	・給与改定の説明 ・各種質問への対応方法検討	
労務・法務	・就業規則など会社ルールの英訳 ・雇用契約書作成 ・社内申請書などの英訳	・トラブル発生時に会社として取るべき対応の検討	
その他	・引越業者手配／引越作業／ペット持込 ・帯同する子の学校選択 ・家具レンタル ・異文化研修 ・銀行口座開設、住民登録、免許証切り替え手続き、携帯電話購入、公共料金手続き、メイド・ナニー手続きサポート	・家族のサポート ・各種トラブル対応（医療面） ・人事評価 ・ホームリーブのサポート	・引越業者手配／引越作業／ペット輸送 ・住民票除票手続 ・公共料金、携帯電話等解約 ・在留カードを入国審査官に返納 ・帰任者のキャリア支援

2．間違いやすいポイント

　海外からの赴任者受け入れ時によくある間違いとチェックすべき資料は以下の通りです。税務に関するミスは税務調査で指摘されることになります。また、「手取り補償」している場合、日本で納付・申告漏れの税額を会社が負担するのが一般的ですが、それにより、赴任元国側の課税処理に影響を与える可能性もあります。

　報酬計算の間違いは本人との関係性に影響を与えるほか、イミグレーショ

ンの手続き漏れは、最悪の場合は日本からの退去を求められたり、罰金の発生、今後の日本への赴任計画に影響を及ぼす可能性あります。【**図表21－2－2**】を参考にチェックしてください。

【図表21－2－2】間違いやすいポイントチェック

	よくある間違い	チェックすべき資料
税務面	・TEQ（税調整）精算金の取扱いミス（精算時の計算を間違っていた） ・経済的利益等の申告漏れ（会社が直接支払った帯同する子の学費を課税対象に含めていない等） ・有効な節税策の利用漏れ（家賃を手当として支払ってしまっている等） ・必要な手続きの実施漏れ ➡是正することで会社のコスト・リスクを軽減	・外国からの赴任者の関連取扱いプロセスが書かれた資料 ・アサイメントレター ・給与支給関連資料 ・源泉徴収票 ・賃金台帳 ・日本払、現地払給与、経済的利益の詳細　等
報酬制度・規程	・制度通りに運用できていないポイントを確認（制度を変えるか、運用を変えるか、両者を変えてシンプル化するか等が明確になる） ➡海外からの赴任者増加に備えて見直しポイントを明確化	・同上　および ・Global Mobility Policy（グルーバル　モビリティ　ポリシー）に関連して作成されているマニュアル、内規 ・日本からの赴任者に適用の海外赴任者規程　等
イミグレーション	・在留資格関連の更新、変更漏れ ・帯同家族の不法就労 ・上記に伴う在留資格認定証明書（CoE）の発行拒否、ビザ発給拒否 ➡早急に是正し外国人受入に支障ない体制に修正可	・組織図 ・外国人社員一覧 ・アサインメントレター ・在留資格関連情報　等

Q21-3
給与全額が海外から支払われている外国人社員の日本の社会保険

当社に海外子会社から赴任している外国人Ａさんの給与・賞与は全額、海外子会社から支給されており、当社からは金銭の支給はありません。

この場合、社会保険の取扱いはどうなりますか。

A21-3

1．年金について
〜原則として厚生年金は加入不可、国民年金に加入

日本から給与が支給されていないので、厚生年金に加入することはできません。

しかし、日本で住民登録している場合は国籍を問わず、年金に加入する義務があるため、国民年金に加入することになります。実務的には市区町村で住民登録する際に、国民年金の加入手続きも行うことになります（その際には在留カードと入国スタンプのあるパスポートが必要になります）。

なお、国民年金保険料は給与の有無やその多寡にかかわらず一律で、2023年度は毎月16,520円となっています。

（※）赴任元国と日本の間で社会保障協定が発効している場合は、協定の対象となっている保険制度（年金等）については、二重加入が認められていませんので、仮に日本の厚生年金に加入していなくても、国民年金への加入も原則として認められていません（ただし市区町村に対し「社会保障協定適用証明書」の提示が必要になります。

2．健康保険（及び介護保険）について
〜原則として健康保険は加入不可、国民健康保険に加入

日本から給与が支給されていないため、（原則として）健康保険に加入することはできません。

しかし、日本で住民登録をしている場合は国籍を問わず、健康保険制度に加入する必要がありますので、国民健康保険に加入することになります。また、当該外国人社員が40歳以上64歳以下であれば、国民健康保険加入と同時に介護保険にも加入することになります。

注意：社会保障協定発効国からの赴任者について

　「1」「2」に記載の通り、社会保障協定により日本の厚生年金、健康保険の加入が免除になった場合は、国民年金、国民健康保険の加入も制度上はできないことになっています。

　しかしながら、市区町村の窓口において、社会保障協定適用対象国の外国人が国民年金、国民健康保険の加入申込みをした場合、市区町村側はその都度、申込者が社会保障協定の適用を受けているかについて、確認することはありません。そのため、現実的には協定相手国から赴任してきた場合も、本人がその旨を申告しない限りは、住民登録時に、通常の外国人と同様、国民年金、国民健康保険の手続きが行われてしまう場合があります。

3．雇用保険について
〜日本の企業との雇用関係の有無により異なる

　日本の会社と雇用関係（雇用契約）があるか否かで異なってきます。

　仮に雇用契約が締結されていれば、日本払給与はゼロでも雇用保険に加入することになります（ただし日本払給与がゼロであるため、保険料は発生しないことから、失業給付の受給もありません）。一方、雇用契約が締結されていなければ雇用保険に加入することはできません。

4．労災保険について
〜加入が必要

(1)　日本の会社との間で雇用契約が存在する場合

　日本において労災保険の加入義務があります。なお、この場合、日本払い給与はゼロであったとしても、労災保険の保険料は、赴任元国で払っている給与を円換算した額を基に算出することになります。

(2)　日本の会社との間で雇用契約が存在しない場合

　指揮命令がすべて海外の会社から行われている場合で、日本の会社との雇用関係がない場合は、労災の加入義務があるとはいえません。しかし、日本の事業場側と雇用契約書を交わしていなくても、実態として日本の事業場の指揮命令に基づいて活動していたり、国内の従業員と同じような勤務形態で働いている場合は事実上、雇用関係がありますので、この場合は労災保険の加入義務があります。なお、保険料の計算の考え方は上記(1)と同じです。

Q21-4

給与の一部が海外から支払われている外国人社員の日本の社会保険

　当社に海外子会社から赴任している外国人の給与・賞与のうちその4割が日本から、残り6割が海外から支払われています。この場合、社会保険の取扱いはどうなりますか。

A21-4

1．厚生年金・健康保険（介護保険）・失業保険について
～日本払給与に対して支払

　いずれの保険も加入対象になりますが、支払うべき保険料は日本から支給された給与（賃金台帳に記載される金額）を基に計算されます。海外で支払われた給与等は保険料計算の対象には含まれないと考えられます。

2．労災保険について
～赴任元払給与＋日本払給与に対して支払

　加入が必要です。また、保険料の算定対象は厚生年金や健康保険と異なり、日本払給与と赴任元国払給与を合算した給与額です。

社会保障協定発効国からの赴任の場合の手続き方法

このたび当社に、社会保障協定発効国から赴任してくる外国人がいます。この外国人社員については、日本の社会保険制度への加入が免除されることになるのでしょうか？

A21-5

1．社会保障協定相手国からの赴任者の取扱い
～日本の年金保険料等が免除になる可能性

Q21-3で説明した通り、社会保障協定が発効している国（※）からの赴任者については、赴任元国の社会保険制度に加入している等一定の条件を満たせば、日本の年金等への加入が免除になります。

（※）社会保障協定発効国（ドイツ、イギリス、韓国、アメリカ、ベルギー、フランス、カナダ、オーストラリア、オランダ、チェコ、スペイン、アイルランド、スイス、ブラジル、ハンガリー、インド、ルクセンブルク、フィリピン、スロバキア、中国、フィンランド、スウェーデン）（2023年3月現在）

【図表21-5-1】は日本が締結した社会保障協定の概要ですが、たとえばドイツからの赴任者の場合、ドイツの年金制度に加入していれば日本の厚生年金の加入は免除されます。一方、健康保険や雇用保険、労災保険は日独社会保障協定の適用対象項目になっていないため、仮に日本赴任中にドイツでこれらの保険に加入していたとしても、日本側でも加入が必要になります。

2．社会保障協定適用までの流れ
～赴任元国で事前に手続きが必要

社会保障協定の適用を受けて、赴任元国の年金等加入を条件に、日本の年金等を免除してもらうためには、赴任元国において事前に「社会保障協定適用証明書交付申請書」を申請、証明書を入手して、日本の勤務先において確認してもらう必要があります。

なお、確認がされない限り、たとえ日本との間で社会保障協定（締結国は【図表16-16-1】参照）が発効している国から赴任してきたとしても、日本の厚生年金等への加入は免除されません。保険料徴収開始後に、適用証明書を準備した場合、最大2年分の保険料の還付は受けることができます。

【図表21－5－1】社会保障協定適用までの流れ

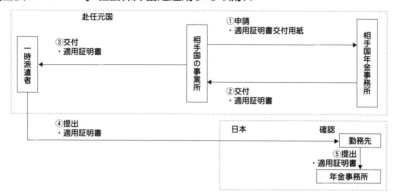

3　健康保険も免除になる場合

　社会保障協定では年金だけでなく、医療保険も免除になる場合があります。

　たとえばアメリカから赴任してくる社員が日米社会保障協定の適用を受ける際、アメリカ社会保障庁（SSA）に日本の「社会保障協定適用証明書交付申請書」に相当する用紙を提出します。そうすると、SSA は当該社員がアメリカで医療保険に加入しているかのチェックを行い、アメリカで医療保険に入っていることが確認されれば、「日本側の年金・医療保険を免除にする証明書」を、アメリカで医療保険に加入していないことが確認されれば「日本側の年金のみを免除する証明書」を提出することになります。

　そのため、前者の証明書が発行された場合は、年金はもちろん、健康保険も日本で免除の対象になってしまうことから、日本の健康保険に加入することができません。また、国民健康保険についても、社会保障協定の免除の対象になっているため、原則として、加入することができないことになっています（社会保障協定が発効している国との間では、原則として協定の対象となっている保険制度について両方の国で同時に加入することはできません）。

（※）ただし実務上では多少取扱いが異なる場合があります。具体的には Q21－3「給与金額が海外から支払われている外国人社員の日本の社会保険」をご参照ください。

Q21-6

雇用保険の加入

　A国から赴任している社員が「日本には一時的に勤務しているだけでいずれはA国に戻るので、日本で失業することはないから日本で雇用保険に加入したくない（雇用保険料を払いたくない）」と主張していますが、そのようなことは可能なのでしょうか（雇用関係あり）。

A21-6

1．日本の会社と雇用関係があれば、原則加入は必要

　原則として1週間の所定労働時間が20時間以上で1ヵ月以上引き続き雇用見込みがある方については、日本の会社から給与が支給されている以上、雇用保険への加入が必要になります。自国で雇用保険に加入しているか否かは、日本の雇用保険への加入必要性の判断には影響しません。

　なお、A国と日本の間に社会保障協定が発効している場合は社会保障協定の取り決めに従うことになります。詳細はQ21-5をご参照ください。

Q21-7

出向者の住居費・家財を会社負担している場合の課税

　海外からの出向者の住居費や家財を会社負担しています。この場合、これらの費用は給与として課税対象になるのでしょうか。

A21-7

1．社宅を提供する場合

～日本人に社宅を提供する場合と同様の取扱い

　外国人社員及び役員に社宅を提供する場合の取扱いは、日本人社員に社宅を提供する場合と同様です。つまり【図表21-7-1】のような取扱いとなります。

【図表21-7-1】外国人社員に社宅を提供した場合

【前提条件】
通常の賃料の額（計算上の理論値）：X
実際の賃料：Y
本人の家賃負担額：Z
　　とした場合

【社員に社宅提供する場合】
・Z≧X×50%・・・・非課税
・Z＜X×50%・・・・XからZを控除した額（X－Z）を給与として課税する

※社員に関する「通常の賃料の額」の計算式（132㎡（木造家屋以外なら99㎡）以下のものに対する計算式）

$$\text{その年度の家屋の固定資産税の課税標準額} \times 0.2\% + 12円 \times \frac{\text{当該家屋の総床面積（㎡）}}{3.3（㎡）} + \text{その年度の敷地の固定資産税の課税標準額} \times 0.22\%$$

【役員に社宅提供する場合】
・「Y×50%」と「X」のうち、どちらか多い額（P）を給与として課税する（ただしPとZが同じ、もしくはPよりZが大きい場合は非課税となる）。

※役員に関する「通常の賃料の額」の計算式

$$\left\{ \begin{array}{c} \text{その年度の} \\ \text{家屋の固定} \\ \text{資産税の課} \\ \text{税標準額} \end{array} \times 12\% \begin{pmatrix} \text{木造家屋} \\ \text{以外の家} \\ \text{屋につい} \\ \text{ては10\%} \end{pmatrix} + \begin{array}{c} \text{その年度の} \\ \text{敷地の固定} \\ \text{資産税の課} \\ \text{税標準額} \end{array} \times 6\% \right\} \times \frac{1}{12}$$

出所：所得税基本通達36−40、36−41をもとに作成

2．光熱費を負担する場合

〜給与として課税

　会社負担した光熱費を非課税とする通達はありませんので経済的利益として課税されます（なお、よく似た通達に「所得税基本通達36-26　課税しない経済的利益……寄宿舎の電気料等」がありますが、これはトイレや浴室が共同使用になっている物件を指すため、本件のようなケースには該当しません）。

Q21-8

出向者の子女教育費を会社が負担している場合の課税

　海外から赴任している外国人社員の子女のインターナショナルスクールの学費を会社が負担しています。この場合、経済的利益として当該学費相当額は本人の給与として課税対象になるのでしょうか。

A21-8

会社が負担した子女教育費

～給与として課税

　社員の子女の学費を会社が負担した場合、当該社員が日本人であろうと外国人駐在員であろうと、非課税等の措置はありません。そのため、会社が負担した子女教育費は全額、本人の給与として取り扱われ、所得税等の課税対象になります。

　なお、インターナショナルスクールの中には、企業側が学校に対して一定の寄附を行った場合、その子女の学費を「奨学金」という形で免除することがあります。この場合、子女の学費は非課税になる余地もありますので詳細は各学校にご確認ください。

外国人社員の一時帰国費用や家族の呼び寄せ費用

　外国人社員に対して一時帰国費用を支給する場合、当該費用は給与として課税の対象になるのでしょうか、それとも非課税にしてもよいでしょうか。家族の呼び寄せ費用はどうなりますか？

1．外国人社員に支給する一時帰国費用の考え方
〜年1回程度なら非課税

　社員の個人的な理由での旅行費用を会社が負担した場合は、当該費用が給与として課税されますが、外国からの赴任者については（【図表21－9－1】）の要件を満たす場合、外国人社員に支払う一時帰国（ホームリーブ）費用は非課税となります。

【図表21－9－1】外国人社員の一時帰国費用が非課税となるための条件

> 1．前提条件
> 　就業規則等において、帰国に関する規定があること
> 2．非課税に該当する頻度
> 　概ね年に1回経過するごとに1回程度
> 3．非課税となる対象者
> 　本人とその帯同家族（メイド等は親族に該当しないため非課税にならない）
> 4．非課税となる費用・対象ルート
> 　日本と目的地（原則として、その者またはその者の配偶者の国籍または市民権の属する国をいう）との往復に要する運賃（航空機等の乗継地においてやむを得ない事情で宿泊した場合の宿泊料を含む）。
>
> ※ただしその旅行に係る運賃、時間、距離等の事情に照らし最も経済的かつ合理的と認められる通常の旅行の経路及び方法によるものに相当する部分に限る。

出所：所得税法第36条①、昭和50年1月16日直法6-1を基に作成

2．家族呼び寄せ費用に関する考え方
〜原則は給与として課税

　「1」のケースとは逆に海外にいる家族を日本に呼び寄せる場合にかかる旅費は、給与として課税になります。

Q21-10

外国人社員の報酬にかかる日本の所得税・住民税等を会社負担した場合

　Ａ国から赴任している外国人社員の給与はネット保証方式のため、日本で
かかる所得税・住民税は会社負担することになっています。この時、会社が
負担した本人の所得税・住民税は本人の経済的利益になるのでしょうか。

A21-10

１．会社が負担した外国人社員の所得税等の取扱い

～給与として課税

　海外の親会社（または子会社）から日本の子会社（または親会社）に出向
する場合、日本での給与は手取り補償されているケースが少なくありません。

　このような場合、外国人社員は手取りで給与が補償されているため、その
給与にかかる所得税・住民税等は会社が負担しています。

　では会社が負担した所得税等はどのように扱われるのでしょうか。

　外国人社員に代わって、社員が支払うべき所得税等を会社が負担した場合、
当該負担金は外国人社員の経済的利益に該当し、給与として課税されること
になりますが、課税される時期は源泉徴収される所得税の場合と、申告納税
される所得税で**【図表21-10-１】**の通り、異なります。

【図表21-10-１】会社が負担する社員の所得税の経済的利益供与の確定の時期

源泉徴収される所得税の場合	源泉徴収される所得税は、源泉徴収対象となる給与支給日に、経済的利益の供与が確定するため、その時点で課税の対象になる
申告納税される所得税の場合	申告納税される所得税は、その納付期限の到来日と実際の納付日とのいずれか早い日に、経済的利益の供与が確定するため、その時点で課税の対象になる

出向者が母国で支払っている社会保険料の税務上の取扱い

　フランスから日本に来た赴任者が母国でかけている社会保険料は日本で所得控除の対象になるでしょうか。

　フランスは社会保険料が所得控除になりますが、その他の国は取扱いが異なります。

1．フランスとの租税条約における取扱い
〜フランス社会保険料が所得控除の対象に

　Q21−5からもわかる通り、日本とフランスの間には社会保障協定が発効しており、日本（フランス）の年金・医療保険等の加入を条件に、フランス（日本）の年金・医療保険などの加入が免除されることになっています。つまり、フランスから日本に赴任する場合、日本赴任期間中もフランスの年金等に加入していれば、日本の年金等の加入が免除されることになります。一方、日仏租税条約改正議定書においては、相手国で加入している社会保険料は、自国の所得税計算に当たり控除することができることが定められています。

　よって、フランスから5年以内の予定で日本に赴任される方は、日本赴任中もフランスの社会保険料を払い続けますが、日仏租税条約改正議定書に基づき、このフランスで支払った社会保険料を日本の給与から一定期間控除することができます。

2．フランス社会保険料を日本の所得税の控除対象にする方法
〜確定申告が必要

　海外で払った社会保険料ですから、会社側での所得税額計算において所得控除の対象にすることができません。

　そのためフランスからの赴任者本人が日本で確定申告を行います。具体的には確定申告書に「**租税条約の届出書（保険料を支払った場合等の課税の特例の届出書）**」を添付して提出し、還付を受けることになります。

　このようにフランスの社会保険料控除を受けるためには毎年確定申告が必

要になります。

3．フランスの社会保険料が日本の所得税法上、免除になる期間
～原則 5 年間

　日本とフランスの社会保障協定に基づき、フランス社会保険加入を条件に、日本の社会保険料支払いが免除になっている期間（原則として 5 年間）に限り、フランスの社会保険料が日本の所得税において所得控除の対象になります。

　つまり日本での勤務が長引き、日本の社会保険料の免除期間が終わり、日本の社会保険への加入が始まった後は、日本の社会保険料が所得控除の対象になりますので、たとえフランスの社会保険料を支払い続けていても、日本の社会保険料が所得控除の対象になった時点から、フランスの社会保険料は控除の対象にはならなくなりますのでご注意ください。

4．フランス以外の国の社会保険料の取扱い
～所得控除の対象にならない

　外国の社会保険料が日本の所得税法上、控除の対象になるのはフランスの社会保険料のみです。上述の通り、これは日本とフランスの間の租税条約で取り決められており、同様の取り決めのある租税条約は日本はフランス以外とは締結していません。

Q21-12

海外からの外貨建て給与の換算方法

　A国子会社から日本本社に赴任している外国人社員Xさんは、日本本社からだけではなく、A国子会社からも給与が支給されていますが、この給与の日本での課税について教えてください。また、A国子会社からの給与は外貨建てですが、この外貨建て給与の日本円への換算方法について教えてください。

A21-12

1．換算レートの考え方

～取引日の仲値（TTM）にて計算を行う

　外国人の場合、海外の親会社から給与が支給されていたり、日本に滞在中も、海外（母国）で社会保険料を支払っているケースは少なくありません。

　この場合、所得税の計算上、外貨建ての給与や保険料等を日本円に換算する必要がありますが、円換算の方法は【図表21－12－1】の通りです。

【図表21－12－1】外貨建て取引の円換算方法

外貨建て取引の円換算方法＝取引日（注1）のTTM（注2）を使用

（注1）
取引日に為替相場がない場合　　　：同日前の最も近い日の換算レート
取引日に為替相場が複数ある場合：その当該日の最終の相場（当該日が取引日である
　　　　　　　　　　　　　　　　　場合には、取引発生時の相場）による。ただし、
　　　　　　　　　　　　　　　　　取引日の相場については、取引日の最終の相場に
　　　　　　　　　　　　　　　　　よっている時もこれを認める。

（注2）TTM：その者の主たる取引金融機関のレートを使用
　　　　　　　（ただし合理的なものを継続して使用することも可能）
　　※また、不動産所得、事業所得、山林所得、雑所得については継続適用を条件と
　　　して、売上その他の収入または資産については取引日の電信買相場、仕入その
　　　他の経費（原価及び損失を含む）または負債については取引日の電信売相場に
　　　よることができるものとする。

出所：所得税基本通達57-3-2を基に作成

Q21-13
外国人社員が赴任元国に出張した場合の短期滞在者免税の取扱い

　外国人社員Ｘさんが赴任元国であるＡ国に出張した場合、日本とＡ国の間の租税条約における短期滞在者免税の適用を受けることはできるのでしょうか。

A21-13
1．短期滞在者免税とは
～一定の要件を満たしたら免税になる

　Ｘさんが日本の居住者である場合は、日本とＡ国の租税条約（Q4-2参照）の適用を受け、短期滞在者免税の条件（【図表21-13-1】）を満たすことができれば、Ａ国滞在期間中の所得について、Ａ国で免税になります。

　しかし一般に海外からの出向者の場合、日本赴任中も赴任元国（ここでいうＡ国）から報酬を一部または全部受け取っていることが少なくありません。このように、日本に赴任中もＡ国の子会社（または親会社）がＸさんの報酬を一部負担している場合、【図表21-13-1】の短期滞在者免税の要件の2つ目「Ａ国居住者がＸさんの報酬を負担していない」という条件を満たしていないことから、仮にＸさんがＡ国に出張した場合、Ａ国から支払われている報酬は短期滞在者免税の適用を受けることはできず、Ａ国で課税されることになります。なおＡ国で発生した所得税を会社が負担した場合、当該負担額は、本人に支給した給与とみなされ、日本で所得税の課税対象になります。

【図表21-13-1】 租税条約における一般的な短期滞在者免税の要件

　　～日本とＡ国間の租税条約において日本の居住者ＸさんがＡ国に出張する場合
1．Ａ国滞在日数が183日以内である事（暦年か継続する12か月かは条約により異なる）
2．Ａ国居住者がＸさんの報酬を負担していない
3．Ａ国内にある日本本社の恒久的施設がＸさんの報酬を負担していない

赴任中の赴任元での税務ステイタスや所得税の課税義務

当社では様々な国の現地法人から日本本社に赴任させることを計画しています。

赴任元国側の税務において留意することがあれば教えてください。

1. 同条件で赴任する場合も、赴任元国の違いで、様々な取扱いが異なることがある

たとえばＡ国のａさんと、Ｂ国のｂさんが、まったく同じ時期に同じ期間、同じ役職や業務内容で日本に赴任してきたとします。

この場合、それぞれの赴任元国での出国時の税務手続きや日本赴任中の赴任元国側の税務手続きはもちろん、Ａ国やＢ国の所得税における「居住者・非居住者の定義」や「国内源泉所得に該当するもの」と日本の所得税の定義とは異なることも多いので注意が必要です。そのため、赴任元国の所得税の考え方が、日本の所得税の考え方と同様だと思っていると間違いが生じることがあります。

さらに日本との社会保障協定や租税条約がある場合、それらが国内法に優先して適用されることもあります。つまり「以前、Ａ国から日本に赴任してきたａさんの時と、Ｂ国のｂさんが赴任してきた時では、赴任元国側だけでなく、日本側での取扱いが異なる場合がある」ことを認識しておく必要があります。

日本の担当者によっては、「日本の税務に関する知識が人事担当として必要なことは理解するが、赴任元国の税務まで理解する必要はないだろう」と考えている方もおらるかもしれません。しかし、当該赴任者が日本と赴任元国を行き来して勤務するような場合も、赴任元国での税務処理が、日本での税務処理に影響を与えることもあります。そのため以下のようなポイントだけでも知っておくとよいでしょう。

【図表21−14−1】赴任元国の所得税に関して知っておきたい5つのこと

1．居住者・非居住者の定義は国によって異なる

・暦年での滞在日数や過去数年間の滞在日数など定量的要素で決まる国や、定量＋定性的な要素で決まる国など様々

　➡日本の所得税における「居住者・非居住者」の定義とは必ずしも同じではない点に注意

・１年以上の予定で、日本に赴任している期間中も赴任元国の税務上の居住者のままになることもある

2．「国内源泉所得」の定義も国により多少異なる

・「国内源泉所得（Domestic Income）」という言葉自体はどの国でも使われているが、その言葉が指す定義は国により異なるので確認が必要

・日本における「国内源泉所得」の定義より、広い範囲を指す場合もあるので、必ず赴任元国の所得税における国内源泉所得の定義は確認が必要

3．赴任元国払い給与が、日本だけでなく、赴任元国でも課税される場合もある

・赴任元国の税法次第だが、日本のように、「海外赴任者（非居住者）の海外勤務の対価（国外源泉所得）だから非課税」とは限らない。赴任中、赴任元国で全く働いていなくても、赴任元国払いの給与や、（赴任元国払いでなくても）赴任元国が最終負担する場合、赴任元国で課税が生じるケースもある。また、その国の国籍や永住権を保持している限り、その国で申告しなければならないこともある

4．本人の口座に振り込む給与や手当・賞与だけでなく、会社が業者などに支払った福利厚生関連費用も「赴任者に支払った所得」とみなして課税対象になることも多い

・支払方法次第では非課税になることもあるので、赴任先国（本稿の場合は日本）の税法にも配慮して支払方法を検討する必要がある

5．日本赴任中の赴任元国の税務の取扱いも日本側で把握しておく

・赴任元国での課税関係が、日本での課税に影響を与えることがある

赴任者コストの負担と税務リスク

　赴任者コストの負担などについて、法人税上留意すべきことはあるでしょうか。

1．日本の法人税
⑴　赴任者にかかる費用負担

　日本に赴任して日本本社のために勤務する場合は、日本本社側が費用負担するのが当然といえます。一方、日本への赴任は、赴任者本人へのトレーニングの一環であり、日本本社のための役務提供ではなく、赴任元のためのものであれば、赴任元が負担するのが妥当といえます。

　日本企業の場合、日本から海外に赴任する場合は日本側で赴任者コストの一部を負担することも多いです。一方、海外から日本に赴任者を呼び寄せる場合も、活動内容にかかわらず日本側が全額費用負担しているケースが多いようです。このように、日本から海外への赴任（アウトバウンド）と海外から日本への赴任（インバウンド）のいずれも日本側で費用負担するケースも多くみられますが、誰のための役務提供かについて、税務調査時にその妥当性を問われる可能性はあります。

⑵　PE リスク

　赴任元国と日本の租税条約次第では、「A国の法人a社がa社の使用人を通じて、日本で提供する役務提供が、単一／関連するプロジェクトで一定期間を超える場合には、日本にa社のPEが存在する」等と規定されていることがあります。その場合、赴任元国での雇用主や日本本社、赴任者と実質的な雇用関係の有無や日本赴任中の業務内容等を精査し、PEに該当する可能性がどの程度あるのか、また、PEに該当する場合、具体的にどのような課税リスクがあるかについても検討しておくとよいでしょう。

2．赴任元国の法人税

　日本本社のための業務をするために赴任者を日本に送り出したのであれば、前述の通りその費用は赴任先である日本が負担するのが妥当です。一方、A

国の給与水準が日本より高いため、日本本社のための役務提供を行いつつも、日本との給与の差額をａ社で負担する場合、赴任国側の税務調査で指摘を受ける可能性はあります。日本の「較差補填」という考え方は他国では一般的とはいえません。

Q21-16

特定のプロジェクトで来日の在留資格・社会保険・税務

　特定のプロジェクトのため、海外子会社の従業員を数か月から1年未満の期間で受け入れることになりました。なお、給与は海外法人から支払われるため、日本からの支給はありません。この場合、どのような在留資格が必要でしょうか。また日本の社会保険や税務の取扱いについて教えてください。

A21-16

1．業務内容が「会議」や「商談」のみで、「就労」の範疇には入っていない場合

⑴　在留資格　〜「短期滞在」の在留資格を検討

　1回の滞在日数が90日以内（かつ目安として1年を通じて180日以内）であれば、「短期滞在」の在留資格となります。一方、業務内容や「会議」や「商談」のみでも1回の滞在期間が90日を超えたり、年間180日を超える場合は、「短期滞在」には該当せず、「就労」が認められている在留資格の取得が必要になります。

⑵　社会保険・労働保険　〜加入しない可能性が高い

　日本から給与が支給されていないので社会保険に加入できません。

　また、「短期滞在」は日本で就労できる在留資格ではないので、雇用保険には加入しません。よって、雇用保険被保険者資格取得届も提出しません。（※）

　なお、労災保険については、実際の指揮命令が日本側からも行われていれば、加入する必要が生じます。日本から給与は支給されていませんが、赴任元国で支払われている給与を基準に労災保険料の計算を行います。

　※　雇用保険被保険者資格提出届を出さないケースとしては、外国人の留学生をアルバイトで雇用する場合などがあります。留学生をアルバイト雇用する場合は代わりに「外国人雇用状況届出書」を提出する必要があります。一方、今回のケースのような「短期滞在」に該当する場合は、「就労はできない」ので、万が一「外国人雇用状況届出書」をハローワークに提出し、そのデータが出入国在留管理庁で確認されると、「短期滞在という就労できない在留資格にもかかわらず、外国人“雇用”状況届出書が提出されているということは、就労していると

いうことだから、不法就労に該当する」とみなされる可能性があります
ので、注意が必要です。

(3) 所得税　〜本人の居住地国と日本に租税条約が発効しているかにより異なる

　日本滞在期間が1年未満ですので日本では「非居住者」に該当します。

　非居住者は「国内源泉所得」のみ課税となります（詳細はQ20－8を参照のこと）。

ａ）　外国人社員の居住地国と日本の間で包括的租税条約が発効している場合

　両国間の租税条約の「短期滞在者免税」条項に基づき、日本滞在期間が暦年または継続する12か月間（※）で183日以内であれば、日本で所得税が免税になります。

　※　租税条約によって計算の仕方は異なります。

　　なお、日本国内にPE（恒久的施設）がない限り、日本の税務当局への租税条約の適用届出書の提出は不要です。

ｂ）　外国人社員の居住地国と日本の間に租税条約が存在しない、または租税条約において短期滞在者免税の条項がない場合（または短期滞在者免税の条件を満たしていない場合）

　原則として日本滞在期間分に相当する所得について日本で確定申告が必要になります。

　具体的には通常の確定申告期間に「令和●年分所得税及び復興特別所得税の準確定申告書」の提出を行い、日本勤務日数分の所得に対して20.42％の税率で納税が必要になります。

　なお、すでに確定申告の時期には日本を離れている場合等は、納税管理人の届出を行い、納税管理人を通じて納税することになります。

２．業務内容が商談や会議の範疇ではなく「就労」に該当する場合

(1) 在留資格　〜「就労」が認められた在留資格の取得が必要

　給与の支払いがなくても、「就労」が認められる在留資格が必要です。具体的には「技術・人文知識・国際業務」などが考えられます。

⑵　社会保険（厚生年金・健康保険）

　日本から給与が支給されていないので厚生年金・健康保険に加入することはできません。一方、就労の在留資格を保有しているため、在留カードを保有していますので、居住する市区町村に転入届を提出し、住民登録をする必要があります。住民登録を行えば、国民年金、国民健康保険に加入することになります（なお、国民年金保険料は毎月16,520円（2023年度）です。国民健康保険料は前年度の日本で支払われた収入に対して決定されるため、日本払給与がない場合は、仮に海外で収入があったとしても、日本での所得は0円となることからそれほど大きな額にはなりません）。（※）

　一方、とりあえずいったん居住先を決めたものの、すぐに転居の予定がある外国人については、住民登録は行わなくても、出入国在留管理庁に届ける必要があることから、仮住まいの居住地での市区町村において、「住居地届」を行うことになります。住居地届を行うと在留カードに当該住所が記載されますが、住民登録をしていないので、住民サービスは受けられません。

　※　なお、社会保障協定発効国からの人材で社会保障協定適用証明書を保有している場合は、証明書を市区町村の窓口に提出することで、協定の対象となっている年金や健康保険を免除してもらうことができます。

⑶　労働保険

　また、就労の在留資格を保有している場合で、日本の会社との雇用契約があり、週の労働時間が20時間以上で、1か月以上継続して雇用する見込みであれば、雇用保険は加入しますが、給与の支給がないので保険料はゼロになります（なお、雇用保険被保険者資格取得届は必要です）。一方、労災保険については、日本と雇用契約があれば加入が必要ですし、仮に雇用契約がなかったとしても、日本からの指揮命令があれば、労災保険に加入が必要になります。その場合、日本から給与は支給されていませんが、赴任元国で支払われている給与を基準に労災保険料の計算を行います。

⑷　所得税　〜本人の居住地国と日本に租税条約が発効しているかで異なる
　　「1」⑶と同じです。

Q21-17

1年未満のプロジェクト中に日本側から給与が支給される場合

特定のプロジェクトのため、海外子会社の従業員を1年未満の期間で受け入れることになりました。日本滞在期間の給与の一部を日本側から支払います。この場合、どのような在留資格が必要でしょうか。また日本の社会保険や税務の取扱いについて教えてください。

A21-17

1．在留資格

～「就労」が認められた在留資格の取得が必要

日本から給与が一部でも支給されているということは、「日本の企業に雇用されている（＝就労している）」と判断されます。よってこの場合は、仮に日本での業務内容が会議や商談であると主張しても「短期滞在」には該当せず、「就労」が認められた在留資格が必要になります。

2．社会保険／労働保険

～原則として加入することになると考えられる

⑴　社会保険（厚生年金・健康保険）

勤務日数が2ヵ月以内で雇用する場合は適用除外ですが、それ以外は社会保険への加入が必要です。そのため、被保険者取得届を提出する必要があり、日本払いの給与を報酬として社会保険料を支払うことになります。

⑵　労働保険（雇用保険・労災保険）

雇用保険については、週の労働時間が20時間以上、31日以上引き続き雇用されることが見込まれる場合は加入が必要です。雇用保険料は日本から払った給与をもとに算定されます。なお、労災保険については日本からの給与と赴任元国からの給与を合算した額に対して保険料を払います。

3．所得税

〜日本払給与について20.42％の税率で源泉徴収

　１年未満の予定で日本に滞在しているため、日本の非居住者となります。

　この方に日本の会社から支払う給与は「非居住者の国内源泉所得」に該当するため、20.42％の税率で源泉徴収が必要です。

22

海外から人材を受け入れる際に必要な書類

グローバルモビリティポリシー

　グローバルモビリティポリシーとは何でしょうか。海外から日本に受け入れる際のポリシーのことでしょうか。

1．グローバルモビリティポリシー（Global Mobility Policy）とは

　グローバルモビリティポリシーとはいわゆる、海外赴任者規程のことです。海外赴任時の給与や手当、赴任中の諸条件をまとめたものです。日本から海外への赴任だけでなく、海外から日本、海外から海外への異動時の取扱いを包括的に定めたものになります。つまり、企業グループ全体での統一的な異動ポリシーといえます。

　ただ、一口に「Global Mobility Policy」といっても、その粒度は会社により様々です。基本的な方針が決まっているだけで、これだけ見ても、具体的な処遇まで書かれていないものから、引越荷物の容量や一時帰国の回数等、具体的な手当の設定方法まで定まっているものまで様々です。ポリシー作成に際しては「①日本の海外赴任者規程を土台として作成する場合」「②具体的なことを定めず方針の記載にとどまる場合」「③日本の規程を全く考慮せず、新たなポリシーをつくる場合」の大きく分けて３パターンがあります。

　①の場合、日本以外の国からの赴任の場合、規程内容が実際の赴任においてうまく当てはまらない場合もあります。一般に日本の海外赴任者規程は福利厚生関連など非常に細かい点まで明記されているため、そのまま適用すると、赴任コスト（医療費等）が相当高くなることや、逆に非常に厳しい条件（帯同する子の学費等）になることがあります。その結果、「コストや条件の面で海外赴任しにくい状況になる」ことがあります。

　また、②の場合は、結局何も決まっていないのと同然で、赴任者送出しの都度処遇を考えないといけません。③も①と同様に使い勝手が悪く結局使えない状況です。

　そのため、これらの中間として、「海外赴任時の処遇に関するポリシー」を設定しつつも赴任目的、赴任期間、業務内容などに応じた処遇を検討することが必要です。

　外資系企業においては、「Long Term」「Short Term」といった期間別ポ

リシーや、「Permanent Transfer」「Localization Policy」等、転籍などを
見越したポリシーを用意している場合もあります。

2．作成しないとどうなるか

　本ポリシーがない状態で海外から日本に赴任者を送り込んでくる場合は、
日本から海外に赴任する際の規程を参考にしつつ、日本から海外への赴任と、
海外（赴任元国）から日本の赴任の違いも配慮して処遇を検討する必要があ
ります。ポリシーは会社としての制度を定める重要なものですので、もしも
時間的に作成が間に合わない場合は、後述するアサインメントレターにおい
てこれらのポイントを記載し、今回の赴任で明らかになった点も考慮して時
間をかけてポリシーを作成することを検討してもよいでしょう。

TEQ ポリシー

TEQ ポリシーとは何でしょうか。

1．TEQ ポリシーとは

TEQ ポリシーとは、Tax Equalization Policy のことです。海外赴任者に関する個人所得税精算のための規程となります。

日本企業においてはあまりなじみがないかもしれませんが、日本企業の海外赴任者規程においても、「税・社会保険に関する取扱い」に関する条項があると思います。それをより細かく様々なケースを想定して作成しているのが TEQ ポリシーです。

具体的には以下のような事項を TEQ ポリシーに記載しているケースが多いようです。

【図表22-2-1】TEQ ポリシーに記載されている項目の一例

・目的・責任範囲（赴任者側・会社側）・会社からの収入の取扱い　・個人的収入の取扱い　・配偶者の所得の取扱い　・税均等のための控除（実際の控除、仮の控除等）　・税関連サービスプロバイダーの情報

2．TEQ ポリシーを作成していなかったケース・作成したが十分でなかったケース

以下は TEQ ポリシーを作成していなかった、または作成していたが必要事項が十分に記載されていかなかったために生じた他社事例です。

赴任中に、赴任元、赴任先で生じる税金の最終負担者が決まっていないと、トラブルが生じがちです。本ポリシーは日本企業には用意されていないことが多いですが、作成しないと以下のような事項が発生する点にご留意ください。

【図22－2－2】TEQポリシーを作成していなかったケース（他社事例）

・過去に日本滞在経験のある外国人を赴任者として受け入れた。本人の希望で、本人が懇意にしている会計事務所に本人が依頼することになり、申告は本人に任せた。

その結果、本人は日本払い給与のみを会計事務所に報告し、赴任元国払いの報酬や会社から提供されたベネフィットについては一切連絡していなかった。そのため日本で申告漏れが発生していた。しかし会社のポリシー上、日本で発生した所得税は会社負担、とされていたため、罰金も含めて会社が支払うことになった。

・海外赴任中の所得税の取扱いについて、赴任時に簡単に説明したつもりだったが、会社として明確な文書を用意していなかった。また、本人も会社からの説明事項について十分理解していなかった。そのため本来であれば個人負担とするべき個人の所得にかかる個人所得税・住民税まで最終的には会社が負担することになった。

・会社が日本での社宅を提供し、家賃にかかる日本の所得税は会社負担、それ以外の所得にかかる所得税は本人負担とする点は本人にも説明していた。

ところが住民税が赴任後翌年6月から発生することの説明を忘れており、実際に住民税が生じたことで手取りが大幅に減少した。その結果、本人からクレームが発生。結局、「会社の説明不足」として、住民税は会社負担することになった。

　日本から海外に赴任する場合、赴任元国である日本で赴任中に勤務を行うなど、（日本）国内源泉所得が発生しなければ、日本で課税されることは特にないでしょう。ところが赴任元国によっては、赴任中も赴任元国で課税が生じるケースがあります。

　また、一般に日本では所得が一定以上超えない場合や日本払い給与のみの場合等、年末調整で課税関係が終了してしまいます。その結果、確定申告等を通じて節税策を講じる機会も少ないことから、税金について関心が薄い傾向があります。

　それに対し、毎年必ず確定申告義務が生じる国の出身者は、節税意識も高

い傾向にあることから、ご自身の所得税に関して意識も関心も高い傾向にあります。

　海外からの人材受け入れに際し、本社人事の方が当該人材から税金について質問攻めに遭うことがあります。日本人の赴任者からは同様の質問を受けたことがないため、面食らってしまう人事担当者も少なくありません。

　掲載の他社事例にもありますが、住民税については説明漏れが生じやすい部分なので必ず伝えておくことをお勧めします。

　特に海外赴任中の税金のうち、一部でも自己負担が生じる場合は、「どこまでが自己負担なのか」をきちんと説明しておかないと、あとからもめる原因になります。

Q22-3

アサインメントレター

アサインメントレターとは何でしょうか。赴任する際に交付するものなのでしょうか。

A22-3

1．アサインメントレターとは

アサインメントレターとは一般には、赴任元と赴任予定者が海外赴任の条件について事前に同意する書面になり、双方がサインして成立します。中には赴任元会社、赴任者本人、赴任先会社の三者でサインしているケースもあります。

記載事項はグローバルモビリティポリシーを作成していれば、その中で再度明確にした い点や、ポリシーとは異なる条件とする点、具体的な赴任期間等を記載することになります。

また、「今回は赴任までの時間がないので、ポリシーを作成する時間がない」「今回は初の試みで、今回の赴任条件を規程化する段階ではない」のであれば、アサインメントレター内にポリシーに記載するような各種細かい条件等も記載しておくのがよいでしょう。

アサインメントレターとは、一般的には「海外赴任時・赴任中の処遇や各種条件について個人別に作成する書面」を言います。

本人がサインすることで赴任時の条件に合意したことになります。

ではアサインメントレターに記載する項目としてはどのようなものがあるでしょうか。 会社により記載事項は多少異なりますが、おおむね、以下のような事項を記載することが多いようです。

【図表22-3-1】アサインメントレターに記載する事項（一例）

・赴任先、赴任時期、赴任期間　・雇用条件　・赴任時のポジション
・報酬　・パフォーマンスボーナス　・赴任元国および赴任先国での税や社会保険の取扱い・労働条件・赴任中の福利厚生　・引っ越し費用等

２．アサインメントレターを作成していなかったケース

　上記の通りアサインメントレターは、一般に「赴任元と赴任者間の合意書」であるため、赴任元会社が作成することが多いようです。ところが、赴任元も赴任者の送り出しに慣れていない場合、アサインメントレターを赴任元に任せていると、日本の税務上のメリット（法定家賃や一時帰国の取扱い）が適用されない給与支給方法や処遇設定となっていることがあります。それだけでなく、日本側の税務の取扱いについても、Ａ国の税法と同様であるとの誤解のもとで赴任元で作成された結果、日本側で運用に困ることがあります。

　アサインメントレターには、海外赴任時の諸条件など、グローバルモビリティポリシーの中でも特に重要な事項や、ポリシーとは異なる取扱いを行う事項について記載します。そのため、会社と赴任者の間で事前に合意しておかないと、両者間の認識の違いが生じ、トラブルに発展する可能性があります。

　上記からわかるように、見解の相違による余計なトラブルを避けるためにも、アサインメントレターの作成は重要ですし、税務メリットを十分に享受するためにも、税務面のレビューは欠かせません。赴任元国側で作成すると、赴任先の税務上の重要ポイントに関する認識が不足していることがあります。そのため、アサインメントレターは赴任元国側・赴任先国側の双方が関与して作成後、専門家のレビューを受けるか、本人に提供する処遇を明確にしたうえで、専門家に作成を依頼するのも一つです。

　以下はアサインメントレターに関して他社で生じた事例です。

【図表22－3－2】アサインメントレターのトラブル（他社事例）

1. 赴任元の報酬制度を前提としてアサインメントレターを赴任元で（日本側に確認せず）作成。コンサルタントや税務専門家のレビューも受けなかった。その結果「経済的利益の支払方法を変更することで、大きく節税できる項目がある」ことが後になってわかった。
2. 日本の所得税・住民税の考慮が足りず、想定よりも本人の手取り所得が減ることが判明し、アサインメントレターを作りなおす必要が生じてしまった。

　　➡アサインメントレターの作成は専門家に任せるか、自社で作成する
　　　場合は、必ず専門家のレビューを受けることで上記の事態を防ぐこ
　　　とができる。
3.「海外赴任者規程があるから」という理由で、アサインメントレター
　　なしに赴任させた。その結果、本人は処遇に不満だったようで「規程
　　の内容について十分な説明を受けていないし、サインもしていない」
　　と処遇をめぐってトラブルが生じた。
　　➡アサインメントレターを作成し、赴任前に本人との間で十分にコミ
　　　ュニケーションをとり、内容にサインしてもらっておけば、このよ
　　　うな事態は防ぐことができた。

出向元と出向先の契約書

出向元と出向先の契約書とは何でしょうか。

1．出向契約書（Secondment Agreement）とは

前述したグローバルモビリティポリシーやアサインメントレターは、赴任者に対して会社がどのような処遇を提供するかを中心に記載されたものです。一方、そこで定めた処遇提供にかかるコストを、赴任元と赴任先がどのように費用負担するか、赴任中の赴任者に対する取扱いや指揮命令がどちらの法人にあるかなどを明記したのが、出向契約書になります（日本から海外に赴任者を送り出す時に、日本本社と赴任先の会社の間で締結しているものと同じです）。

ポリシーやアサインメントレターが完成し、赴任予定者に説明した後に、出向契約書の作成に取り掛かった結果、「赴任元も赴任先もどちらも負担できない（したくない）」費用があると、すでに処遇を赴任者に説明済の状況だと対応に困ります。そのため、これらポリシーやアサインメントレター作成の過程において、どの法人が負担するのかを常に考慮しながら作成することが重要です。そのため、出向契約書の作成はこれらポリシーやアサインメントレター作成の過程で定めた費用負担について、書面に起こしつつ、その他出向契約書に記載が必要な事項を明記するとよいでしょう。

ただ、現実にはこういった書面の作成を赴任時期が差し迫った段階で行うことが多いため、すべての処遇を決めてから、最後にどちらの法人が費用負担するか考えるという状況になることも少なくありません。

2．費用負担契約書を作成しなかったケース

費用負担について明確にしないまま、赴任者の処遇を決めた場合、最終的に赴任元・赴任先のいずれの法人も費用負担できない、という事態になり、結果として赴任者に当初提示していた手当や各種の費用が支給できなくなる、ということがあります。

また、日本でかかる費用は日本で払い、赴任元でかかる費用は赴任元が支払っているだけで、具体的にどのように精算方法や精算時期等が定まってい

ないと、最終的な費用の負担関係 があいまいになり、税務調査で問題になったり、適当な名目で送金したことで、余計な税金が発生することになる場合もありますので注意が必要です。

会社ルール・社内申請書の英訳

赴任者は日本語は少し話せるようですが、読み書きできるかはわかりません。会社ルールも英語など本人がわかる言語にしておくのが良いのでしょうか。

1．会社ルール・社内申請書の英訳の必要性

法律上、就業規則等会社のルールに関する事項を英訳するなど、赴任者の言語に翻訳することの義務はありません。しかし、読み手が理解できるようにルールを説明していなければ

「知らなかった」「聞いていない」と会社の説明不足を指摘され、結果として会社や本人に不利益が生じます。

この場合、日本語の就業規則をそのまま翻訳しても、そもそも翻訳対象となる日本語が簡潔明瞭でなければ、赴任者の母国語に翻訳しても理解できない可能性が高いでしょう。また仮に翻訳はうまくいっても、文化的背景等の違いから、会社のルールの趣旨が理解できず、結果としてルールを守る動機が生じないこともありえます。

そのため、まずは日本語でQ＆Aの形で短文化したうえで翻訳することをお勧めします。あわせて経費精算の申請書等、社内での業務遂行に必要な書類も必要に応じて本人にわかる言語で説明を補足する必要があります。

以下は他社事例です。

【図表22-5-1】ルールの翻訳がなかったために起きたこと（他社事例）

- 挨拶などの会話が日本語でできるからと、「当社の外国人は日本語が理解できる」という先入観で、規程等の翻訳も一切していなかった。
  そのため、某ルールについて順守できていないことがあったため、その点について注意したところ、「説明を受けていない。そもそも読めない」と反論された。
- 会社が指定したオンライン研修を全く受けない外国人赴任者がいた。
  聞くと「日本語は聞くことができるが読めない。研修後のテストも日

本語なので受けることができず放置していた。従業員が理解できる言葉で説明しない会社が悪い」と反論された。

・会社が定める定期健康診断を絶対に受けない社員がいる。理由を聞くと、「社員に健康診断を受けさせる義務は会社にあるのかもしれないが、健康診断を受けるかどうかは自分が決めることである」と主張し受診を拒んでいる。入社時に健康診断受診については説明したと伝えたが、日本語で説明されたからよくわからなかったと言い張る。最終的に「産業医との面談」を実施する形で折れざるを得なかった。

・就業規則などは翻訳していたが、その翻訳内容が理解に足るものかの検証をしていなかった。そのため、翻訳版は存在するが使われておらず、改訂も行われていないので、外国人社員に配布することも難しい状況である。

　上記の点からわかる通り、社内ルールは本人が理解できる言語で翻訳するとともに、赴任者に理解できる「内容」にしておく必要があるでしょう。外国人目線で見たときにわかりやすくなるようにするため、既存の外国人社員の意見を聞きながら、作成することをお勧めします。

23

外国人赴任者の帰国時

母国に戻る外国人の住民税

　このたび、当社を退職する外国人社員は、退職と共に母国に戻ることになりました。これまでは住民税は特別徴収していましたが、住民税は当年度の税を翌年支払うため、帰国してしまうことで、どのように対応しようかと考えています。

　また、会社側が本人の住民税を負担する場合、税務上はどのような取扱いになるのでしょうか。

1．住民税の基本的な考え方

～所得税と異なり前年の所得に対して課税される

　住民税は前年の1月～12月の1年間の所得に対して課税される税金です。つまり令和6年度住民税は、令和5年1月～12月分の所得に基づいて、令和6年6月から令和7年5月支給の給与から天引きされます。

　つまり前年の所得に対する住民税が本年の給与から毎月控除されているのですが、退職し、その後すぐに日本の企業に転職しない限り、勤務先を通じて住民税の徴収ができません。そのため、本人に支払義務の残っている住民税をどうやって払うかという問題があります。本来、住民税は本人が払うべきものですから、出国に際して給与天引きや一括納付を行うことになります。ですが中には「会社が本人の住民税を負担する」ケースもあります。それぞれについて以下に説明します。

2．令和7年1月～5月に出国する場合

～令和6年度、7年度で取扱いが異なる

【前提条件】住民税の支払義務

・令和6年度住民税（令和6年6月～令和7年5月に支払：令和5年度所得に対して課税）

・令和7年度住民税（令和7年6月～令和8年5月に支払：令和6年度所得に対して課税）

について支払義務があります。

⑴　令和6年度住民税の取扱い

　以下のいずれかの方法があります。

ア）　退職時の給与にて残りの住民税を会社側で一括徴収し納付

　令和6年度住民税については、同年6月から特別徴収が開始されています。よって、外国人社員の最後の給与等で令和6年度住民税の残りについて、会社側で一括徴収することが可能です（最後の給与等で一括徴収分の住民税額が賄えるのであれば、この方法が納税漏れを起こさないためにも一番安心です）。

イ）　普通徴収に切り替え、本人が納付

　退職時の給与等では住民税が払いきれないなど、一括徴収ができない時は、普通徴収になります。具体的には会社から区役所等に提出する「退職に伴う異動届出書」に「●月分まで特別徴収」の旨と本人の海外の住所を記載しておくと、海外の住所宛に未納の住民税に関する納付書と銀行振込先が届くことになります。

　「退職に伴う異動届出書」がすでに提出されており、住民税は特別徴収から普通徴収に切り替わっていますので、仮に本人が支払わなくても会社に責任は及びません（※）。

　※　なお、納付漏れを防ぐために会社が本人の納税管理人になっていて、本人が住民税未納分のお金を会社に送金してこない等で、住民税の納付ができない場合は、会社は「納税管理人」に選任されているため、本人の未納に関して会社に責任が生じることになります。

⑵　令和7年度住民税の取扱い

　令和7年度住民税は令和7年6月以降から徴収されます。すでにその時点ではこの外国人は退職していますので、平成31年度住民税について会社側で特別徴収することはできません。よって、「退職に伴う異動届出書」に記載された当該外国人社員の住所宛に納付書等が届くことになります（上記⑴イ）と取扱いは同じです）。

3．令和7年6月以降同年中に出国する場合

～令和7年度住民税のみ課税

【前提条件】住民税の支払義務

・令和7年度住民税（令和7年6月～令和8年5月に支払：令和6年度所得に対して課税）についてのみ支払義務があります。

⑴　令和7年度住民税の取扱い

　取扱いについては「会社側で一括徴収」するか、本人から「普通徴収」するかのいずれかです。詳細は「2⑴」をご参照ください。

4．本人の住民税を会社が負担する場合

～本人の「所得」とみなされて所得税の課税対象

　上記「2」「3」が本来あるべき姿ですが、中には「住民税の負担額は大きいため、外国人社員からクレームが生じることもある」などの理由から、本来個人が払うべき住民税を会社が肩代わりして払っているケースも見られます。

　その場合も住民税の支払いタイミングは上記「2」「3」と変わりませんが、本来、本人が払うべき税金を会社が払っているということは、本人に経済的利益を供与したことと同じです（つまり会社が本人に給与を払っているのと同じことになります）。

　なお、この住民税は「外国人社員が日本勤務をしたことに伴い発生したもの」ですから、会社がこの住民税相当額を本人に代わって支払った場合、所得税法上、「国内源泉所得」に該当します。

　当該外国人社員が1年以上の予定で日本を出国した翌日から非居住者に該当しますので、非居住者になった以後に当該住民税の支払いを会社が肩代わりした場合は、当該住民税相当額について20.42％の税率で所得税の源泉徴収が必要です。もしくは、出国前に支払うべき住民税を計算し、外国人社員が受け取る最終月の給与にグロスアップして支給する形をとり、そこから住民税を特別徴収したり、住民税相当額を預かり、納税管理人として会社が納付する方法もあります。

Q23-2
年の途中で日本を離れる場合の会社側の税務処理

　外国人赴任者が母国に戻ることになりました。

　会社が行う税務上の処理を教えてください。

A23-2

　1年以上の予定で日本を離れる人は、出国の翌日から「日本の非居住者」に該当します。

　そのため会社側は出国までに「年末調整」を行う必要があります。年末調整を行うと、通常、源泉徴収された所得税が一部還付されることが一般的です。

1．年末調整の時期
〜必ず出国までに実施

　そもそも年末調整とは、役員や使用人に対する毎月の給与や賞与から源泉徴収した所得税の合計額と、その人が年間に納めるべき所得税の差額を調整するものです（年末調整の対象となる人は「給与所得者の扶養控除等申告書」を提出している人ですが、年間2,000万円を超える給与の支払を受ける人は、年末調整の対象になりません）。

　なお、このケースのように年の途中で出国する場合、年末調整の対象となるのは、出国するまでの給与です。

2．年末調整の対象となる所得控除は
〜人的控除は1年分、物的控除は出国する日まで

　社会保険料や生命保険料の控除は出国する日までに支払われたものに限られます。

　一方、扶養控除や配偶者控除は1年分控除できますので、通常、年末調整により源泉徴収された所得税は還付されることになります（所法191）。

　また、海外に出発する日までに、すでに総合課税の対象となる所得がある時や、出国の日以後、国内にある不動産の貸付による所得や国内にある資産の譲渡による所得がある時は、日本で確定申告が必要になる場合があります。

【図表23－2－1】年末調整の対象となる所得控除

所得控除		概要
物的控除	社会保険料控除 生命保険料控除 地震保険料控除 小規模企業共済等掛金控除	その方が居住者であった期間内（1/1～出国の日まで）に支払った社会保険料、生命保険料、地震保険料が控除対象になる（※）。 （※）外国の社会保険料及び外国保険事業所が締結した生保契約または損保契約のうち、国外で締結したものにかかるものは、控除対象にならない（所法74、75、76、77）
人的控除	配偶者控除 扶養控除等	出国の際の年末調整においては、出国の日の現況で判定（出国の際の年末調整に当たり、控除対象配偶者や扶養親族に該当するための所得要件を満たすかどうかは、その出国の時の現況により見積もったその年の1/1～12/31までの合計所得金額により判定する（所基通85-1）

（注）医療費控除、雑損控除、寄附金控除（特定団体に2,000円以上寄附した場合）の適用を受けられる場合、年末調整ではこれらについては、計算の対象にしていないので、各自で確定申告を行う必要があります。

Q23-3

脱退一時金の請求方法・受給額の計算方法

　外国人社員が日本を離れることになりました。当該社員から「厚生年金の脱退一時金が受け取れるらしいが、手続き方法を教えてほしい」と言われています。脱退一時金及びその請求方法、受給額の計算方法について教えてください。

A23-3

1．脱退一時金とは

～年金制度から脱退した際に支払われるお金

　「脱退一時金」とは、年金制度から脱退した時に支給される一時金のことをいいます。勤続期間が不足し、年金受給資格を得られない退職者は、退職時に年金の代わりに一時金を受けることになるため、ごく短期間日本で勤務し、今後日本で働く予定のない外国人は、退職時に脱退一時金を受け取ることができます。

　ただし以下の場合は脱退一時金を受け取れなかったり、脱退一時金よりも、年金として受け取るほうが有利な場合もあります。

【図表23-3-1】脱退一時金が請求不可または請求しないほうが有利になる可能性がある場合

> 　1．受給資格期間が10年以上ある外国人
> →脱退一時金請求は不可
> 　　脱退一時金は「年金の受給資格が得られない退職者」に支給されるものであるため、受給資格期間が10年以上ある場合は、年金として受け取ることになり、脱退一時金は請求できない
> 　2．社会保障協定の年金通算措置がある国及び日本と社会保障協定の締結・発効が予定されている国の年金に加入していた外国人
> →年金として受け取ったほうが有利な可能性もある
> 　　社会保障協定についてはQ21-5参照

２．脱退一時金の請求時期

～出国前にも手続き可能

⑴　請求開始日

　　平成29年３月以降、住民票の転出届を市区町村に提出すれば、転出（予定）日以降に日本国内で請求することが可能になりました。

　　よって、日本にいる間でも請求手続きを行うことは可能です。なお、脱退一時金の請求期限は転出日の翌日（国民年金の資格喪失日）から２年間です。

⑵　再入国許可を受けて出国した場合

　　転出届を提出したかどうかで取扱いが異なります。

【図表23－3－2】再入国許可を受けた場合の脱退一時金の請求時期

転出届を提出して出国した場合	上記「⑴」同様に脱退一時金請求が可能
転出届を提出しないで出国した場合	再入国許可の有効期間が経過するまでは、脱退一時金の請求はできない （この場合、脱退一時金の請求期間は再入国許可の有効期間（みなし再入国期間）が経過した日）から２年間。ただし、それ以前に住民票が抹消された場合は取扱いが異なる）

３．脱退一時金請求のために必要となる書類

～所定の請求書と添付書類が必要

　　会社に６ヵ月以上勤務していた外国人社員が退職し、日本を離れる場合、日本年金機構に請求すれば、厚生年金の脱退一時金を請求することができます。

　　なお、脱退一時金を請求するために必要な書類一覧は**【図表23－3－3】**の通りです。

【図表23－3－3】脱退一時金請求のために必要となる書類

書類名		備考
脱退一時金請求書		英語、中国語、韓国語、ポルトガル語、スペイン語、インドネシア語、フィリピノ語、タイ語、ベトナム語、ミャンマー語、カンボジア語、ロシア語、ネパール語、モンゴル語のフォーマットが存在
添付書類	パスポートの写し	氏名、生年月日、国籍、署名、在留資格が確認できるページ
	住民票関連書類（日本国内に住所を有しないことが確認できる書類）	帰国前に市区町村に転出届を提出している場合は不要
	「受取先金融機関名」、「支店名」、「支店の所在地」、「口座番号」及び「請求者本人の口座名義」であることが確認できる書類	受取可能な金融機関であることおよび請求者本人名義の口座であることの確認 ※日本国内の金融機関で受ける場合は、口座名義がカタカナで登録されていることが必要 ※ゆうちょ銀行および一部のインターネット専業銀行では脱退一時金の受取は不可
	基礎年金番号が確認できる書類	国民年金手帳または基礎年金番号通知書
	代理人の請求手続きを行う場合は「委任状」	受任者からの請求手続であることの確認

出所：日本年金機構

4．脱退一時金の受取額

～本人の平均的な標準報酬額と支払月数で異なる

　では脱退一時金としてどのくらいの額が受け取れるのでしょうか。

(1)　厚生年金の場合

　計算式は【図表23－3－4】の通りです。

【図表23－3－4】脱退一時金の額

被保険者であった期間の標準報酬額	×	支給率
・平均標準報酬額 　以下のＡ＋Ｂを被保険者月数で割った額 Ａ　平成15年４月より前の被保険者期間の標準報酬月額に1.3を乗じた額 Ｂ　平成15年４月以後の被保険者期間の標準報酬月額及び標準賞与額を合算した額		・支給率 最終月（資格喪失した日の属する月の前月）の属する年の前年10月の（最終月が１～８月であれば、前々年10月の保険料率）保険料率に２分の１を乗じた保険料率に以下の表の数を掛けたもの

被保険者期間	掛ける数
6月以上12月未満	6
12月以上18月未満	12
18月以上24月未満	18
24月以上30月未満	24
30月以上36月未満	30
36月以上42月未満	36
42月以上48月未満	42
48月以上54月未満	48
54月以上60月未満	54
60月以上	60

出所：日本年金機構「短期在留外国人の脱退一時金」を基に作成

(2)　国民年金の場合

　　国民年金の場合、保険料の支払額が一律であるため、脱退一時金の額も対象月数により決まっています。

5．脱退一時金受給に当たり会社側がすべきこと

　　平成19年に厚生労働省より発表された「外国人労働者の雇用管理の改善等に関して事業主が適切に対処するための指針」によると、外国人社員が脱退一時金請求の手続きを行う場合は、その手続きが適切に行われるよう、会社側が協力する必要があります。

【図表23－3－5】外国人労働者の雇用管理の改善等に関して事業主が適切に対処するための指針

四　雇用保険、労災保険、健康保険及び厚生年金保険の適用

2　保険給付の請求等についての援助

・・・さらに、<u>厚生年金保険については、その加入期間が六月以上の外国人労働者が帰国する場合、帰国後、加入期間等に応じた脱退一時金の支給を請求し得る旨帰国前に説明するとともに、年金事務所等の関係機関の窓口を教示するよう努めること。</u>

出所：厚生労働省「外国人労働者の雇用管理の改善等に関して事業主が適切に対処するための指針」より一部抜すい

Q23-4

脱退一時金の日本における税務上の取扱い

外国人社員が帰国後に受け取る脱退一時金にかかる税率はとても高いと聞きました。一方、この脱退一時金は「退職所得」としてみなすことができるため、後から手続きすることで税負担を軽くすることができるとも聞いています。詳しく教えてください。

A23-4

1．脱退一時金の取扱い

～20.42％で源泉徴収されるが、手続きすれば一部還付可能～

外国人社員が受け取る脱退一時金は、当該外国人が非居住者になった後（日本を出国した後）支払われます。非居住者への支払は一律20.42％の税率で源泉徴収が必要ですから、「脱退一時金全額」に対しても、20.42％の税率で源泉徴収がされてしまいます。

一方、この脱退一時金は日本の所得税法上、「退職所得」として取り扱われます。

そのため、当該外国人が「退職所得の選択課税申告書」を提出することで、居住者として退職所得を受け取ったとみなし、所得税を一部還付してもらうことが可能です。

【図表23-4-1】選択課税の手続き方法

提出書類	確定申告書B（通常の確定申告書とは別の申告書） 【添付書類】 国民年金・厚生年金保険　脱退一時金支給決定通知書（原本）
申告書の提出先	・退職後海外居住するが、その者の親族などが引き続き日本に居住する場合 　→その納税地とされている税務署 ・上記以外の場合 　→その個人の出国時における直前の住所地を管轄する税務署
提出時期	・退職金の支払を受けた翌年1月1日（または退職手当等の総額が確定した日）以後（ただし5年間で時効になるので、たとえば2018年に受け取った退職金であれば2023年中に申告書の提出が必要）

選択課税制度適用に当たっての留意点	・扶養控除、配偶者控除、基礎控除等の所得控除はもちろん、税額控除も一切適用できない（勤続年数に応じた退職所得控除のみ） ・税額計算の対象となる退職金の金額は国内源泉所得部分ではなく、その支払総額が対象になる ・非居住者が日本において確定申告をする時は、一般的には、納税管理人を選任して、その納税管理人を通じて申告する必要あり（この場合、還付金は納税管理人の口座に入金されるため、本人口座への入金を希望する場合は申告書にその旨を記載すること） 税額計算に当たっては、基礎控除等の所得控除、税額控除も控除せずに税額計算する
還付時期	・通常は申告後6週間程度だが、海外送金の場合はもう少し時間がかかることになる（なお、海外の口座に送金する場合、特に手数料は必要ない）
還付先	・本人の日本国内または日本国外の口座だが、納税管理人を選任している場合、納税管理人の口座に振り込まれるのが一般的

なお、手続きの流れは【**図表91－2**】の通りです。

【図表23－4－2】手続きの流れ

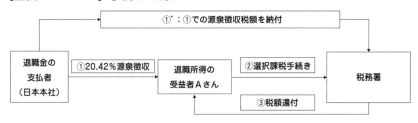

■プロフィール

藤井　恵　（ふじい　めぐみ）
税理士・行政書士

EY 税理士法人　People Advisory Services パートナー
平成 8 年神戸大学経済学部卒業後、（株）大和総研入社。平成 9 年三和総合研究所（現三菱ＵＦＪリサーチ＆コンサルティング（株））に入社。令和元年 EY 税理士法人入社。
神戸大学大学院経済学研究科修了・甲南大学大学院社会科学研究科修了。
海外勤務者の給与・人事制度及び社会保険・税務・租税条約に関するコンサルティングや書籍執筆、セミナー講師、相談業務など、幅広く対応している。

（主な著書）
「すっきりわかる！海外赴任・出張　外国人労働者雇用（税務と社会保険・在留資格・異文化マネジメント）」（2019 年 3 月）、「すっきりわかる！技能実習と特定技能の外国人受け入れ・労務・トラブル対応」（2019 年 7 月）（いずれも税務研究会刊　共著）
「七訂版 海外勤務者の税務と社会保険・給与 Q&A」（2022 年 5 月）、「改訂新版 タイ・シンガポール・インドネシア・ベトナム駐在員の選任・赴任から帰任まで完全ガイド」（2017 年 5 月）、「アメリカ・カナダ・メキシコ・ブラジル駐在員の選任・赴任から帰任まで完全ガイド」（2015 年 8 月）「三訂版 これならわかる！租税条約」（2015 年 3 月）（いずれも清文社刊　単著）

日本→海外
海外→日本　いずれにも対応

海外出張・海外赴任の税務と社会保険の実務ポイント

令和5年12月15日　初版第1刷印刷	（著者承認検印省略）
令和6年1月20日　初版第1刷発行	

©著者　藤　井　　恵

発行所　税 務 研 究 会 出 版 局

週 刊「税務通信」発行所
　　　「経営財務」

代表者　山　根　　毅

〒100-0005
東京都千代田区丸の内1-8-2　鉄鋼ビルディング
https://www.zeiken.co.jp/

乱丁・落丁の場合は、お取替え致します。　　　装丁　大滝奈緒子（blanc graph）
　　　　　　　　　　　　　　　　　　　　　　印刷・製本　三松堂印刷株式会社

ISBN978-4-7931-2794-6